VERLAG ANTJE
KUNSTMANN

W0070377

Hugues Le Bret

DIE WOCHE, IN DER JÉRÔME KERVIEL BEINAHE DAS WELTFINANZSYSTEM GESPRENGT HÄTTE

Ein Insiderbericht

Aus dem Französischen von
Ursel Schäfer und Enrico Heinemann

Verlag Antje Kunstmann

Ich habe versucht, die Dinge so naiv wie möglich zu malen, genau wie ich sie sah ... Mein Leben und vielleicht auch das deinige ist alles in allem nicht mehr so lichtdurchflutet wie damals. Trotzdem möchte ich den Weg noch einmal abschreiten, weil ich in allem Leid und Unglück etwas Wertvolles keimen sehe: die Fähigkeit, diese Empfindung auszudrücken.

Brief von Vincent van Gogh an seinen Bruder Theo

Für all jene, die unter dieser Geschichte gelitten haben

INHALT

PROLOG

ICH DACHTE IMMER, der Kapitalismus sei »das schlimmste System mit Ausnahme aller anderen« – wie Churchill einmal über die Demokratie gesagt hat. Heute habe ich meine Zweifel, ob es tatsächlich besser abschneidet.

Inzwischen ist die Kerviel-Affäre passiert, und ich hatte dabei einen Logenplatz. Ich war dabei, als die Katastrophe am 20. Januar 2008 gegen 13 Uhr im Büro von Daniel Bouton, dem Chef der Société Générale, entdeckt wurde, er erfuhr gleichzeitig mit mir davon. Und es war meine Aufgabe, die Öffentlichkeit zu informieren.

Damals stand uns der massive Einbruch der Börsen im Herbst 2008 noch bevor. Im Januar, zu einem Zeitpunkt, der heute sehr fern erscheint, wurde den Märkten gerade erst bewusst, welches Ausmaß die Spekulationsblase bei amerikanischen Wohnimmobilien – Stichwort Subprime-Hypotheken – angenommen hatte. Über diese Krise, die schlimmste in der Geschichte des Kapitalismus seit 1929, ist schon viel geschrieben worden. Schon mehr als ein Jahrzehnt lang war das Krebsgeschwür im Finanzsektor gewuchert, und um ein Haar hätte es das Weltfinanzsystem zum Einsturz gebracht. Wie jede Krankheit hatte auch diese Krise nicht nur eine Ursache; ein Zusammentreffen antagonistischer Kräfte begünstigte die Ausbreitung des Tumors: die Gleichzeitigkeit der Information durch die neuen technischen Möglichkeiten, die Globalisierung der Transaktionen, die Explosion der Kreditvolumina, die

Verbriefung von Forderungen, die starke Zunahme illiquider Anlagen, das System der Bonuszahlungen, die Credit Default Swaps oder Kreditausfallversicherungen, die Schwäche der Politik, die Laschheit der Regulierer, die Oberflächlichkeit der Rating-Agenturen. Alles hätte noch viel schlimmer kommen können. Heute bin ich mir nicht sicher, ob das Krebsgeschwür im Inneren des Finanzsystems tatsächlich geheilt ist.

Jérôme Kerviels Betrug war ein Vorbote dieser Erschütterung. Ein schreckliches Symptom, das wir nicht rechtzeitig zu deuten wussten. Und dann war es zu spät.

Viel bleibt zu tun: auf gesünderen Grundlagen neu anfangen, Kreditvergabe, Investmentfonds und außerbörsliche Transaktionen besser regulieren, dafür sorgen, dass die Banken einen größeren Teil des Risikos selbst tragen und nicht in abstrakte Pakete verpacken und verteilen, die Unternehmen entschulden, sich der gewaltigen Staatsverschuldung stellen, die alljährlich Hunderte Milliarden verschlingt, eine echte europäische Regierung schaffen, den wirtschaftlichen Akteuren mehr Kapital zur Verfügung stellen.

Um all das soll es in diesem Buch nicht gehen. Aber es ist der Hintergrund, vor dem sich die Affäre abgespielt hat.

Mir persönlich macht das alles eine Heidenangst.

Seit die Büchse der Pandora geöffnet ist, seit ich das System nackt gesehen habe, weiß ich, dass kein Deich, keine Bank und kein Staat, so stark sie auch sein mögen, einer allgemeinen Panik standhalten werden. Ich weiß nicht, von woher die nächste Krise kommen wird, aber es besteht die Gefahr, dass sie noch furchtbarer sein wird als die Katastrophe, der wir um Haaresbreite entronnen sind.

Ich möchte in diesem Buch berichten, was ich erlebt habe. Der größte Betrug aller Zeiten hat sich unmittelbar vor meinen Augen abgespielt.

Mein Bericht war seit Langem fertig, aber ich habe mit der Veröffentlichung das Ende des Prozesses gegen Jérôme Kerviel abgewartet. Ich wollte den Eindruck vermeiden, auf den Gang der Dinge Einfluss nehmen zu wollen, und mich nicht dem Verdacht aussetzen, aus Berechnung zu handeln oder über die Bande zu spielen. Ich wollte keinen Schnellschuss verfassen, kein Storytelling betreiben. Es ging nicht darum, der Wahrheit zu ihrem Recht zu verhelfen. Die Justiz hat gesprochen, die Abrechnung stattgefunden. Jeder hat bezahlt, mit Cash, mit seiner Reputation, seiner Gesundheit oder vor Gericht.

Dieses Buch ist mein persönliches Anliegen. Ich habe vor der Veröffentlichung niemanden um Erlaubnis gebeten. Ich konnte die Sache nicht einfach zu Ende gehen lassen, ohne meinen Beitrag zu leisten.

Als Mitglied des Vorstands einer der größten Banken der Welt, die über fünf Milliarden Euro Gewinn macht, habe ich gesehen, wie eine ganze Mannschaft, ein ganzer Berufsstand einer fortschreitenden Verblendung verfiel. Dabei hatte ich *Nur die Paranoiden überleben* von Andrew Grove, dem Mitbegründer von Intel, gelesen, der schreibt, starke »Furcht« sei der Schlüssel zum Erfolg: die Furcht, dass man von der Technologie, den Konkurrenten oder dem Verhalten der Angestellten überholt wird. Bei der Société Générale haben wir fünf Jahre mit sehr hohem Wachstum in allen Bereichen erlebt. 2006 wurden wir von der Zeitschrift *Euromoney* zur »Besten Bank der Welt« gekürt. Wir haben in Frankreich pro Jahr rund fünftausend neue Mitarbeiter eingestellt. Allein an unserem Hauptsitz im Pariser Geschäftsviertel La Défense waren wir pro Jahr tausend Leute mehr, und der dritte Turm, den wir bauten, reichte schon bald nicht mehr aus.

Wir waren uns sehr sicher.

Alles gelang uns, aber in Wahrheit hatten wir allmählich

unsere Wachsamkeit verloren und eine Unternehmenskultur entwickelt, in der Eroberungen und Gewinn wichtiger waren als Kontrolle, Zweifel und Misstrauen. Natürlich absolvierten wir regelmäßig unsere Stresstests, aber anhand von Zahlen aus der Vergangenheit, und die zeigten keine solchen Ausschläge wie die, die schließlich auftraten und beinahe alles zum Einsturz gebracht hätten.

Natürlich hielten wir permanent Ausschau, woher die nächste Krise kommen könnte. Ironie des Schicksals: Zu einem Seminar Ende 2007 in Prag hatten wir den Essayisten Nassim Nicholas Taleb eingeladen, der uns seine Theorie der *Schwarzen Schwäne* auseinandersetzen sollte. Der Titel seines Bestsellers ist eine Parabel: Vor der Entdeckung Australiens glaubte man in der Alten Welt fest, dass Schwäne weiß seien, denn alle Schwäne, die Naturforscher je gesehen hatten, waren weiß. Bis der erste schwarze Schwan entdeckt wurde.

Nach Talebs Auffassung hält der menschliche Geist nur das für möglich, was er kennt. Aber die Wiederholung eines Phänomens erlaubt keine Voraussage für die Zukunft. Nassim Nicholas Taleb hat das Studium von Zufall, Unsicherheit, Wahrscheinlichkeit und der Relativität des Wissens zu seiner Lebensaufgabe gemacht. Er vertritt die Auffassung, dass das, was wir nicht kennen, sehr viel mehr Einfluss hat als das, was wir kennen, und dass man permanent auf das Unmögliche vorbereitet sein muss.

Damals in Prag hörten wir ihm amüsiert zu. Sein Vortrag war brillant, aber wir waren uns unserer Stärken sicher. Wir hatten nie gedacht, dass die Welt perfekt wäre, dass keine Probleme auftauchen würden, dass es kein Auf und Ab mehr geben würde. Wir hatten einfach angenommen, dass die zukünftigen Ausschläge ein bisschen stärker sein würden als die in der Vergangenheit und dass wir das Unbekannte schon irgendwie in den Griff bekommen würden. Wir zweifelten nicht an uns.

Und dann tat sich am 20. Januar 2008 innerhalb weniger Minuten ein Abgrund vor uns auf. Ich sah, wie Männer ins Wanken gerieten, Systeme, Meinungen, Haltungen, Handlungsweisen. Es war ein bisschen wie im Mai 1940, als die »Grande Nation« im Bewusstsein ihres Sieges im Ersten Weltkrieg, im Vertrauen auf die Maginot-Linie und darauf, dass ihre Armee »die stärkste der Welt« war, innerhalb von zehn Tagen zusammenbrach. Die Regierung, die Generäle und die maßgeblichen Politiker flüchteten vor dem deutschen Vormarsch kopflos nach Bordeaux, und alle verloren ihre schöne Selbstsicherheit und ihre ehernen Überzeugungen. Sie waren wie Strohballen im Sturm.

Das macht demütig. Und nachdenklich.

PHASE EINS

DER ZUSAMMENBRUCH

SONNTAG, 20. JANUAR 2008, 10 UHR 30

UND SO GERIET alles ins Wanken.

Ich lese zu Hause im Wohnzimmer die Zeitung, als Daniel Bouton anruft. Mein erster Reflex ist, nicht dranzugehen, als ich seinen Namen auf dem Display meines Handys sehe. Ich sitze in einem Clubsessel, mich erwartet ein schöner Tag: Wir wollen den vierzehnten Geburtstag meines Sohnes Balthazar feiern. Wenn an einem Sonntagmorgen der Name des Chefs der Société Générale auf dem Display auftaucht, ist das kein gutes Zeichen. Seit acht Jahren bin ich Kommunikationsdirektor der Bank, und während dieser ganzen Zeit hat mich Daniel selten zu Hause angerufen.

Vorher war ich in der Werbung. 1999 habe ich Daniel Bouton geholfen, den feindlichen Übernahmeversuch der BNP [Banque Nationale de Paris, heute BNP Parisbas] abzuwehren. Von da an begleitete ich seinen Weg in der Bank als der Mann für die Kontakte zu den Medien und den Aktionären und war allgemein für die interne und externe Kommunikation zuständig. Oft haben wir bis spät abends zusammen gearbeitet. Es war intensiv, und es war hart. Auf Anhieb wirkt Daniel nicht besonders sympathisch. Aber seine scharfe Intelligenz nimmt einen sofort für ihn ein, zumindest wenn man hinter die Fassade zu blicken versteht. Mit ihm zu arbeiten ist ein seltenes intellektuelles Vergnügen. Er denkt blitzschnell, wie viele Finanzinspektoren. Und diese Wendigkeit macht das Leben intensiver.

Ich lasse mein Handy ein zweites Mal klingeln.

Daniel war bei seinem Abschluss mit dreiundzwanzig Jahren Bester seines Jahrgangs. Die Finanzinspektoren bilden in Frankreich ein festes Netzwerk und besetzen alle Schlüsselpositionen im Staat, bei den Geschäftsbanken und den großen Wirtschaftsunternehmen. Anders als die Minister und ihre engsten Mitarbeiter, deren Überlebenszeit im Amt selten länger als drei Jahre ist, überdauern sie alle Wechsel an der Spitze und alle Palastrevolutionen. Sie haben die wahre Macht, auch wenn sie nicht als Inhaber der Macht in Erscheinung treten. Die Politiker führen permanent Wahlkampf über die Medien. Unterdessen ziehen die Verwaltung, die Gewerkschaften und die Finanzinspektoren die Fäden, denn die Zeit arbeitet für sie.

Finanzinspektoren haben allerlei Fehler, besonders den, all jene zu verachten, denen es nach ihrem Abschluss an der ENA nicht gelungen ist, eine hohe Position im Staatsdienst zu ergattern. In ihren Augen ist ein Autodidakt immer noch besser als ein ENA-Absolvent, der es nicht ganz nach oben geschafft hat. Vor den Absolventen, die in den Rechnungshof oder den Staatsrat eintreten, hat man noch einigermaßen Respekt, die anderen existieren ganz einfach nicht. Nur die Absolventen der École Polytechnique, kurz X genannt, konkurrieren mit den »Enarchen« um die Spitzenpositionen in der Wirtschaft. Ein X-Absolvent hat mehr Prestige als ein Finanzinspektor. Daniel hat deswegen einen leichten Minderwertigkeitskomplex, den er dadurch kompensiert, dass er seinen vermeintlichen Einfluss auf die Regierung betont und gern durchblicken lässt, dass er mehr weiß und tut, als er sagen darf.

Er selbst besitzt eine scharfe Intelligenz und überlegene analytische Qualitäten, verlangt aber auch enorm viel von anderen. Wenn ein Gesprächspartner ihm nicht folgen kann, bemüht er sich nicht, seinen Ärger zu verbergen, sondern bricht das Gespräch einfach ab. Seine umfassende Bildung bestimmt seine Sicht der Dinge und lässt ihn immer die langfristige Perspektive bedenken, weshalb er in seiner Gemütslage sehr beständig ist. Sein Hauptfehler ist mangelndes diplomatisches Gespür: Er sagt immer, was er denkt, und zwar mit gepflegtem Zynismus. Andere empfinden das als arrogant. Weil er Pausen nicht ertragen kann, mischt er sich ins Gespräch ein. Er wird schnell schulmeisterlich und verärgert damit viele Leute.

Daniel vertraut mehr auf Intelligenz als auf Auftreten und Rhetorik, und es stört ihn nicht, als kalt und ruppig wahrgenommen zu werden. Aus seiner Sicht ist das ein Kompliment. Er gibt sich niemals Mühe, umgänglich zu sein: Seine Antworten kommen mit der tödlichen Treffsicherheit von Revolverkugeln. Er ist nicht spontan, zwischen ihm und seinen Gesprächspartnern liegt immer eine Eisschicht, manchmal nur ein paar Zentimeter dick, manchmal auch massives Packeis.

Beim dritten Klingeln meines Handys melde ich mich doch. Er bittet mich, zu ihm nach La Défense zu kommen.

»Jetzt gleich?«

Die Antwort lässt an Klarheit nichts zu wünschen übrig. Ich schwinge mich auf meinen Roller und frage mich, was ihn wohl gestochen hat. Wahrscheinlich will er die Gewinnwarnung noch einmal durchgehen, die wir am Montagmorgen veröffentlichen müssen. Die Regel lautet, dass ein börsennotiertes Unternehmen den Markt informiert, wenn es einen Gewinnrückgang erwartet. Den ganzen Samstag haben wir an den Schaubildern und der Erklärung gearbeitet. Wir müssen erhebliche Abschreibungen im Zusammenhang mit Subprimes, den amerikanischen Ramschhypotheken, ankündigen. Heute ist das traurig, aber banal. Damals entdeckten wir jeden Tag neue Löcher. Die Erkenntnis des Desasters hatte zwei Monate zuvor eingesetzt, im November 2007, mit dem Absturz der ABX-Indizes, einer Gruppe synthetischer Finanzindizes, die den Zustand des amerikanischen Häusermarkts abbilden. Daraufhin kursierten alarmierende Analysen, zunächst noch vertraulich. Der Einbruch der Preise für amerikanische Wohnimmobilien bedeutete potenzielle Vermögensverluste für die Privathaushalte von bis zu 5000 Milliarden Dollar, bis zu 2,2 Millionen Menschen würden womöglich ihre Häuser verlieren. Über zehn Millionen Haushalte mussten damit rechnen, dass die Schuldenlast den Wert ihrer Häuser rasch übersteigen würde, und das hätte zur Folge, dass die Bereitschaft, die Darlehen zu tilgen, stark nachlassen würde, selbst bei Darlehensnehmern, die zur Tilgung in der Lage waren. Für die Société Générale ging es um 1,5 Milliarden – eine gewaltige Summe.

An diesem Sonntagmorgen denke ich, dass ich ein paar Stunden arbeiten muss. Dann werde ich nach Hause zurückfahren, und wir feiern Geburtstag.

Im Büro empfängt mich Daniel mit einer Stimme, die nichts Gutes verheißt:

»Sie haben gedacht, dass Sie mit Krisen umgehen können, aber das war noch gar nichts. Jetzt werden Sie lernen, was *rogue trading* ist!«

»Wie heißt das?«

Ich lasse es mir erklären: *rogue trading* ist betrügerischer Handel mit Finanzprodukten. Das englische Wort *rogue* hat zwei Bedeutungen: betrügerisch und einzelgängerisch. Ein Wertpapierhändler hat unerlaubte Transaktionen gemacht, die einen erheblichen Gewinn abgeworfen haben. Die Bank muss den Betrug bekannt geben, ihr Ruf steht auf dem Spiel, außerdem könnten die Risiken, die der Händler eingegangen ist, katastrophale Folgen haben. Die internen Kontrollmechanismen haben versagt.

Daniel ist mittelgroß. Er ist immer ziemlich nachlässig gekleidet: Die Hosen hängen unter seinem Bauch, seine Krawatten sind hässlich. Sein Bauch ist zwar noch straff, aber die Jacken und Westen werfen um die Körpermitte Falten. Seine einfarbigen, gestreiften oder karierten Anzüge passen nie zu seinen Hemden. Er trägt unmodische viereckige oder randlose Brillen, sein Hals ist schlaff, die Schultern hängen. Er hat kleine, flinke Hände, die in Windeseile Dossiers durchblättern. Hingegen schreibt er langsam, mit steilen Buchstaben, jedes Wort ist durchdacht. Seine Briefe sind wie die eines Schülers der siebten Klasse. Seine Stimme ist heiser, er spricht langsam. Seine Sätze sind nie spontan, immer sehr gedrechselt.

Daniel ist ein Boss. Er kann Entscheidungen treffen. Er ist ein Harter, ein Entscheider durch und durch. Er irrt sich nur in vier von zehn Fällen. Nach den Maßstäben der Globalisierung ist das viel Geld wert: Sein Fixgehalt beträgt das 85-Fache des gesetzlichen Mindestlohns. Noch einmal das Doppelte bekommt er als variablen Teil seiner Vergütung. Und nicht zu vergessen die Aktienoptionen: Ein durchschnittlicher französischer Angestellter müsste 2750 Jahre dafür arbeiten, in China oder Madagaskar müssten 5312 Arbeiter ihr ganzes Leben dafür schuften. Daniel ist verschwiegen, hochbegabt, autoritär, ein Genussmensch in jeder Hinsicht. Aber vor allem ist er offen. Er hat nie eine vorgefasste Meinung, jedes Thema betrachtet er vorurteilsfrei. Er schlägt eine neue Seite auf und löst die Gleichung. Er wägt bei jedem Dossier Vorteile und Schwächen neu ab.

An dem Tag wirkt er klein, wie er da vor mir steht. Zum ersten Mal habe ich diesen Eindruck, und das verwirrt mich. In seinem Büro sind bereits zwei andere Männer: Jean-Pierre Mustier, der Chef der Investmentbank, der alle Trading-Aktivitäten überwacht, und Frédéric Oudéa, der Finanzvorstand.

»Wir haben den Händler bis Mitternacht befragt. Er hat nichts zu den Einzelheiten seiner Geschäfte gesagt, er hat nicht kooperiert. Er bleibt dabei, dass er bis Ende Dezember 1,4 Milliarden Gewinn gemacht hat«, sagt Jean-Pierre.

Jean-Pierre ist aschfahl. Mit tonloser Stimme berichtet er: Mehrere Händler haben die ganze Nacht durchgearbeitet und in groben Zügen die Chronik der Ereignisse des Jahres 2007 rekonstruiert.

»Es geht um Future-Kontrakte auf den Euro Stoxx 50 und den DAX 30 an der Terminbörse Eurex, die ab Januar 2007 gekauft wurden. Diese sehr kurzfristigen Positionen – Laufzeiten unter einem Monat – wurden durch fiktive Transaktionen verschleiert, offenbar um das Risiko zu vertuschen und die Ergebnisse zu verbergen. Die fiktiven Transaktionen erklären, weshalb er nicht früher aufgeflogen ist. Im März wurde die Position stark aufgestockt, und bis Juli hat sie schließlich schrittweise ein verschleiertes Volumen von 30 Milliarden erreicht. Die Ergebnisse dieser Geschäfte belaufen sich auf minus 2,14 Milliarden mit Stand 30. Juni und plus 390 Millionen mit Stand 30. September. Das Ergebnis der Bank war damit Ende Juni um 2,16 Milliarden zu hoch bewertet und Ende September um 362 Millionen zu niedrig. Auf das ganze Jahr gerechnet, geht es um 1,47 Milliarden, eventuelle Geschäfte seit Beginn des Jahres nicht eingerechnet. Die offenen Positionen wurden im August 2007 glattgestellt. Aber im November hat der Händler neue Short-Positionen mit einem ähnlichen Volumen aufgebaut. Ende Dezember hat er alle Positionen geschlossen.«

Ich falle aus allen Wolken: Die illegalen Transaktionen haben das Ergebnis der Société Générale um fast 1,5 Milliarden Euro aufgebläht.

»Das ist unglaublich! Und wie sieht es für 2008 aus?«

»Ich weiß es noch nicht.«

»Hat er alles glattgestellt?«

»Wir sind mit den ersten achtzehn Tagen von 2008 noch nicht fertig. Wir haben den Händler letzte Nacht befragt, er sagt, er habe seit Anfang des Jahres praktisch nichts mehr gemacht. Er wollte uns nichts sagen.«

Draußen ist es mild, aber niemand kümmert sich um das Wetter. Daniel hat sichtlich Schwierigkeiten, sich zu konzentrieren. Die Gedanken scheinen ihm zu entgleiten, was bei ihm selten vorkommt, er muss sich anstrengen, sie beisammenzuhalten. Der Betrug ist eine schlechte Nachricht, und sie trifft mit einem weiteren Schock zusammen. Am Tag zuvor hat er im Büro der ersten Gewinnwarnung in seiner Zeit an der Spitze den letzten Schliff gegeben. Jetzt sitzt er vor seinem Schreibtisch, der Computer ist ausgeschaltet, er blickt verstört. Ihm geht wohl ein Lieblingssatz von Jacques Chirac durch den Kopf: »Die Scheiße fliegt uns nur so um die Ohren.«

Zunächst war die Veröffentlichung der Gewinnwarnung für den nächsten Donnerstag geplant, einen Monat vor Bekanntgabe der endgültigen Jahresergebnisse: früh genug, um die Märkte vorzuwarnen, und spät genug, um die Wirtschaftsprüfer ihre Arbeit machen zu lassen. Aber am Freitag stürzte der Kurs der Aktie der Société Générale ab, nach verhängnisvollen Gerüchten über ihr Engagement bei amerikanischen Kreditversicherern, sogenannten Monolinern. Am selben Tag forderte der Gouverneur der Banque de France bei einer Pressekonferenz in London die Banken auf, so schnell wie möglich für Transparenz zu sorgen. Der Gouverneur hat seine Worte vorsichtig gewählt, um die Öffentlichkeit nicht zu erschrecken und die Krise nicht noch schlimmer zu machen, aber er fürchtet eine drohende Katastrophe durch die Subprime-Hypotheken. Er sorgt sich wegen der Immobilienkrise in den Vereinigten Staaten, der schlimmsten in der Geschichte, mit einem brutalen Rückgang der Preise um mehr als 30 Prozent. Die Verluste bei den Immobiliendarlehen insgesamt, Subprimes und anderen, könnten sich für die Banken auf 400 Milliarden Dollar summieren. Durch einen Dominoeffekt könnte der Schock eine steigende Zahl von Ausfällen bei anderen Krediten nach sich ziehen – bei Kreditkartenschulden und Konsumentenkrediten –, mit der Folge, dass einige amerikanische Regionalbanken zusammenbrächen oder sogar eine überregionale Bank mit einem besonders hohen Engagement bei Immobiliendarlehen. Die Aktienmärkte beginnen, sich auf die Möglichkeit einer Rezession in Amerika einzustellen. Wenn das amerikanische Wachstum einbricht, kann der Dow Jones leicht um 30 Prozent fallen. Die anderen Banken werden ihre Kreditkonditionen verschärfen, um mögliche Risiken aus dem Kreditgeschäft und dem Geschäft mit Kreditderivaten zu reduzieren. Das könnte wiederum zu einem Austrocknen der Liquidität führen, einer Kreditklemme, die den gesamten Interbankenmarkt betreffen und die generelle Risikoaversion erhöhen würde. Um dieses düstere Szenario zu vermeiden, hat der französische Zentralbankchef die ganze Woche über in Kontakt mit den wichtigsten französischen Banken gestanden. Er predigt Transparenz, um das Problem auf die Subprime-Hypotheken zu begrenzen und einen Börsenkrach wie 1987 zu verhindern.

Freitagabend hat Daniel deshalb beschlossen, die Gewinnwarnung um vier Tage vorzuziehen. Er hat vorab seine Wirtschaftsprüfer und seinen Verwaltungsrat informiert und einige ausgewählte Mitarbeiter (Controller, Kommunikationsleute, die leitenden Risikomanager und Investmentbanker). Die Bekanntgabe soll am Montag erfolgen, deshalb haben wir den ganzen Samstag gearbeitet. An diesem Sonntag, dem 20. Januar, soll am Nachmittag erst der Bilanzausschuss zusammentreten, direkt anschließend der Verwaltungsrat.

Der Betrug hätte zu keinem ungünstigeren Zeitpunkt kommen können. Wenn der gigantische Betrug ausgerechnet an dem Tag öffentlich wird, an dem wir Verluste in Höhe von 1,5 Milliarden bei Subprimes mitteilen, wird sich die Gewinnwarnung verheerend auswirken. Es ist eine doppelte Katastrophe, und der Kalender wird uns zum Verhängnis: Wir haben keine Zeit, die Wende einzuleiten.

Jean-Pierre Mustier sieht ganz zerknittert aus. Er ist gestern gar nicht erst nach Hause gefahren und hat in der letzten Nacht kein Auge zugetan. Dass der *rogue trader* anscheinend Gewinn gemacht hat, ist keine gute Nachricht. Allein das Volumen der Transaktionen zeigt, dass in der Bank ein gigantischer Betrug möglich war. Die Reputation des ganzen Hauses wird darunter leiden.

Daniel stützt den Kopf in beide Hände.

»Diese Nachricht zwingt uns, alle Quartalsberichte aus dem letzten Jahr noch einmal durchzugehen und alles von unseren Wirtschaftsprüfern noch einmal kontrollieren zu lassen.«

»Sie werden alle Positionen dieses Händlers im ganzen letzten Jahr untersuchen müssen, um zu klären, wie sie sich genau auf die Ergebnisse ausgewirkt haben«, fügt Jean-Pierre hinzu.

»Es ist eine Katastrophe«, wiederholt Daniel, als spräche er nur zu sich selbst.

Daniel ruft Christian an, den Generalsekretär, und sagt ihm, er solle kommen. In dem Augenblick hat Jean-Pierre eine E-Mail von einem Mitarbeiter auf seinem Blackberry:

»Der Händler wurde heute Morgen erneut kontaktiert, wir haben ihn vor vollendete Tatsachen gestellt und ihm seine Lügen aufgezeigt. Wir haben ihm alles gesagt, was wir über 2007 herausgefunden haben. Und wir haben ihn gefragt, ob er 2008 noch weitere Positionen aufgebaut habe. Er hat mit ›Ja‹ geantwortet. Und dann hinzugefügt: ›Aber nichts von Bedeutung.‹ Wir gehen der Sache weiter nach.«

Jean-Pierre informiert uns:

»Es gibt weitere fiktive Positionen seit Anfang des Jahres.«

»Scheiße!«, entfährt es Daniel. Er kennt die Entwicklung der Märkte seit Beginn des Jahres.

Ein bisschen früher an diesem Tag hat achtundzwanzig Etagen tiefer im Société-Générale-Turm der Betrüger sein Büro betreten. Von dort geht er in den Handelssaal in der siebten Etage, wo ihn seine Vorgesetzten schon erwarten. Luc François, Leiter der Abteilung für Aktien- und Derivathandel und Stellvertreter von Jean-Pierre Mustier, setzt sich mit ihm in einem Konferenzraum an einen ovalen Tisch, Auge in Auge. Luc ist groß und dünn, fast einen Meter neunzig. Er ist fünfundvierzig, klug und gesetzt, ein Manager, ein Intellektueller, jemand, der in die Zukunft denkt. Luc ist der Begehrteste in der Mannschaft. Er hat maßgeblichen Anteil am Erfolg der Derivate-Abteilung der Société Générale seit ihren Anfängen 1992. Zusammen mit Jean-Pierre und anderen Mathe-Cracks hat er ein kompliziertes Geschäftsfeld aufgebaut, mittlerweile sind sie weltweit führend. Die großen Investmentbanken versuchen, Angehörige aus ihren Teams abzuwerben, die auf Leistung und Ergebnisse getrimmt sind, aber noch so fantastische Angebote haben sie nicht in Versuchung geführt, denn der Erfolg, die Qualität ihrer Arbeit und ihr Einvernehmen haben sie fest zusammengeschweißt. In dieser Abteilung fließen die höchsten Bonuszahlungen. Vor fünfzehn Jahren sind sie bei Null gestartet, heute ist dieser Bereich mehrere Milliarden Euro wert und die Nummer eins weit vor der Nummer zwei BNP Paribas und sehr weit vor Goldman Sachs und Morgan Stanley: der einzige Bereich im Bankgeschäft, wo ein französisches Institut die Nummer eins ist.

Luc lächelt immer, heute nicht.

Über eine Telefonanlage mit Lautsprecher wird das Gespräch zwischen Luc und dem Händler in einen angrenzenden Handelsraum übertragen, damit die Anwesenden alles mithören können. Weil die Wände aus Glas sind, können sie auch alles sehen. Man kommt sich vor wie im Kontrollraum von Big Brother. An diesem Sonntag muss verhindert werden, dass das Kartenhaus namens Weltfinanzsystem einstürzt. Luc erzählt mir später, dass er ganze Bündel von Ausdrucken hat, die dokumentieren, was am Platz dieses Händlers passiert ist. Sie zeigen, dass der Mann die ganze Nacht über gelogen hat. Er hat seine Kompetenzen weit überschritten, vor allem die Limits für den Intraday-Handel massiv überzogen, obwohl er das Gegenteil behauptet hat.
Luc hält ihm die Papiere hin.
»Ich habe hier alles. Ich will jetzt, dass du mir die Wahrheit sagst, die reine Wahrheit!«
»Okay, okay.«
»Was war deine Strategie?«
»Ich erinnere mich nicht mehr an alle Transaktionen, es waren viele im Lauf eines ganzen Jahres …«
Luc legt ein Blatt nach dem anderen auf den Tisch und verlangt Erklärungen. Der Händler gibt Zeile für Zeile zu.

Im 35. Stock hält es Daniel nicht auf seinem Bürostuhl, er läuft herum, die Hände hinter dem Rücken verschränkt, und versucht alle Konsequenzen zu durchdenken, wenn diese Splitterbombe explodiert, die er soeben im Zentrum seiner Bank entdeckt hat.

»Wenn bekannt wird, dass ein Gewinn in dieser Höhe angefallen ist, wird uns niemand glauben!«, knurrt er.

»Wir müssen es mitteilen, bevor die Märkte öffnen«, sage ich zu ihm.

»Sie werden uns schlachten«, murmelt Jean-Pierre.

»Die Reputation der Bank steht auf dem Spiel«, sagt Daniel.

Er schweigt kurz und fügt dann hinzu: »Unser Derivathandel ist tot.«

Jean-Pierre sitzt am Tisch und starrt auf seinen Blackberry. Im Minutentakt empfängt er schlechte Nachrichten von den Teams, die alle Transaktionen des Händlers überprüfen. Nach und nach begreifen sie das ganze Ausmaß dessen, was seit dem 1. Januar 2008 geschehen ist.

Die internen Teams nehmen jedes einzelne Geschäft des Händlers und seines Desks Delta One auseinander. Delta deshalb, weil an diesem Desk Geschäfte mit Differenzen gemacht werden, und One bedeutet, dass Arbitrage das Einmaleins des Händlers ist. Er vergleicht zwei Produkte mit identischen Merkmalen, zum Beispiel Aktienindizes oder börsennotierte Firmen. Er kauft eine Position und deckt sie, indem er Kaufoptionen mit einem bestimmten Basispreis auf den gleichen Basiswert verkauft. Die beiden Positionen heben sich auf. Das Risiko ist auf die kleinen Differenzen begrenzt, den Gewinn bringt die Masse. Ein Händler, der solche Arbitragegeschäfte macht, führt täglich mehrere Tausend Transaktionen am Computer durch, und jeden Abend rechnet er Gewinne oder

Verluste ab. Im Handelsbuch unseres betrügerischen Händlers standen über 500.000 Transaktionen!

Ich kann mich des Gedankens nicht erwehren, dass diese schlichte Art des Handelns ökonomisch sinnlos ist. Die Argumentation, die ich oft höre, dass die Gewinne, die damit gemacht werden, unsere Kapitalausstattung stärken, was uns wiederum erlaubt, der Realwirtschaft Kredite zu geben, ist schon sehr an den Haaren herbeigezogen. Und die Risiken sind dabei überhaupt nicht berücksichtigt.

Christian, der Generalsekretär, kommt, gefolgt vom Leiter der Risikoabteilung. Wir erklären auch ihnen die Situation. Jean-Pierre hört nicht zu, er ist ganz auf das Display seines Handys konzentriert. Er empfängt seine Nachrichten direkt aus dem Handelssaal.

Gegen Viertel nach zwölf erfährt er, dass die Bewertung der Positionen mit Stand abends am Freitag, 18. Januar, einen Verlust in der Größenordnung von einer Milliarde Dollar ausweist. Und dass »in erheblichem Umfang« Long-Positionen auf die Indizes DAX, Euro Stoxx und FTSE bestehen.

Ungläubiges Schweigen. In Daniels Büro ist die Zeit stehen geblieben.

Die Teams machen mit ihren Untersuchungen weiter, immer fieberhafter durchpflügen sie alles. Sie schicken eine Mail auf Lucs Blackberry. Die Gesamtheit der aufgebauten und durch illegale Scheintransaktionen verschleierten Positionen summiert sich auf 50 Milliarden Euro! Das ist das 1,5-Fache des Eigenkapitals der Bank.

Das ist tödlich.

Luc ist wie gelähmt. Einen Augenblick lang tut er gar nichts, dann konzentriert er sich wieder neu und antwortet auf die Mail: »Was für Positionen?«

Und er fragt den Betrüger:

»Was hast du 2008 gemacht?«

»So gut wie nichts.«

»Was heißt das genau?«

»Ich weiß es nicht mehr.«

Luc sagt nicht, was er weiß. Er fürchtet, dass der Händler die Nerven verliert, wenn er in die Enge getrieben wird. Mit ganz ruhiger Stimme fragt er:

»Wie viel?«

»Höchstens 20 oder 30 Milliarden!«

Luc fällt beinahe vom Stuhl. Das sind astronomische Zahlen! Der Händler zuckt bei dem Wort »Milliarde« nicht mit der Wimper, dabei liegt das Limit für seinen Desk bei 125 Millionen … die zusätzlichen drei Nullen scheinen für ihn nur Kreise in einem Videospiel zu sein. Das Gespräch geht weiter, aber konkrete Details kommen nicht dabei heraus. Luc empfängt eine weitere Mail: »Der Verlust beläuft sich mit Stand Januar 2008 auf 2,8 Milliarden, errechnet auf der Grundlage der Schlusskurse von Freitag, dem 18. Januar. Wir untersuchen die Positionen weiter und schauen, ob es noch mehr gibt!« Luc ist wie vom Donner gerührt. Er weiß nicht mehr weiter. Jetzt geht es nicht mehr vorrangig darum, zu verstehen, was dieser Händler gemacht hat. Er atmet mehrfach tief durch, setzt ein gezwungenes Lächeln auf und bemüht sich, ruhig zu klingen:

»Danke, du kannst heimgehen. Komm morgen nicht her, ich halte dich auf dem Laufenden.«

»Okay.«

»Und sprich vor allem mit niemandem über das, was du weißt. Das ist sehr wichtig.«

Der Betrüger wird hinausgeführt, man nimmt ihm seinen Firmenausweis ab. Er geht, ohne sich noch einmal umzudrehen.

Später erzählt mir Luc, er habe am ganzen Körper gezittert,

als er allein in dem Raum gesessen habe. Es habe eine ganze Weile gedauert, bis er die Mail an Jean-Pierre weiterleiten konnte.

In Daniels Büro liest Jean-Pierre die Mail von Luc: Ein Verlust von 2,8 Milliarden Euro zum Stand 18. Januar ist bestätigt, die offene Position beläuft sich auf 50 Milliarden!

Alle sind wie vor den Kopf geschlagen, stehend k. o. Unsere Gehirne sind nicht in der Lage, eine Nachricht wie diese zu verarbeiten. Selbst wenn wir den 2007 verschleierten Gewinn gegenrechnen, summieren sich die Verluste bereits jetzt auf 1,4 Milliarden. Vor dem Hintergrund des massiven Einbruchs der Aktienkurse am Freitag bedeutet die Position von 50 Milliarden, dass die Bank weitere 10 bis 15 Milliarden verlieren könnte! Es geht nicht nur um unsere Reputation, sondern um unser Überleben ... und um das Überleben des Weltfinanzsystems.

Wie beim Prozess dreißig Monate später dargelegt wird, wäre, wenn die Bank diese Position behalten hätte, in Anbetracht der desaströsen Entwicklung der Märkte in den Jahren 2008 und 2009 ein Verlust zwischen 4,2 Milliarden und ... 29 Milliarden Euro möglich gewesen.

Daniels Büro gleicht einem Operationssaal, in dem viele Chirurgen um einen Patienten herumstehen, der einen hämorrhagischen Schock mit Herzrhythmusstörungen und Krampfanfällen erleidet. Man muss uns nicht erklären, was das bedeutet, wir wissen es.

Alle Kreditlinien der großen Banken hängen zusammen. Etwa dreißig wichtige Institute leihen sich täglich gegenseitig Liquidität. Wenn ein Institut aus diesem Netz in den Verdacht der Zahlungsunfähigkeit gerät, ist das auch für alle anderen eine Gefahr. Eine Bank wie die Société Générale mit einer Bilanzsumme von über 1000 Milliarden Euro kann das ganze Finanzsystem mit in den Abgrund reißen. In diesem Fall wiederholt sich der Dominoeffekt, der nach der Krise von 1929 eingetreten ist.

In Daniels Büro macht sich Endzeitstimmung breit.

Niemand sagt etwas.

Die Mienen sind verschlossen.

Lange Minuten vergehen.

13 Uhr 02

Daniels Sekretärin kommt herein, alle drehen sich zu ihr um. Daniel hat sie hergerufen. Sie ist gegen zehn Uhr eingetroffen, weil die öffentlichen Verkehrsmittel am Sonntag seltener fahren. Sie weiß noch nichts und entschuldigt sich für die Störung. Sie will nur mitteilen, dass sie fünf Minuten weg sein wird und in dieser Zeit niemand das Telefon abnimmt. Wir schauen uns an: ein Hauch von normalem Leben, etwas ganz Außerordentliches.

13 Uhr 14

Alle haben nur einen Gedanken im Kopf: den möglichen Bankrott der Société Générale.

Philippe Citerne, der stellvertretende Konzernchef, kommt in Daniels Büro. Er ist um vier Uhr morgens ins Bett gegangen. Man hat ihn informiert, dass das Prüferteam jetzt die Positionen aus 2008 durchgeht, die mitten in der Nacht entdeckt wurden, als er bereits weg war. Er erzählt uns, dass er auf der Fahrt hierher sämtliche roten Ampeln überfahren und alle fest installierten Radarfallen ausgelöst hat.

Philippe ist die Nummer zwei in der Bank. Er hat diese Position nach einer langen Karriere als Volkswirt, Personalchef und Finanzchef bei der Société Générale erreicht. Alle Karrierestufen hat er durch 16-Stunden-Arbeitstage, dreitägige Reisen rund um die Welt, mit vielen Zigarren und vielen Flaschen Whisky absolviert. Er hat sein Leben der Société Générale gewidmet, und die hat ihn im Gegenzug an die Spitze gehievt. Als Einziger im Haus schafft er es, als Ingenieur und Computerfan, alle Einkäufe über das Internet abzuwickeln, von Büchern, die er bei Amazon bestellt, bis zu Hemden, die er maßgefertigt bei einem Hersteller in Hongkong ordert. Seine Wochenenden verbringt er damit, die Papiere zu lesen, die er unter der Woche nicht mehr abzeichnen konnte. Er ist sechzig, hat lange weiße Haare, Schuppen auf den Schultern und zwängt seinen stattlichen Bauch in zerknitterte Anzüge.

Im Gegensatz zu Daniel, der »erst« seit sechzehn Jahren bei der Société Générale arbeitet, ist Philippe bei den Mitarbeitern beliebt. Er besitzt die Legitimität desjenigen, der alle Abteilungen eines Unternehmens durchlaufen hat. Er ist »sehr menschlich« und sehr präsent. Im Umgang ist er leutselig, er hat einen kräftigen Appetit und ist ein Streber durch und durch. Die Mitarbeiter schätzen ihn umso mehr, als ihm Harmonie über alles geht, was den Schmeichlern gut passt. Seine Art, heikle Themen zu vermeiden und schwere Entscheidungen hinauszuschieben, indem er zusätzliches Material anfordert, gefällt den Führungsleuten der Bank. Sie sehen in ihm den Garanten dafür, dass sich nichts Grundsätzliches ändert. Er ist Meister darin, den Schwarzen Peter weiterzugeben, und versteht sich hervorragend darauf, komplizierte Fragen nicht zu entscheiden, bis sie beim Exekutivausschuss, dem Comex, ankommen. Dort lässt er dann Daniel entscheiden, der sich damit automatisch den Groll der unterlegenen Gruppe zuzieht. Philippe begnügt sich mit einem schlichten »der Präsident hat entschieden«, der Andeutung, dass er Daniels Ansicht nicht ganz teilt, »aber was sollen wir machen, weder Sie noch ich können daran etwas ändern«.

In der Nacht hat Philippe über Telefon die Befragung des Händlers durch Jean-Pierre mit angehört. Der Händler wollte nichts sagen, es war ein schrecklicher Nervenkrieg, Mörderspiel in Echt. Philippe hat die Betriebsärztin rufen lassen.

Es herrscht eine Stimmung wie bei einer Beerdigung. Ich ergreife das Wort.

»Wie war es möglich, dass solche Summen nicht aufgefallen sind?«

»Man sieht die Zahlen in der Buchhaltung«, erklärt Jean-Pierre, »aber die Transaktionen werden mit Future-Kontrakten glattgestellt, bevor der Monatsabschluss fällig ist, der Händler kennt die Termine ganz genau. Im Backoffice sehen sie die Deals, aber weil diese annulliert werden, schlagen sie nicht in dem Monat zu Buche, sondern erst im nächsten, und so geht es immer weiter.«

Luc erklärt mir außerdem, dass es in den Handelssälen unzählige Kontrollen gibt (mehrere Tausend pro Tag), die aber nach Kategorien zusammengefasst werden: Risikobewertung, Buchführungsprobleme, Finanzfragen, technische Zwischenfälle, Verstöße gegen Verfahrensregeln und so weiter. Sie werden nicht den einzelnen Händlern zugeordnet, und es wird nicht ermittelt, wie viele Vorfälle pro Kopf passieren. Das ist ungefähr so, als würde man alle drei Tage an einem Auto eine lockere Schraube an einem Rad nachziehen, das Öl auffüllen und die Bremsscheiben erneuern, ohne dass die Mechaniker merken, dass sie jedes Mal dasselbe Auto vor sich haben. Der *rogue trader* kommt aus dem Bereich, der die Kontrollen durchführt, er kennt alle Abläufe.

»Er baut in aller Ruhe seine Positionen auf und ab und schlüpft durch sämtliche Maschen der Kontrolle«, sagt Daniel.

»Aber es gibt Nachschussforderungen!«

»Die Transaktionen des Händlers finden innerhalb der Gruppe statt«, antwortet Jean-Pierre, »Nachschüsse werden nicht pro Transaktion gefordert, sondern am Ende des Monats für alle Geschäfte zusammen.«

Der Zeitpunkt hätte nicht ungünstiger sein können. Die Lage auf dem Aktienmarkt ist miserabel. Weltweit sind die Kurse eingebrochen: aus Angst vor einer Rezession in Amerika, vor massiven Abschreibungen bei den Subprime-Hypotheken, aufgrund von Zweifeln an der Solvenz der Kreditversicherer und an den schnellen Geldbeschaffungsmanövern von Banken in Amerika, England und der Schweiz mit Hilfe von Staatsfonds. Der 18. Januar war ein Schwarzer Freitag an der Börse. Wir erleben die volatilste Phase seit September 2001.

»Nach den Regeln der Finanzmarktaufsicht müssen wir morgen vor Börseneröffnung bekannt machen, was wir wissen, weil es eine Information ist, die erhebliche Auswirkungen auf unseren Aktienkurs haben wird«, sage ich.

»Das gilt nicht in dem Fall, wenn die betreffende Information ein Unternehmen in Gefahr bringt«, korrigiert der Generalsekretär.

»Also gehen wir nicht sofort an die Öffentlichkeit?«

»Nein, aber wir informieren unsere Aufsichtsbehörden und den Bilanzausschuss.«

»Wir brauchen sechs oder sieben Tage, um eine so enorme Position glattzustellen, dazu kommen noch die Kosten für die Glattstellung.« Jean-Pierre ist sehr besorgt.

»Wenn der Index um einen Prozentpunkt fällt, kostet uns das 500 Millionen«, sagt Daniel. Und nach einer Pause fügt er hinzu: »Zwei Punkte machen eine Milliarde.«

Jeder rechnet es durch. Die Ergebnisse sind schwindelerregend: Ein Kursrückgang um 15 bis 20 Prozent in fünf Tagen bedeutet ein Minus von sieben bis zehn Milliarden ...

Jean-Pierre ruft uns in Erinnerung, was alle wissen:

»Und im Augenblick stürzen die Märkte ab.«

»Können wir die Position schließen, ohne die Märkte vorzuwarnen?«

»Wenn der Aktienmarkt von einer solchen Position weiß, in dieser Größenordnung, werden alle Marktteilnehmer in die gleiche Richtung verkaufen, die Indizes werden noch weiter einbrechen, und dann sind wir tot«, antwortet mir Jean-Pierre.

»Wir müssen verhindern, dass etwas durchsickert«, sagt Daniel. »Sonst verlieren wir mit Sicherheit zehn Milliarden.«

»Die Position macht ungefähr die Hälfte des Tagesvolumens des Euro Stoxx 50 und des DAX aus. Wir müssen eine Strategie für die Abwicklung ausarbeiten, die die Auswirkungen auf die Entwicklung der Liquidität ab heute Nachmittag berücksichtigt«, präzisiert Jean-Pierre. »Die amerikanischen Börsen sind morgen geschlossen, das reduziert die Liquidität weiter. Wir dürfen niemanden schädigen und müssen gleichzeitig die Interessen des Unternehmens wahren.«

»Wie?«

»Wir müssen jeden Tag unter der Grenze von zehn Prozent des Handelsvolumens bei jedem Index bleiben«, erklärt Jean-Pierre. »Dann wird sich die Abwicklung nicht auf die Tendenz des Index auswirken, und deshalb brauchen wir mehrere Tage!«

»Es ist ausgeschlossen, dass wir so lange durchhalten, ohne dass etwas durchsickert. Wie viele Leute wissen Bescheid?«, fragt Philippe.

»Ungefähr fünfzehn interne Bilanzprüfer, aber nur zwei kennen das Gesamtbild. Dann sämtliche Vorgesetzte des

Händlers, das sind fünf, plus wir sieben«, rekapituliert Jean-Pierre.

»Das sind zu viele. In weniger als vierundzwanzig Stunden ist das publik, in den Handelssälen wird man merken, was los ist.«

»Wenn die Indizes diese Woche noch einmal 20 Prozent verlieren, sind wir tot«, sagt Daniel.

»Der endgültige Verlust wird davon abhängen, wie die Abwicklung der Positionen abläuft«, hält ihm Jean-Pierre entgegen.

»Ein Loch von zehn Milliarden wird eine gewaltige Liquiditätskrise verursachen«, gibt der Risikovorstand zu bedenken.

»Der Vertrauensverlust wird den gesamten Sektor betreffen. Die Kosten für die Refinanzierung werden gigantisch sein. Die Leute bekommen Angst, sie wollen alle ihr Geld zurück, die Märkte brechen ein, vor den Bankschaltern bilden sich Schlangen bis auf die Straße: Das wird die Panik nach dem Zusammenbruch von Northern Rock hoch zehn, schlimmer als 1929! Wir leihen und verleihen jeden Tag Liquidität in Höhe von mehreren Dutzend Milliarden Euro auf dem Interbankenmarkt. Wenn die anderen uns nicht mehr vertrauen, sind wir am Ende.«

»Unsere Liquidität ist für fünf Wochen gesichert«, setzt Jean-Pierre an. Daniel fällt ihm ins Wort:

»Unter diesen Bedingungen zählt das nicht. Das ist ein systemischer Schock!«

Ich höre den Begriff da zum ersten Mal: systemisch. Er wird auf traurige Weise in Mode kommen: bei der Bankenkrise im Herbst 2008 und der griechischen Schuldenkrise im Frühjahr 2010.

Daniel fährt im selben unerbittlichen Ton mit seinem Szenario fort:

»Die Aktie der Société Générale wird innerhalb von Minuten einbrechen. Sie wird vom Handel ausgesetzt. Der Gouverneur der Banque de France wird die Europäische Zentralbank in Frankfurt anrufen. Die Zentralbanken werden massive Liquiditätsspritzen ankündigen, uneingeschränkte Liquidität, aber die Kunden werden das Vertrauen verlieren. Sie werden vor unseren Schaltern in Frankreich Schlange stehen, und unsere 20 Millionen Kunden im Ausland ebenso. Das verkraften wir nicht. Die Kunden der anderen Banken werden ebenfalls das Vertrauen verlieren und ihre Banken stürmen. Unsere Lage ist kritisch. Das ganze Kartenhaus wird einstürzen!«

In dem weitläufigen Büro im obersten Stock des Valmy-Turms breitet sich düsteres Schweigen aus. Dreißig unendlich lange Sekunden hört man keinen Ton. Ich blicke in bedrückte, blasse, schockierte Gesichter.

Ich habe Angst.

Alle haben Angst.

Die Angst ist an jeder Geste, jedem Blick abzulesen. Niemand schafft es, sie zu verbergen.

Ich möchte nicht hier sein. Ich frage mich, warum ich mich überhaupt auf diese Sache eingelassen habe. Warum muss ich mir das alles anhören? Warum ich? Ich würde all das lieber nicht wissen. Wäre ich nur Journalist geblieben.

»Verdammt, es war eine so schöne Bank«, entfährt es Daniel.

Er spricht den Satz aus wie eine Feststellung, wie die Feststellung des Todes. Mir wird eiskalt. Daniel ist ein Kopfmensch, der klügste von uns allen. Er hat die Gleichung durchgerechnet und konstatiert das Ergebnis.

Wenn eine Bank dieser Größenordnung zusammenbricht,

reißt sie andere mit. Ein so gigantischer Bankrott löst sofort eine weltweite Liquiditätskrise aus, und das bedeutet für verschuldete Unternehmen das Aus. Privatkunden kommen nur noch teilweise an ihr Erspartes heran: Die Garantie der Zentralbank ist in Frankreich auf 70.000 Euro pro Konto begrenzt. Die Kunden werden panisch ihr Geld abheben – ein atemberaubender Geldabfluss. Im Zeitalter von Internet, Informationstechnologie und Globalisierung erfasst die Krise in Windeseile die ganze Welt. Ich sehe bereits Schlangen vor Banken und Fabriken, Bettler auf den Straßen. Wenn das Drama eintritt, werden all die Leute, die heute ganz normal leben, vor dem Nichts stehen.

Daniel reißt mich aus meiner Erstarrung.

»Hugues, wir müssen unbedingt verhindern, dass es Gerüchte gibt!«

»Gerüchte gibt es viele, nur an wenigen ist etwas dran, vor allem zur Zeit. Am Freitag ging es um unser Engagement beim Kreditversicherer Samba, davon ist jetzt keine Rede mehr. Wenn in dieser Sache etwas durchsickert, muss ich wissen, wie ich mich verhalten soll.«

»Wir könnten die Abschreibungen bei den Subprimes am Montag bekannt geben und den Betrug später«, schlägt Daniel vor.

»Das ist unmöglich, wir können nicht am Montag die Presse und die Analysten zusammenrufen und zu ihnen sagen ›so wirkt sich das auf unsere Zahlen aus‹ und ein paar Tage später einräumen, dass wir absichtlich vergessen haben, ein paar Milliarden Verlust zu erwähnen! Nein, wir müssen Zeit gewinnen. Ich werde alle meine Antennen ausfahren. Wir werden definieren, was ein zutreffendes Gerücht sein könnte, und je nach Situation verschiedene Reaktionen vorbereiten.«

»Was ist ein zutreffendes Gerücht?«, fragt Jean-Pierre.

»Ein Gerücht, in dem zwei Begriffe vorkommen – *rogue trading* und 50 Milliarden –, und ein Gerücht, das der Markt für glaubwürdig hält. Oder anders gesagt: ein Gerücht, das bewirkt, dass unsere Aktie um mehr als fünf Prozent stärker einbricht als die anderen französischen Banktitel oder die Banktitel im Euro Stoxx.«

»Was machen wir, wenn so etwas durchsickert?«

»Wenn das Gerücht weder zutreffend noch glaubwürdig ist, bleiben wir bei unserer üblichen Position ›no comment‹. Wenn es zutreffend und glaubwürdig ist, werde ich ein Statement abgeben, ein Kommuniqué, durch das wir Zeit gewinnen. Etwas in der Art: ›In Anbetracht der Gerüchte auf dem Markt teilt die Bank mit, dass sie ihre Ergebnisschätzung für 2007 am Donnerstag, dem 24. Januar, vor Börseneröffnung veröffentlichen wird.‹«

»Das ist gut, aber wenn am Montag etwas durchsickert, werden wir nicht so lange durchhalten.«

»Ja, das wird sehr hart.«

»Es besteht praktisch keine Chance, dass es nicht am Montag durchsickert!«

»Außerdem muss ich den Gouverneur der Zentralbank und den Generalsekretär der Finanzmarktaufsicht informieren«, sagt Daniel.

»Ja, wir haben keine Wahl«, pflichtet Philippe bei, »ich muss unsere finanzielle Situation mit ihnen besprechen.«

»Es ist nicht nur das«, fährt Daniel fort. »Wir haben ein massives Problem, darüber muss ich sie informieren, ganz klar. Christian, du stellst fest, ob sie erreichbar sind.«

Christian geht hinaus.

»Daniel, wenn Sie den Gouverneur am Apparat haben, sagen Sie ihm, er soll nicht mehr als drei Mitarbeiter einweihen«, rät Jean-Pierre.

»Sie werden sich absichern und die Politiker informieren wollen«, meldet sich Finanzvorstand Frédéric Oudéa zu Wort. »Sie werden Sie auffordern, im Finanzministerium und im Élysée anzurufen.«

»Es gibt nichts Wichtigeres als die Liquidität.« Der Risikovorstand ist sehr besorgt. »Das muss hinter verschlossenen Türen bleiben.«

»Sprechen Sie nicht von Liquidität«, warnt Philippe, »sagen Sie Finanzsituation, das klingt weniger bedrohlich. Wir wollen das Unglück nicht beschwören.«

Ohrenbetäubendes Schweigen.

»Das Undenkbare ist eingetreten«, seufzt Daniel.

Keiner sagt etwas, die Mienen sind düster, jede Sekunde dauert eine Stunde.

Ich melde mich wieder zu Wort.

»Wenn wir Nicolas Sarkozy informieren oder Christine Lagarde, werden sie die Meinung ihrer Ministerialbeamten einholen. Die werden ihre Mitarbeiter fragen, und dann sind wir geliefert. Wenn das eintritt, habe ich nicht mehr unter Kontrolle, was nach draußen dringt. Sagen Sie dem Gouverneur, dass es nicht geht: Wir können die Position nicht liquidieren, wenn die Politiker informiert sind.«

»Nicolas Sarkozy wird nichts dagegen haben«, sinniert Daniel. »Wenn die Sache schiefgeht, hat er nichts damit zu tun gehabt, und es wird ganz allein unser Fehler sein. Wir schützen ihn, wenn wir ihm nichts sagen.«

»Wir müssen unsere Wirtschaftsprüfer informieren und den Bilanzausschuss des Verwaltungsrats«, erinnert uns Christian.

»Das mache ich«, sagt Daniel.

»Wir müssen auch unsere Rating-Agenturen informieren«, sagt Frédéric.

»Wann?«

»Vor der Bekanntgabe am Donnerstag.«

»Dann machen Sie es am Mittwochmittag.«

An diesem Sonntag, dem 20. Januar 2008, geht unsere kleine Gruppe um 14 Uhr 35 auseinander. Daniel steuert auf den Konferenzraum des Verwaltungsrats zu, wo die Mitglieder des Bilanzausschusses zusammen mit den Wirtschaftsprüfern mit der Arbeit an der Ergebnisschätzung für das vierte Quartal begonnen haben. Sie wissen, dass die Abschreibungen im Zusammenhang mit den Subprimes sehr hoch sind. Aber sie wissen noch nichts von dem *rogue trader.*

Daniel kommt herein, er ist aschfahl. Die Anwesenden drehen sich um, schauen ihn an und begreifen schlagartig, dass etwas passiert ist. Daniel bleibt stehen, tritt an seinen Schreibtisch. Er weiß, dass er erwachsene Menschen vor sich hat und direkt sein kann. Und er ist direkt.

»Wir haben einen *rogue trader* in der Derivate-Mannschaft entdeckt. Bis Freitagabend hat er mit seiner Position alles in allem 1,4 Milliarden verloren, und wir erben eine Long-Future-Position von 50 Milliarden auf europäische Indizes.«

Die Teilnehmer verstehen sofort und machen sich an die Arbeit. Die Wirtschaftsprüfer treffen sich am Nachmittag mit der Innenrevision, um sich einen möglichst genauen Überblick zu verschaffen. Sie stellen umgehend ein kleines Team zusammen, das die Lage prüft und ermittelt, was das für die finanzielle Situation der Bank bedeutet. Niemand bezweifelt, dass es absolut dringlich ist, die Position aufzulösen. Eine Bank mit 30 Milliarden Euro Eigenkapital kann nicht mit 50 Milliarden im Risiko bleiben. »Stellen Sie sich vor, was passiert, wenn die Indizes um 20 Prozent fallen!«

Ein Schlachtplan zeichnet sich ab. Die Rating-Agenturen müssen informiert werden, sobald die Position aufgelöst ist.

Dann können sie schnell ihr neues Rating abgeben, was Kunden und Geschäftspartner beruhigen wird. Die Investmentbank muss die Folgen für ihre Geschäfte abschätzen. Alle finanziellen Positionen werden genauestens durchkämmt, und der Regulierer wird Liquiditätshilfen für den Notfall bereitstellen. Die Finanzmarktaufsicht muss ihre Zustimmung dazu geben, dass wir erst nachträglich an die Öffentlichkeit gehen. Modellbriefe an Kunden, Investoren, Unternehmen, Einzelpersonen in Frankreich und im Ausland werden entworfen. Die Personalverantwortlichen müssen alles tun, um eine Panik unter den Mitarbeitern zu vermeiden.

Prioritäten werden festgelegt, Aufgaben verteilt. Daniels Auftrag ist klar, der Vorsitzende des Bilanzausschusses des Verwaltungsrats setzt sie ihm auseinander:

»Sie haben zwei Prioritäten. Erstens, unbedingt ein systemisches Risiko vermeiden: Die Erhaltung der weltweiten Liquidität steht an oberster Stelle. Zweitens, Sie schützen die Interessen der Bank.«

Ein systemisches Risiko zu vermeiden heißt natürlich, die 50 Milliarden schnell loszuwerden, aber auch, nicht zuzugeben, dass das, was bei uns passiert ist, genauso bei allen unseren Konkurrenten hätte passieren können. Die Kontrollmechanismen werden mit dem Regulierer festgelegt, der sie allen Banken unter seiner Aufsicht vorschreibt. Die Bestimmungen in Frankreich zählen zu den strengsten in der Branche, das ist allgemein bekannt. Deshalb wird der Schrecken umso größer sein, wenn herauskommt, dass bei der Société Générale so etwas geschehen konnte. Um zu verhindern, dass die Schockwelle sich fortsetzt, dass ein allgemeiner Vertrauensverlust einsetzt, Panik sich ausbreitet, massiv Geld abgezogen wird und der Wirtschaft schlagartig die Liquidität fehlt, mit anderen Worten, um eine richtig große Krise zu vermeiden, muss die

Bank akzeptieren, als leichtfertig und lax dazustehen. Wir müssen unseren Kopf hinhalten. Wenn die Société Générale dafür sorgt, dass das Bild ihrer Konkurrenten keine Kratzer bekommt, wird das Kartenhaus vielleicht nicht einstürzen.

Ich beobachte Daniel. Er schweigt und wirkt tief in Gedanken versunken. In den letzten acht Jahren habe ich ihn in- und auswendig kennen gelernt. Viele Male habe ich seine überheblichen Monologe über die großartige Société Générale mit angehört. Ich weiß, dass er innerlich vor Wut kocht. Ich kann die Gedanken förmlich lesen, die durch sein Gehirn jagen: »Das passiert uns, ausgerechnet uns, dem Weltmarktführer im kompliziertesten Geschäft der Welt! Wir haben die besten Mathematiker, schnappen uns jedes Jahr ein Drittel der neuen Absolventen der École Polytechnique, unser Job besteht gerade darin, alle Risiken durch Kalkulationen, Korrelationen und Kontrollen auszuschalten! Das muss uns passieren! Und um das Weltfinanzsystem zu retten, müssen wir uns auch noch selbst ins Knie schießen und so tun, als wären wir Amateure. Die Achillesferse der Société Générale war eine kleine Unterabteilung, deren Arbeit jeder Beliebige machen kann: Arbitragegeschäfte mit Futures. Das ist meilenweit von unseren Kernkompetenzen entfernt. Wir stolpern, weil ein Techniker, der alle fünf Sekunden auf einen Knopf drücken soll, ausgeflippt ist. Ein Nobody bringt uns zu Fall. Einfach unglaublich!«

Bei der Weltwirtschaftskrise 1929 und beim Zusammenbruch einer kleinen Bank in England 2007 bildeten sich vor den Bankschaltern Schlangen von Sparern, die ihr Erspartes zurückhaben wollten. 2007 zögerten die Aufsichtsbehörden in London, die notwendigen Maßnahmen zu ergreifen. Im August stürmten die Menschen die Bankfilialen und lösten ihre Guthaben auf. Das Übergreifen auf andere Finanzinstitute konnte gerade noch verhindert werden, weil die Katastrophenbank von eher bescheidener Größe war. Aber jetzt geht es um die Société Générale!

Nach unserer Beratung sucht Daniel Christian auf, der ihm sagt, dass die Zentralbank und die Finanzmarktaufsicht auf seinen Anruf warten. Daniel ruft zuerst den Zentralbankgouverneur an und schildert ihm die Lage:

»Ich sehe nur eine Möglichkeit: Ich löse die Position auf und gehe dann an die Öffentlichkeit.«

Sie einigen sich darauf.

Die Finanzmarktaufsicht reagiert genauso: Die Politik wird zunächst nicht eingeweiht. Staatspräsident Nicolas Sarkozy und Finanzministerin Christine Lagarde sollen erst informiert werden, wenn die Position glattgestellt ist und sich eine Lösung abzeichnet.

Bei der Sitzung des Verwaltungsrats um 18 Uhr, die bereits am Freitag einberufen wurde, um die Resultate der Ergebnisschätzung für das Gesamtjahr und vor allem die Abschreibungen bei den Aktiva abzusegnen, wird der Vorsitzende des Bilanzausschusses nur sagen, dass die Wirtschaftsprüfer die Annahmen im Hinblick auf die amerikanischen Subprimes nicht bestätigt haben; sie müssen höher ausfallen als in dem Dossier veranschlagt, das ihnen übergeben wurde.

»Wie ursprünglich geplant, regen wir eine weitere Sitzung des Verwaltungsrats am Mittwochabend an. Bis dahin lassen wir die Annahmen von unseren Prüfern noch einmal durchrechnen, und Donnerstag geben wir vor Börseneröffnung die Ergebnisse bekannt.«

In der Nacht vom 20. auf den 21. Januar gehen alle nach mehreren Berichterstattungsrunden gegen drei Uhr morgens nach Hause. Niemand tut ein Auge zu. Ich grübele den Rest der Nacht. Wie könnte ich auch an etwas anderes denken als an das Drama, das über uns hereinbricht, als würde der Himmel einstürzen? An die Folgen für die Bank, für die Sparer, für die Wirtschaft unseres Landes, aber auch, das ist nur allzu menschlich, an die Folgen für mich persönlich. Ein Konkurs der Bank trifft auch uns, auf allen Ebenen. 50 Milliarden hängen in der Luft! Alles ist möglich. Der Stress wird dadurch noch größer, dass ich meiner Familie nichts sagen darf; ich habe ihnen alle möglichen Märchen erzählt, um zu erklären, warum ich am Sonntag gar nicht und erst am Montag um drei Uhr früh nach Hause gekommen bin und die Geburtstagsfeier für meinen Sohn verpasst habe.

Alle, die eingeweiht sind, schwanken in dieser schlaflosen Nacht zwischen Mut und Verzweiflung. Wir denken an die vielen Aufgaben, die am nächsten Tag angepackt werden müssen, und das Ausmaß des Betrugs versetzt uns in Angst und Schrecken. In der Nacht ist die Fantasie besonders lebhaft, die Schreckensszenarien werden zu Albträumen. Am nächsten Morgen werden wir alle sehr früh wieder im Büro sein müssen, beinahe erleichtert, dem schlaflosen Herumwälzen im Bett entronnen zu sein.

Ich weiß nicht, warum, aber während ich vor lauter Anspannung nicht einschlafen kann, denke ich an das World Trade Center. Meine Frau neben mir schläft wie ein Murmeltier.

Ich überlege, wie man damals auf die Katastrophe des 11. September reagiert hat. Al Qaida hatte das Herz der Finanzwelt getroffen. Die islamischen Fundamentalisten zerstörten – einfach so – dreitausend Familien. Aber es gelang ihnen nicht, das Nervenzentrum der Weltwirtschaft lahmzulegen: Die Zentralbanken in Amerika, Europa und Asien zogen an einem Strang und verhinderten eine schwere Finanzkrise.

Ich erinnere mich an jenen Dienstag. In Paris war es früher Nachmittag, als der Pressedienst der Société Générale mich informierte, ein Turm des World Trade Center sei wenige Minuten zuvor in Flammen aufgegangen. Ohne die Dimension des Vorfalls zu begreifen, rollte ich meinen Bürostuhl zurück, um einen Blick auf CNN zu werfen. Der Fernsehapparat steht im Empfangsraum der Presseabteilung, direkt gegenüber meiner Bürotür, die offen war. Ich musste aufstehen, um den Bildschirm sehen zu können, so viele Menschen drängten sich davor. Die Türme wurden gerade evakuiert. Die Menschen in den obersten Etagen beugten sich aus den Fenstern, um frische Luft zu bekommen, manche schwenkten Taschentücher oder Hemden. Die Kameras waren so weit entfernt, dass die Angst der Menschen für mich eher abstrakt blieb. Ich dachte noch, dass es vielleicht keine gute Idee war, in einem Büroturm wie dem der Société Générale zu arbeiten.

Sehr schnell kamen neue Bilder, die zeigten, wie ein großes Passagierflugzeug in den zweiten Turm einschlug. Es drang in das Gebäude ein, als wäre der Turm ein Kuchen, und blieb darin stecken. Im nächsten Augenblick explodierte es. Ein grässlicher Feuerball stieg in den Himmel und hüllte die obersten Etagen des World Trade Center in einen giftigen rot-schwarzen Mantel. Panik breitete sich aus. Die Medien berichteten, drei, vier oder sogar sieben weitere Flugzeuge seien noch unterwegs. Sie brachten Listen potenzieller Ziele, angefangen mit dem Weißen Haus, und sprachen von Tausenden von Opfern.

Später erfuhren wir, dass es die Vorstellungskraft der Polizei und der amerikanischen Sicherheitsbehörden überstiegen hatte, sich auszumalen, dass ein paar im Schnelldurchlauf ausgebildete und mit Teppichmessern bewaffnete Piloten das Symbol der amerikanischen Finanzmacht zerstören könnten. Alle Kontrollsysteme waren auf den Schutz vor Angriffen ausgelegt gewesen, doch mit Selbstmordattentätern, die Flugzeuge als Massenvernichtungswaffen einsetzten, hatte niemand gerechnet. Es war einfach nicht vorgesehen, dass ein Flugzeug sich in eine Brandbombe verwandelte. Ein Büroturm übersteht den Einschlag eines Privatjets, aber nicht den eines vollgetankten Verkehrsflugzeugs.

Damals rief ich sofort Daniel an. Er saß in seinem Büro und schaute ebenfalls CNN. Er hatte soeben mit dem Chef der Société Générale in den Vereinigten Staaten gesprochen, der Firmensitz befand sich in Midtown Manhattan. Daniel hatte einen ersten Lagebericht über Satellitentelefon bekommen; jede Niederlassung hat für geschäftliche Notfälle und als Bestandteil der Rettungspläne ein solches Telefon.

»Wissen Sie schon, ob wir mit Opfern rechnen müssen?«, fragte Daniel.

»Ich habe mit den Büros und Filialen in Downtown gesprochen. Bisher gibt es keine Opfer unter unseren Mitarbeitern.«

»Aber nur bisher.«

»Die Leute wurden aus dem gefährdeten Bezirk evakuiert.«

»Welche Instruktionen haben Sie den Mitarbeitern gegeben?«

»Ich habe jedem selbst die Entscheidung überlassen, ob er oder sie in dem Turm an der Avenue of the Americas bleiben will, weil ich einfach nicht entscheiden kann, wo es sicherer ist: Im Büro? Auf der Straße? Am Bahnhof? In der U-Bahn? Ich habe allen Managern gesagt und durch sie den zweitausend Angestellten in New York mitteilen lassen, dass jeder selbst entscheiden kann, ob er bleiben oder nach Hause gehen will.«

Das war, bevor die Polizei den Befehl zur Evakuierung gab. Danach sammelten sich alle auf der Straße, schweigend, ratlos. Öffentliche Verkehrsmittel fuhren nicht mehr, Handys funktionierten nicht. Niemand wusste, was passiert war, und die Angst wuchs. Ratlosigkeit senkte sich über Midtown Manhattan.

Gleich anschließend rief Daniel alle seine wichtigen Kollegen in Frankreich und im Ausland an und bot seine Hilfe und die seiner Bank an für den Fall, dass es bei ihnen schwierig würde. Für 18 Uhr französischer Zeit, zehn Uhr in New York, setzte er eine außerordentliche Sitzung des Vorstands an, der sich seine Führungsleute in Amerika in einer Telefonkonferenz zuschalten sollten.

Mehr als zwanzig Personen saßen schweigend vor dem Bildschirm im 34. Stock. Sie lauschten den Journalisten, die über weitere Flugzeuge spekulierten, über die Urheber des Terroranschlags und die mutmaßliche Zahl der Opfer. Und da stürzte vor den Augen der Welt der erste Turm ein, kurz darauf der zweite. Die Banker vor dem Fernsehapparat standen unter Schock. Es war ausgeschlossen, wieder an die Arbeit zu gehen, sich auf etwas anderes zu konzentrieren. Auf dem Weg zurück in mein Büro sah ich über vierzig Leute, die wie gebannt auf CNN starrten. Sie hatten in ihrem Stockwerk keinen Fernsehapparat und die Ereignisse erst über die Ticker von Reuters und Bloomberg verfolgt. (Der Finanzinformationsdienst Bloomberg ist nach seinem Gründer und Eigentümer benannt, der einige Wochen später Bürgermeister von New York wurde.)

Daniel eröffnete die Sitzung um 18 Uhr mit einer Bestandsaufnahme.

»Die Gebäude der Bank?«

»Sind nicht betroffen.«

»Haben wir unter unseren Mitarbeitern Opfer zu beklagen?«

»Unseres Wissens nicht, aber wir haben noch nicht nachgeprüft, ob womöglich jemand einen Außentermin im WTC hatte. Allerdings machen sich viele Mitarbeiter Sorgen um Angehörige, über deren Verbleib sie nichts wissen. Wir haben beschlossen, die Zugangskontrollen zu verschärfen und niemanden ohne Ausweis herein- oder hinauszulassen.«

»Die Computer?«

»Funktionieren, es gibt keine technischen Probleme, weder in Manhattan noch mit dem Backup in New Jersey.«

Gleichzeitig liefen die Meldungen aus den anderen Niederlassungen ein: In London war alles normal, die Belegschaften vollzählig. Man hatte entschieden, die englischen Büros nicht zu evakuieren, was andere große Unternehmen in Canary Wharf getan hatten, sondern auf Anordnungen der britischen Behörden zu warten (die nicht kamen) und ebenfalls die Sicherheitsmaßnahmen zu verschärfen. Die Kommunikationssysteme aller Niederlassungen, die miteinander verbunden waren, arbeiteten normal.

Nachdem sich der Vorstand versichert hatte, dass mit den Mitarbeitern soweit alles in Ordnung war, wandte er sich der Verfassung der Bank zu.

»Liquiditätsprobleme?«

»Die Fed wird für Liquidität sorgen. Die Frage, wie Zahlungen in Dollar abgewickelt werden, ist sehr wichtig. Der Cashbestand in Dollar droht sich zu verschlechtern, wenn wir Zahlungen leisten, aber von der anderen Seite, von den amerikanischen Banken, nichts kommt. Ich kann nur mit vollständiger Rückendeckung der Fed handeln, die die notwendigen Summen einschießen muss.«

»Ich werde unsere Zentralbank anrufen«, sagt Daniel, »und mich versichern, dass die Europäische Zentralbank mit der Fed über das Thema gesprochen hat.«

Jeder musste funktionieren. Das Finanzsystem musste diesem gewaltigen Schock widerstehen. Die Zentralbanken mussten die Gefahr einer systemischen Finanzkrise durch massive Liquiditätsspritzen und eine Absenkung der Leitzinsen bannen. Die amerikanische Notenbank pumpte Hunderte Milliarden Dollar in die Märkte, die Fed Funds Rate wurde vor Wiedereröffnung der Börsen um über 50 Basispunkte gesenkt. Die Europäische Zentralbank folgte, ebenso alle Zentralbanken der Industrieländer.

»Wie sieht es bei Zinsen und Wechselkursen aus, und wie sind wir positioniert?«

»Sie fallen, der Anschlag verstärkt die Abwärtstendenz noch, aber wir sind in der richtigen Richtung positioniert.«

»Wie ist es bei Rohstoffen, Öl, dem Schweizer Franken?«

»Nichts Beunruhigendes.«

»Positionen an der Börse?«

»Es besteht nur ein Risiko von einigen Millionen Euro bei Wandelanleihen und ein etwas höheres Risiko bei Aktienderivaten.«

Tatsächlich blieb als Restrisiko nur ein Korrelationsrisiko, aber Daniel schätzte das damals als nicht sehr groß ein. Die Börsen müssen offen bleiben, weil die Märkte nicht über mehrere Tage auf Liquidität verzichten können, außerdem wäre alles andere in politischer Hinsicht ein Triumph der Terroristen. Aber man vermeidet Transaktionen mit großen Volumina.

»Die Risiken bei Versicherungen und Rückversicherern?«

»Noch nicht absehbar.«

»Die Risiken für das System insgesamt?«

»Da gibt es keine allzu großen Befürchtungen.«

»Wie ist das Gegenparteirisiko im Rohstoffhandel?«

»Unsere Kollegen, die unsere Gegenparteien im Rohstoffhandel sind, haben komplette Teams oder Teile von Teams in den beiden Türmen verloren, das ist beunruhigend. Einige Positionen sind nicht zustande gekommen.«

»Wie steht es mit den Ersatz-Handelsräumen?«

»Bisher gibt es nichts Dramatisches. Sie werden alle überprüft, und die Datensicherung wird in kürzeren Abständen erfolgen.«

Die Struktur des Finanzsystems ermöglichte es den europäischen und asiatischen Finanzplätzen, ohne Unterbrechung weiter Kurse zu ermitteln und Transaktionen durchzuführen. Insofern war damit zu rechnen, dass die für den 17. September geplante Wiedereröffnung der Börsen in Amerika ohne größere Schwierigkeiten vonstatten gehen würde. Eindrucksvoll zeigte sich die Solidarität der Finanzinstitutionen.

»Die Kunden?«

»Es gibt ein bisschen Unruhe, aber keine Panik. Alle Mitarbeiter kümmern sich verstärkt um die Kunden, um sie zu beruhigen. Außerdem überdenken die Mitarbeiter alle geplanten Reisen in den Nahen und Mittleren Osten. Es ist ihnen freigestellt, sie zu verschieben oder abzusagen.«

In den nächsten Tagen verfolgten wir die Familiendramen der Angehörigen der Opfer, sahen Tausende Bilder von Toten und Vermissten in den Städten, erlebten die Großzügigkeit von Spendern, die Unterstützung von Unternehmen, Staaten und karitativen Einrichtungen.

Zeitgleich arbeitete die Fed an einem Plan, um die Krise so schnell wie möglich zu überwinden. Sie entschloss sich zu einem spektakulären Programm für die Wiederbelebung der Wirtschaft: niedrige Zinsen, möglichst hoher Konsum, leichter Zugang zu Krediten, Wohneigentum für alle und übertriebene Vergabe von Hypotheken an Kreditnehmer mit geringer Bonität … Die Maschinerie auf Pump wieder in Gang zu bringen, war die Antwort der größten Macht der Welt auf den Terroranschlag in ihrem Land. Der amerikanische Konsument sollte im Kaufrausch seine Ängste ertränken und seinen Optimismus wiederfinden. Wirtschaftswachstum würde zwangsläufig die weltweiten Probleme durch einen Nachzieheffekt

regeln. Und so erzeugten die Amerikaner die größte Spekulationsblase aller Zeiten, aber sie wussten es damals noch nicht –
und wir auch nicht.

Während ich schlaflos im Bett liege, ziehen die Bilder des
11. September erneut an mir vorüber. Ich habe das Gefühl, dass
wir eine Bombe in den Händen halten, die uns zerreißen wird,
wenn sie explodiert. Und ich habe keine Idee, wie wir uns retten könnten.

Mir wird bewusst, dass ich nicht einmal den Namen des
Händlers kenne.

Es ist die erste schlaflose Nacht.

MONTAG, 21. JANUAR 2008, 7 UHR 30

Ich bin wieder im Büro.

Daniel erfährt, dass in der Nacht die asiatischen Märkte ab-
gestürzt sind. Ein massiver Einbruch der europäischen Aktienindizes wird erwartet.

Daniel bekräftigt gegenüber Jean-Pierre Mustier und seinen Stellvertretern, dass die Liquidierung der Position unvermeidlich ist. Er warnt Jean-Pierre und Luc François, dass das
Medienecho verheerend sein wird und sie alle drei in einigen
Tagen vermutlich nicht mehr bei der Société Générale arbeiten dürften.

Kaum im Büro, ruft Luc seinen besten Händler, Axel, und
teilt ihm mit, dass ihm eine Spezialaufgabe übertragen wird.
Sie beginnt sofort. Axel weiß nicht, worum es geht und wie
lange es dauern wird. Er weiß auch nichts über den Umfang
der Geschäfte, die er durchführen soll. Er setzt sich an seinen
Arbeitsplatz und wartet. Luc diktiert ihm die ersten Orders. Er
kalkuliert die Größenordnungen exakt so, dass sein Händler

zunächst eine Stunde beschäftigt ist. Axel wird erst eine halbe Stunde nach Börseneröffnung beginnen können, die Orders einzeln manuell abzuarbeiten, und dabei muss er sehr genau auf die Transaktionsvolumina achten, um die Markttendenz nicht zu beeinflussen.

Christian, Frédéric Oudéa und ich gehen in Daniels Büro und teilen ihm unsere Überlegungen der letzten Nacht mit. Oder vielmehr unsere Fragen. Wir tappen im Dunkeln. Alles hängt davon ab, wie viel Verlust aus den verdammten 50 Milliarden hinzukommt. Der Tag beginnt schlecht. Die asiatischen Indizes sind in der Nacht eingebrochen, und der CAC 40 hat soeben stark im Minus eröffnet.

Daniel erklärt uns: »Wir werden zwei Stellungnahmen vorbereiten. Eine über die Kreditversicherer mit den Nominalbeträgen und eine zweite mit den Auswirkungen bei den CDOs (den Kreditverbriefungen), das ergibt ein komplettes Bild unserer Abschreibungen im dritten Quartal. Selbst wenn der Verlust in einer Größenordnung von fünf Milliarden liegt, machen wir auf das ganze Jahr gesehen Gewinn. Wir zahlen unsere Dividende in Form von Aktien oder reduzieren sie stark, das bringt eine Milliarde Cash-Abfluss weniger. Wir werden außerdem für eine weitere Milliarde Aktien aus unserem Besitz verkaufen. Wenn nur 1,5 Milliarden in der Kasse fehlen, ist es zu bewältigen.«

Alles passiert sehr schnell, wie im Cockpit eines Flugzeugs in einer Notsituation. Keine Ausschmückungen, kurze Sätze, klar, brutal. Unsere Rechnungseinheit ist eine Milliarde Euro. Beim Überschlagen taucht gleich ein Problem auf: Für die Banken gelten bestimmte Eigenkapitalanforderungen. Wenn der Verlust tatsächlich in der errechneten Höhe eintritt, rutscht die Société Générale in den roten Bereich.

Frédéric: »Unser Problem ist die Kernkapitalquote. Um die

Vorgabe von 7,5 Prozent einzuhalten, fehlen uns zwei Milliarden. Das ist viel.«

Daniel: »Wenn der Verlust fünf Milliarden übersteigt, sind wir ganz übel dran. Die Alternative ist sehr einfach: Entweder erhöhen wir in den nächsten drei Monaten unser Eigenkapital, damit wir wieder auf die 7,5 Prozent kommen, oder wir müssen uns verkaufen.«

Ich sage: »Wir müssen den Zeitplan der Mitteilungen im Auge behalten: die Abschreibungen im Zusammenhang mit unseren Risiken bei den Subprimes, die Verluste im Zusammenhang mit der Liquidierung der Positionen des *rogue traders* und die katastrophalen Auswirkungen auf das Gesamtergebnis. Wir können nicht eines nach dem anderen bekannt geben. Wenn wir drei Anläufe machen, halten sie uns für Dilettanten.«

Christian: »Der Markt erwartet, dass wir sehr schnell eine Gewinnwarnung herausgeben. Die Analysten kennen unser Engagement bei den Subprimes und unsere Methode der Wertberichtigung. Sie wollen wissen, wie wir auf neue Rückgänge an den Börsen reagieren. Über den *rogue trader* können wir erst sprechen, wenn seine Positionen vollständig aufgelöst sind, frühestens in einer Woche. Wir werden das in einer separaten Stellungnahme mitteilen und uns auf unsere Verschwiegenheitspflicht berufen. Es galt, die legitimen Interessen des Unternehmens zu schützen.«

Daniel: »Wir müssen die Baustellen aufteilen. Frédéric, Ihre Leute kümmern sich um zwei Themen: einen Notverkauf der Firma oder den Verkauf von Kronjuwelen für eine Milliarde, drei, fünf oder sieben Milliarden. Wenn es darüber hinausgeht, sind wir tot, werden verstaatlicht oder übernommen. Es beginnt bei Immobilien und endet bei den Filialen, die uns besonders am Herzen liegen. Sie versuchen, mit Ihrem für Finanzen zuständigen Stellvertreter Kapital aufzutreiben:

Das könnte mit unseren derzeitigen Großaktionären schnell funktionieren, wenn der Verlust nach Steuern und Dividendenzahlung bei ein bis zwei Milliarden liegt. Es würde 50 bis 60 Basispunkte bei der Kernkapitalquote kosten und uns auf 7,1 Prozent bringen. Wir müssten also 1,5 bis zwei Milliarden auftreiben, das entspricht dem Wert der Aktien in unserem Besitz, die wir dafür einsetzen können. Wenn der Verlust mehr als fünf Milliarden beträgt, müssen wir dem Beispiel der Schweizer und Amerikaner folgen und uns schnellstmöglich an Staatsfonds wenden. Machen Sie mir einen Zeitplan, wann wer kontaktiert wird. Christian, Sie berufen für Mittwoch oder Donnerstag eine weitere Sitzung des Verwaltungsrats ein, wir müssen ihnen alle Hypothesen unterbreiten. Hugues, Sie arbeiten allein an den verschiedenen Kommuniqués für die verschiedenen Hypothesen und spielen verschiedene zeitliche Abfolgen durch.«

Ich: »Am schwierigsten wird es sein, mit den Gerüchten umzugehen. Am Freitag haben uns bereits mehrere Analysten gesagt, angesichts der Turbulenzen auf dem amerikanischen Immobilienmarkt lasse unsere Kommunikation zu wünschen übrig. Es gab Gerüchte über gigantische Verluste im Zusammenhang mit den Monolinern, mutmaßlich aus der Zentralbank oder aus unserem Haus. Aus der ganzen Welt bekommen wir Mails: *Please, make a statement.*«

Daniel: »Sie kümmern sich darum.«

Eine halbe Stunde nach Öffnung der Märkte, gegen 9 Uhr 30, bekommt Axel, der Händler, eine SMS von Luc. Die Orders betreffen den DAX und den Euro Stoxx. Er führt akribisch seine Verkäufe durch. Man hat ihn nicht informiert, worum es geht, auch nicht, wie hoch die Position ist, die er auflösen soll, auch nicht über die Gründe, warum seine Vorgesetzten ihn das machen lassen. Die Anweisung an ihn lautet, er solle einen bestimmten Prozentsatz des Volumens abarbeiten, das am Markt umgesetzt wird. Er weiß nicht, ob das Ganze eine Stunde oder den ganzen Vormittag dauern wird ... Noch ahnt er nicht im Entferntesten, dass er die ganze Woche damit beschäftigt sein wird. Er ist ruhig und präzise. Macht seinen Job.

Etwas später am Morgen meldet sich Luc François bei Axel und bittet ihn, in einen Raum zu gehen, wo er eigens einen Desk für ihn hat einrichten lassen, der mit dem Handelssaal verbunden ist. Er will nicht, dass Axel mit seinen Kollegen spricht. Er diktiert weiter die Transaktionen, die tröpfchenweise auszuführen sind, ohne seinem Händler zu verraten, wie lange er bei dieser mysteriösen Tätigkeit wird ausharren müssen. Axel führt die Transaktionen auf den drei betroffenen Märkten aus. Dabei überschreitet er das dritte Limit des Orderbuchs nicht, das heißt, er geht nicht mehr als 0,1 Prozent niedriger als der letzte festgesetzte Kurs. Axel glaubt, dass es sich um interne Glattstellungen handelt, sehr illiquide Positionen aus kreditfinanzierten Geschäften. Nicht eine Sekunde denkt er daran, dass eine gigantische betrügerische Position dahinter steht. Weder er noch der Markt kennt das wahre Ausmaß. Aus Axels Sicht kann jede Order von Luc die letzte sein.

Jean-Pierre Mustier ist wieder in seinem Büro. Er bespricht sich mit seinen Controllern und ruft mich an.

»Wir werden heute mehr loswerden als geplant, es ist viel Umsatz. Aber es ist der schlimmste Tag seit September 2001, der Markt ist um acht Prozent eingebrochen. Wir werden viel Geld verlieren.«

»Mach langsam, morgen wird es bestimmt besser.«

»Kann ich nicht, es kann morgen genauso gut schlimmer

sein. Mein Auftrag lautet, möglichst viel bis zu einer Grenze von zehn Prozent der Umsätze aufzulösen. Das hat Daniel mit dem Zentralbankchef vereinbart.«

»Mist! Wenn es so weitergeht, haben wir bei acht Prozent von 50 Milliarden vier Milliarden, die sich in Luft auflösen.«

»Ich werde für den Verwaltungsrat am Mittwochabend ein Paper vorbereiten. Du schaust, wie es im Einzelnen weitergeht. Das Paper bekommt auch der Regulierer, der es an alle Banken und alle anderen Regulierer weltweit weiterreicht, die es dann vor Ort an die Banken weitergeben.«

»Gibst du es ihnen auch am Mittwoch?«

»Ja.«

»Wir haben keine Wahl, wir müssen am Donnerstag vor Börseneröffnung damit rauskommen, auch wenn du bis dahin noch nicht alles aufgelöst hast.«

»Und die Backoffices müssen sofort Maßnahmen ergreifen, damit sich so etwas nicht wiederholen kann.«

»Und der Händler, wo ist er?«

»Ich weiß es nicht. Ich weiß nur, dass er in dauerndem Kontakt mit unserer Betriebsärztin steht. Er hält sich im Großraum Paris auf und scheint nicht suizidgefährdet zu sein, anders als ich am Samstagabend dachte.«

»Für die Kommunikation bereite ich auch noch eine Botschaft von Daniel an alle Mitarbeiter vor. Du solltest so was auch für deine Leute machen, die werden besonders betroffen sein.«

»In Ordnung, ich werde den Schwerpunkt darauf legen, welche Maßnahmen zu ergreifen sind, und die Arbeit in den Vordergrund stellen: Das Geschäft muss weitergehen, im Umgang mit unseren Kunden müssen sie funktionieren.«

»Sie müssen die Kunden informieren, bevor die es aus der Presse erfahren.«

»Die Mitarbeiter müssen motiviert bleiben, ich muss ihnen sagen, dass es keine Auswirkungen auf ihre Bonuszahlungen haben wird.«

»Wirst du Leute feuern müssen?«

»Die Vorgesetzten des Händlers sicher. Ich werde mir auch die Verantwortlichen für die internen Kontrollen vornehmen.«

»Die Entlassungen müssen in einem Atemzug mit dem Verlust und dem Betrug bekannt gegeben werden.«

11 Uhr 30

Ich bin allein in meinem Büro und schreibe – die einzige Möglichkeit, meine Gedanken zusammenzuhalten. Punkt für Punkt notiere ich, was ich in den Kommuniqués mitteilen will.

Oberste Priorität hat die Rettung des Finanzsystems. Wir müssen jede Form von Panik bei den Kunden unbedingt vermeiden, vor allem darf es keine Schlangen vor den Bankfilialen geben wie im letzten Sommer bei dem Bankenkollaps in England. Die Société Générale ist hundertmal größer, die Konsequenzen wären dementsprechend unendlich viel dramatischer und könnten den gesamten Sektor in Frankreich und international betreffen. Deshalb müssen wir zum Kotau bereit sein, müssen alle Schuld auf uns nehmen und sagen, dass ein solches Problem bei unseren Konkurrenten nicht hätte auftreten können. Das wird die Öffentlichkeit überzeugen.

Die Banker werden wissen, dass unser Fehler war, das Unvorhersehbare nicht vorhergesehen zu haben: dass ein verantwortungsloser Mitarbeiter es darauf anlegt, zu betrügen, verbotene Positionen mit einem Volumen von 50 Milliarden aufzubauen, sie mit gegenläufigen Transaktionen zu verschleiern, sodass sich das Risiko scheinbar aufhebt, und dass dieser Bursche früher in der internen Kontrolle gearbeitet hat und jetzt seine Kollegen hinters Licht führt … Das Risiko wird nur scheinbar »aufgehoben«: Die Positionen wurden zwar mit Gegenparteien aufgebaut, die tatsächlich existieren, aber es wurden keine echten Geschäfte geschlossen. Die Gegenparteien wussten nichts davon. Einen Monat später, wenn der Kontrakt fällig ist, wird nichts passieren, denn die Geschäfte werden annulliert und durch andere mit anderen fiktiven Gegenparteien ersetzt. Als der Betrüger erwischt wurde, legte er falsche Bestätigungen aus falschen Quellen bei echten Banken vor.

Dieser Verrückte riskiert, dass 160.000 Mitarbeiter der Société Générale ihre Jobs verlieren und eine weltweite Panik ausbricht. Jedes Mal, wenn ich daran denke, muss ich meinen Ärger hinunterschlucken, kühl bleiben, mich um Objektivität bemühen. Ich bin nur der Bote, der die Nachricht verkündet, und darf mich nicht von Gefühlen überwältigen lassen.

Das zweite Ziel besteht darin, die Mitarbeiter der Société Générale zu beruhigen: Das Problem ist identifiziert, die Position wird aufgelöst beziehungsweise ist teilweise schon aufgelöst, die internen Kontrollen werden verschärft, der Händler wird geschasst, eine Kapitalerhöhung ist in Vorbereitung … Ich verziehe das Gesicht, als ich die Argumente zusammentrage. Es bleiben viel zu viele Unwägbarkeiten und ungelöste Probleme. Im bevorstehenden Krieg der Worte fällt uns eine höchst undankbare Rolle zu.

Drittes Ziel: Wir müssen unsere Truppen mobilisieren und verhindern, dass sie zu tief und zu lange in Depressionen versinken, denn das könnte wiederum unsere Kunden erschrecken und das Geschäft in Gefahr bringen. Es kommt alles auf die interne Kommunikation an: ein Brief des Vorstandsvorsitzenden an alle Mitarbeiter; verschiedene Modellbriefe auf Französisch und Englisch, die als Mails an die Kunden gehen können, unterschiedliche Entwürfe für unterschiedliche

Gruppen von Kunden (Privatkunden, Freiberufler, Handwerker, Geschäftsleute, kleine und mittlere Unternehmen, Großunternehmen, Investoren und so weiter), Argumentationen durchspielen, Fragen und Antworten – all das muss bis Donnerstagmorgen um sieben Uhr fertig sein.

Für die externe Kommunikation muss als Erstes ein Statement vorbereitet werden, mit dem wir Zeit gewinnen, falls etwas durchsickert. Ich arbeite an mehreren Hypothesen, wie wir die schlechten Nachrichten behandeln: nur die Probleme bei den Subprimes, auch die Kreditversicherer, zusätzlich die Verluste durch die aufgedeckten oder mutmaßlichen Betrügereien, mit oder ohne die zu liquidierenden Summen, mehr oder weniger dramatische Zahlen. Formal reicht die Bandbreite der Möglichkeiten von einem Kommuniqué für eine Pressekonferenz mit Journalisten aus allen Ländern und von allen Medien über eine Konferenzschaltung mit oder ohne parallele Interviews mit Daniel Bouton und/oder Frédéric Oudéa, vielleicht auch Philippe Citerne, der zugleich für die Risikokontrolle und für die Investmentbank zuständig ist. Aber ist das solide – und funktioniert es? Bei all diesen Gleichungen gibt es reichlich Unbekannte. Ich mache mir einen Entscheidungsbaum und eine Liste der Aufgaben, die zu erledigen und zu verteilen sind. So kann ich nach Bedarf dosieren, präzisieren, verdichten und dann entscheiden.

Christophe Mianné, Nummer zwei bei der Investmentbank, und Luc François schicken Daniel ihre Kündigungen. Er liest sie und kommt zu dem Schluss, dass er sie annehmen muss. Auch er wird dem Verwaltungsrat seinen Rücktritt anbieten. Es tut ihm weh, sich von den beiden Männern trennen zu müssen, denn er hält sie für die Besten der Welt.

Der Vorstand tritt zusammen. Daniel hat entschieden, die Mitglieder über die Katastrophe zu informieren; seit dem Vorabend weiß die Hälfte Bescheid. Damit nichts durchsickert, bittet er jeden Einzelnen, die Informationen zunächst für sich zu behalten, bis eine andere Anweisung ergeht. Die Besprechung dauert nur eine Stunde. Daniel schildert das Drama und die verschiedenen Möglichkeiten, wie wir reagieren können.

Alle, die jetzt erst davon erfahren, sind schockiert und fassungslos. Sie fragen zunächst einmal nicht nach Lösungen, sondern nach Einzelheiten des Falls. Sie schießen sich auf Jean-Pierre ein:

»Wie kann ein Händler auf seiner Stufe eine so große Position aufbauen?«

»Warum ist in den Backoffices nichts aufgefallen?«

»Wie lange hat der Bursche dieses Spiel schon betrieben?«

»Und was ist mit den Frontoffices? Und den Risikokontrollen? Dem Controlling? Den operativen und Finanzkontrollen? Den Kontrollen der Gegenparteien?«

Jean-Pierre kann nur wenige Antworten geben, eher Suchpfade skizzieren, die Innenrevisoren arbeiteten fieberhaft an all den Fragen. Sie müssen pro Tag Tausende Transaktionen mit erheblichen Volumina analysieren und viele Monate zurückgehen, viele Quartale, vielleicht sogar Jahre.

Ich schalte mich ein.

»Das Problem ist, dass wir sehr schnell mit der Information rauskommen müssen, wenn du die Position liquidiert hast, und ich habe keine Idee, wie wir das alles erzählen sollen. Ich weiß immer noch nicht, was genau passiert ist.«

»Die Märkte sind beschissen«, sagt Frédéric. »Bis Freitagabend hatten wir seit Anfang 2008 schon 2,8 Milliarden bei den betrügerischen Positionen verloren, zusammen mit dem, was er 2007 gemacht hat, gibt es unter dem Strich einen Verlust von

1,4 Milliarden. Die Börsen in Amerika sind heute geschlossen, die asiatischen Börsen sind in der Nacht eingebrochen, und alle europäischen Indizes haben stark im Minus eröffnet.«

Ich hake nach.

»Schick mir die Berichte der Revision, wie sie kommen, ich brauche nicht die Schlussversionen, ich brauche einfach Material, um die Geschichte zusammenzubauen. Wie hoch schätzt du die Gefahr ein, dass etwas durchsickert?«

»Sehr hoch, bis morgen ist das draußen, da können wir gar nichts machen. Aber ich habe mein Möglichstes getan, dass die Auflösung der Positionen unauffällig vonstatten geht: Wir fangen nicht bei Börseneröffnung an, sondern eine halbe Stunde später, und wir gehen nicht über zehn Prozent des aktuellen Volumens.«

»Wie viele Händler kümmern sich um die 50 Milliarden?«

»Ein einziger.«

»Du bist verrückt!«

»Ich habe hundert Prozent Vertrauen zu ihm. Er liquidiert entsprechend den Umsätzen die Positionen bei den drei Indizes, aber er weiß nicht, worum es bei der Sache insgesamt geht. Wenn er eine bestimmte Quote abgearbeitet hat, bekommt er neue Orders. Wir richten uns nach dem Volumen, das am Markt gehandelt wird. Luc hat das in der Hand.«

23 Uhr 00

Krisenbesprechung.

Im Lauf des Tages ist nichts durchgesickert – ein Wunder. Jean-Pierre fängt an: Er konnte 20 Milliarden loswerden, weil die Börsenumsätze an dem Tag sehr hoch waren, aber der Verlust aus sämtlichen Transaktionen summiert sich auf vier Milliarden. Weil jetzt nur noch 30 Milliarden übrig sind, bedeutet ein Prozentpunkt Kursrückgang am nächsten Tag nur noch

300 Millionen und nicht mehr 500 Millionen wie am Tag zuvor. Den Gesamtverlust schätzt er auf weniger als sieben Milliarden, und er denkt, dass bis Donnerstag, den 24. Januar, alles geregelt sein kann, wenn die Umsätze so hoch bleiben, was gut möglich ist, weil am nächsten Tag die amerikanischen Märkte wieder öffnen. Die Kontrolle sämtlicher Backoffices hat begonnen und wird Mittwochabend abgeschlossen sein.

Der Chef der Risikoabteilung hat seine Arbeit mit der Banque de France und der Europäischen Zentralbank begonnen; er hat alle Kreditlinien und den Liquiditätsbedarf analysiert und klingt zuversichtlich: Die nötigen Finanzspritzen werden kommen. Sie können Euro-Dollar-Swaps machen. Außerdem gibt es noch spezielle Kreditlinien der Zentralbank für Liquiditätsengpässe, die *Emergency liquidity assistance*. Sie haben die Cash-Bewegungen *intraday* analysiert und sich mit den anderen Zentralbanken abgesprochen. Die Bank müsste den Schock aushalten, selbst wenn sich die üblichen Gegenparteien bei der nächsten Gelegenheit ausklinken.

Zwei Stunden zuvor hat Daniel unter vier Augen mit dem Gouverneur der Banque de France gesprochen. Der Gouverneur hat eingewilligt, die Regierung erst am Dienstagabend oder Mittwoch zu informieren.

Ich gebe zu bedenken, dass die wahre Geschichte nicht sehr glaubwürdig sein wird: »Wir können nicht sagen, dass alles an einem einzelnen Händler hängt, wir müssen argumentieren, dass Kontrollketten versagt haben.«

Jean-Pierre Mustier stimmt zu, aber er möchte von menschlichem Versagen sprechen: Der Betrug ist bei sehr einfachen Transaktionen vorgekommen, es handelt sich in keinem Fall um den Umgang mit Markt- oder Kreditrisiken, auf die sich seit Jahren der gute Ruf der Société Générale gründet. Der Reaktorkern der Bank ist nicht betroffen, die mathematischen Modelle für Aktienderivate: »Alle Limits werden jeden Tag von unabhängigen Risikokontrollketten überwacht. Vor Ende des Monats kontrollieren auch noch einmal die Backoffices. Das Problem ist, dass der Händler seine aufgebauten Positionen mit fiktiven gegenläufigen Positionen kaschiert hat, die er dann annulliert und kurz vor Fälligkeit in einem anderen Backoffice ersetzt hat. Er hätte auffliegen können, aber nur Menschen hätten merken können, was los war.«

»Vielleicht«, sage ich vage, »aber ich verstehe immer noch nicht, wie er Anfang 2008 innerhalb von zwei Wochen eine Position von dieser Größenordnung aufbauen konnte.«

»Es handelt sich um ein außerordentliches Zusammentreffen von Kontrollversagen seiner unmittelbaren Vorgesetzten«, erwidert Jean-Pierre. »Sie haben ihm *a priori* vertraut, das war der große Fehler.«

»Deine Erklärung greift zu kurz, das wird niemand schlucken. Welche Kontrollen wurden nicht durchgeführt?«

»Die Systeme haben Alarm geschlagen, aber weil der Händler die Kontrollmechanismen in- und auswendig kannte, schließlich hat er selbst mal in der Abteilung gearbeitet, konnte er sie mit falschen Transaktionen umgehen.«

»Aber die Größenordnung der Positionen! Die Beträge! Der Cash!«

»Sein unmittelbarer Vorgesetzter muss das gesehen haben – und der vertraute ihm.«

»Ich brauche bis morgen Mittag eine genaue Darstellung der Abläufe.«

»Die Revisoren arbeiten daran.«

»Es muss klargelegt werden, wer welche Verantwortung hatte«, präzisiert Daniel, »und welche Schritte gegen die Verantwortlichen ergriffen werden.«

»Jawohl.«

Die Besprechung zieht sich bis zwei Uhr morgens hin. Das nächste Thema ist die Refinanzierung der Bank: Soll man schnellstmöglich fünf Milliarden Wandelanleihen ausgeben und sich an Staatsfonds wenden? Philippe Citerne kennt die asiatischen Investoren gut, die aus Singapur und den Golfstaaten, und wird die Möglichkeiten sondieren. Auch der Gedanke einer Kapitalerhöhung, an der sich nur ausgewählte befreundete Investoren beteiligen, wird diskutiert, aber dafür wäre eine außerordentliche Hauptversammlung erforderlich, und die Vorbereitungen dafür würden zu lange dauern. Bleiben zwei Optionen: eine normale Kapitalerhöhung, Dauer fünf Wochen, erhöhtes Risiko, dass nicht genug Geld hereinkommt. Und als letzte Möglichkeit die Fusion mit einer anderen Bank:

»Unicredit?« Philippe, der sich sehr zu Italien hingezogen fühlt, startet einen Versuchsballon.

»Die haben im Augenblick kein Geld.«

»Santander?«

»Hat es 1999 schon einmal versucht, diesmal werden sie uns schlucken und uns dann zerschlagen.«

»Mit einem ausländischen Partner, selbst aus Europa, dauern die Verhandlungen zu lange, sogar wenn er uns *a priori* glauben sollte, was wir ihm erzählen.«

»Und dann die Zeit, die vergeht, wenn die Regulierer von zwei Ländern miteinander sprechen …«

»Wir sind am Ende.«

Schweigen. Weil sich niemand traut, spreche ich es aus:

»Bleibt die BNP.«

Erneutes sekundenlanges Schweigen. Blicke kreuzen sich, alle haben von Anfang an daran gedacht, aber niemand hat gewagt, den Namen unseres Hauptkonkurrenten zu nennen.

»Sie werden sich bitten lassen«, meint der Chef der Risikoabteilung.

»Sie werden jubeln«, hält der Leiter des Privatkundengeschäfts bitter dagegen, »das Wasser wird ihnen im Mund zusammenlaufen.«

»Sie werden erst mal so tun, als wüssten sie nicht recht«, sagt der Strategiechef, »aber dann werden sie einschlagen.«

»Sie werden zusehen, wie uns die Luft ausgeht«, meint Jean-Pierre.

»Zuletzt werden sie ein Angebot machen, aber es wird ein absoluter Dumpingpreis sein«, sagt Philippe niedergeschlagen.

»Sie werden uns damit massakrieren, dass sie 40 Euro pro Aktie bieten«, sagt Frédéric.

»Besser als nichts, wir müssen sofort einschlagen«, echauffiert sich ein anderer, »sonst ist es aus mit uns.«

»Das kommt nicht in Frage«, protestiert Christian.

»Doch, nur zu, sonst gibt es draußen eine Katastrophe.«

»Keine Panik!«, versucht Daniel zu besänftigen.

»Doch, wir müssen in Panik sein! Wir haben keine Wahl! Wir müssen sofort fusionieren«, gibt Philippe zurück, der wirkt, als sei er nicht recht bei Sinnen.

»Nein, wir werden alle Möglichkeiten prüfen«, sagt Daniel ganz ruhig.

»Es muss schnell gehen.« Philippe ist immer noch aus der Fassung.

»Nehmen wir uns doch wenigstens vierundzwanzig Stunden Zeit«, sagt Daniel.

»Wir müssen uns Beratung von außen holen«, erwidert der Risikochef.

»Das dauert zu lange, damit verlieren wir nur Zeit«, entgegnet Jean-Pierre.

»Sie werden uns nur sagen, dass wir uns der Zwangskontrolle der Banque de France unterstellen sollen«, knurrt Philippe.

Langsam macht sich Panik in der Gruppe breit. Daniel spürt die Gefahr. Er fährt seine Nummer zwei an:

»Wir brauchen einen kühlen Kopf!«

»Der Kopf ist zu langsam, es muss schneller gehen!« Christian ist ganz aufgeregt.

»Eine amerikanische Geschäftsbank?«, fragt der Stratege.

»Niemand kann in der gegenwärtigen Situation auf den Märkten und bei unserem Zeitplan für fünf Milliarden garantieren«, hält der Risikochef dagegen.

»Eine Kapitalerhöhung um fünf Milliarden? Die in sechsunddreißig Stunden über die Bühne geht? Mit welchen Partnern? Da gibt es nur einen, Donald, unseren Kontakt bei Morgan Stanley. Er kennt uns am besten. Er kennt die Qualität unserer Bank. Ich werde heute Nacht darüber nachdenken. Wahrscheinlich rufe ich ihn morgen früh an«, beschließt Daniel die Sitzung.

DIENSTAG, 22. JANUAR 2008

Um 2 Uhr 14 am Morgen trennt sich das kleine Komitee ohne viel Hoffnung. Daniel versucht, seinem Schicksal zu entrinnen, aber ich glaube, es besteht keine Aussicht, dass er in so kurzer Zeit jemanden überzeugen kann. Heute Abend muss er in den sauren Apfel beißen und Michel Pébereau anrufen, den Chef der BNP, er muss einen Sack Kröten schlucken und zu Kreuze kriechen. Er muss sich Pébereau auf Gedeih und Verderb ausliefern. Pébereau kann in Ruhe zuschauen, wie der Preis immer weiter abbröckelt. Er wird die Hand erst ausstrecken, wenn das Schiff schon fast gesunken ist.

Wir trotten alle mit hängenden Köpfen, fassungslosen Mienen und finsteren Gedanken nach Hause: einer jener Augenblicke, in denen man am liebsten tot sein möchte, und zu allem Überfluss muss jeder auch noch seiner Ehefrau, Freundin oder Lebensabschnittspartnerin irgendeinen Unsinn erzählen, der sie nicht erschreckt, muss so tun, als wäre alles in Ordnung, ihr sagen, dass der Tag anstrengend war, aber gut, und sich mit zum Zerreißen gespannten Nerven anhören, welche Abenteuer ihr der Tag gebracht hat, die ihm natürlich langweilig und harmlos erscheinen, immer mit der Frage im Hinterkopf, wie er ihr demnächst die Katastrophe am besten beibringt.

Für mich ist es nun schon der zweite Tag, an dem ich mich an keinen Stundenplan halte und tagsüber nicht anrufe. Meine Frau empfängt mich mit Vorwürfen:

»Ich habe heute fünfmal bei dir angerufen, und du hast dich nicht bequemt, ans Telefon zu gehen.«

»Im Augenblick ist es bei uns gerade ein bisschen viel.«

»Du gehst am Sonntag ins Büro, am Montag bleibst du achtzehn Stunden weg, und das nennst du ›ein bisschen viel‹?«

»Es ist sehr viel los.«

»Und was ist los?«

»Ich habe es dir doch gestern schon gesagt, es ist geheim, es geht um die Subprimes.«

»Ich glaube dir kein Wort.«

Sie hat recht. Ich stelle meinen Wecker auf 5 Uhr 30, grüble aber sowieso wieder die ganze Nacht. Ich stehe derart unter Spannung, dass ich einfach nicht zur Ruhe komme. Um fünf Uhr springe ich aus dem Bett und mache mich auf den Weg nach La Défense.

6 Uhr 30

Ich weiß, dass Daniel Donald Moore anrufen muss, den Europachef von Morgan Stanley. Ich stelle mir die Szene vor: Daniel ist in seinem Büro, er nimmt einen Schreibblock mit dem Emblem der Société Générale und dem Briefkopf »Der Vorstandsvorsitzende«. Er tastet in der Innentasche seiner Jacke nach seinem Smartphone, schaltet es ein – der Akku ist fast leer, bei technischen Geräten hatte Daniel schon immer zwei linke Hände. Er zieht den Stift raus, tippt d-o-n-a, der Name Donald taucht auf dem Display auf, Daniel drückt auf »Handy anrufen«, steckt den Stift wieder zurück und hält das Gerät an sein linkes Ohr, damit er die rechte Hand zum Schreiben frei hat. Das Telefon läutet einmal, zweimal, dreimal, viermal, dann legt er auf. Er holt den Stift wieder hervor, sucht die Taste, mit der man eine SMS verschicken kann, tippt die Nachricht ein »call me back asap*«, drückt auf »senden«, schiebt den Stift zurück, schaut auf das Display, das meldet »Mitteilung gesendet«, und steckt das Smartphone wieder in die Tasche. Sein Blick wandert weiter auf das leere Blatt mit seinem Titel oben drauf, und er sagt sich: »Nicht mehr lange.«

Das Smartphone in Daniels Tasche vibriert. Er zieht es heraus, schaut, wer der Anrufer ist, sieht Donalds Namen und meldet sich. Und so läuft ihr Gespräch, soweit ich es später rekonstruieren konnte:

»Guten Tag, Daniel! Worum geht es?«

»Ich habe ein riesiges Problem. Ich muss so schnell wie möglich mit dir sprechen, absolut vertraulich.«

»Ich bin gerade in Shanghai. Die Verbindung ist nicht sicher. Ich nehme einen Flieger nach Hongkong und rufe dich von dort aus an.«

Donald Moore ruft Daniel fünf Stunden später an. Als er hört, was los ist, beschließt er, schnellstmöglich nach Paris zu fliegen.

---

* as soon as possible

10 Uhr 00

Wie jeden Dienstagmorgen leite ich die wöchentliche Sitzung des Koordinierungskomitees der Kommunikationsteams, »CoCom« genannt. Rund um den Tisch sitzen meine Abteilungsleiter: Pressekontakte, interne Kommunikation und Information, Werbung und Marken, Sponsoring und Stiftungen, der Verantwortliche für die Kontakte zu unseren fünfhundert Außenstellen weltweit, der Personalchef, der Generalsekretär der Abteilung.

Ich beginne damit, dass ich die Ereignisse der letzten Woche rekapituliere, und berichte dann von der Vorstandssitzung am Montag. Nur dass es an dem Montag, dem 21. Januar, ausschließlich ein Thema gab, den *rogue trader,* und darüber darf ich kein Wort verlieren.

Und ich kenne seinen Namen immer noch nicht, geht es mir durch den Kopf.

Ich lenke ab auf ein anderes Thema, so muss ich nicht lügen. Ich analysiere die Krise bei den amerikanischen Subprimes und ihre Auswirkungen auf die verschiedenen Banken, sage, dass es viel schlimmer ist als erwartet, und erkläre, dass das zunächst für Donnerstag, den 24., angekündigte und dann auf Montag, den 21., vorgezogene Statement nun doch erst zum ursprünglich vorgesehenen Termin am 24. abgegeben werden soll, weil der Bilanzausschuss noch zusätzliche Informationen verlangt hat.

»Aber das geht nicht«, klagt meine Pressesprecherin, »die Journalisten werden uns den ganzen Tag nicht in Ruhe lassen.«

»Ich weiß, die Analysten haben sie aufgestachelt, denn sie wissen, dass wir einige happige Verluste mitteilen müssen.«

»Auch intern werden sie uns Feuer unter dem Hintern machen«, sagt ein anderer. »Sie hören die Gerüchte, lesen die Artikel, Schweigen passt überhaupt nicht zu uns.«

»Alle wissen, dass wir eine Gewinnwarnung abgeben müssen, abwarten ist da verdächtig.«

»Jeder Tag, der verstreicht, schadet uns. Wir haben immer auf Transparenz gesetzt, und auf einmal halten wir uns stärker bedeckt als alle anderen.«

»Unser Schweigen ist ohrenbetäubend.«

»Wir könnten wenigstens sagen, dass wir am Donnerstag ein Statement abgeben.«

Innerlich stimme ich allen Kommentaren zu, aber ich muss schweigen. Ich halte an mich, versuche abzuwiegeln und improvisiere schließlich:

»Der Verwaltungsrat hat noch nicht entschieden, ich kann den Termin erst nennen, wenn ich sicher bin, dass er wirklich stattfindet.«

»Das ist unmöglich, das halten wir nicht durch! Bei uns rufen pro Tag fünfzig Pressevertreter zu dem Thema an und löchern uns.«

»Ich weiß, dass es sehr hart ist. Wir werden natürlich ein Statement abgeben, aber wir müssen glasklar sein. Wir können das nicht zweimal machen. Deshalb müssen wir noch ein bisschen warten. Bleibt hart! Ich tue mein Möglichstes, um den Termin vorzuziehen. Ihr müsst nur noch ein paar Tage überstehen.«

Deprimiert verlasse ich die Sitzung. Herumeiern zu müssen hat mir noch nie gefallen. Und ich weiß, dass der Tag, an dem wir alles sagen, für die Mitarbeiter und für die Öffentlichkeit schrecklich sein wird.

11 Uhr 00

Daniel hat den Krisenstab einberufen. Er zählt noch einmal alle Themen auf und verteilt die Aufgaben: Liquidität, Kapitalerhöhung oder Emission einer Wandelanleihe, die steuerliche Seite, Korrektur des Budgets 2008 gemäß den erwarteten

Folgen, Rating-Agenturen, der Regulierer, die Finanzmarkt-aufsicht, Folgen für die verschiedenen Kategorien von Kunden, juristische Aspekte in Frankreich und im Ausland, Kommuni-kation, Personal, das Unternehmen, Filialen, Verwaltungsräte, Investoren. Bei den möglichen Investoren schließt er »Geier-fonds« und Staatsfonds aus, weil sie ganz andere Interessen ha-ben. Er sagt jedem, was er zu tun hat, und setzt die nächste Zu-sammenkunft für den Abend fest. Er teilt uns noch mit, dass er sich am Mittag mit Donald treffen will und versuchen wird, ihn dazu zu bewegen, dass er eine Kapitalerhöhung garantiert. Dann gibt er das Wort an Jean-Pierre, der von sehr hohen Um-sätzen auf den Märkten berichtet.

»Wir können im Lauf des Tages noch einmal 15 bis 20 Mil-liarden loswerden.«

Er bleibt bei seiner Schätzung, dass der Verlust bei sieben Milliarden liegen wird.

Wir haben die Sache noch längst nicht hinter uns. Die Angst ist immer noch da. Jeder geht mit seinem Auftrag weg, den er ganz allein erledigen muss.

21 Uhr 00

Weitere Sitzung des Krisenstabs. Jean-Pierre Mustier teilt als Erstes mit, dass er im Lauf des Tages weitere 20 Milliarden los-geworden ist, ohne dass neue Verluste zu denen von gestern Abend dazugekommen wären. Es ist ein Wunder. Geholfen hat ihm eine außerordentliche Zinssenkung der Fed um 75 Ba-sispunkte vor Börseneröffnung in Amerika, mitten am Tag bei uns, denn daraufhin sind die Aktienkurse gestiegen. Jetzt muss er nur noch zehn Milliarden loswerden, und jeder Prozent-punkt Kursrückgang kostet höchstens noch 100 Millionen. Die Umsätze werden erlauben, den ganzen Rest am Mittwoch zu verkaufen.

»Der Gesamtverlust wird irgendwo zwischen 4,5 und fünf Milliarden liegen!«, teilt er uns erleichtert mit.

»Aber dann ist unsere Kapitalausstattung zu gering für unser geplantes weiteres Wachstum«, schaltet sich Jean-Pierre ein. Er denkt immer weit in die Zukunft und hat das Ende der Krise schon vorweggenommen. »Damit liegen wir unter den Eigenkapitalanforderungen, aber es ist weniger schlimm, als es hätte sein können.«

»Stopp, Jean-Pierre! Es ist immer noch grauenhaft«, unterbricht ihn Daniel. »Auf dem Niveau hätten wir technisch gesehen drei Monate Zeit für die Kapitalerhöhung, das stimmt, aber Sie vergessen den enormen Imageschaden, den es für uns bedeutet. Die Liquidität könnte theoretisch ausreichen, aber auf die Theorie kommt es hier nicht an. Der Vertrauensverlust, den wir erleiden, wird so gewaltig sein, dass die Liquiditätskrise praktisch automatisch folgen wird. Im Übrigen fürchte ich, dass sich in der Zwischenzeit jemand auf uns stürzen könnte, allen voran die BNP.«

»Beides ist sehr wahrscheinlich«, sagt Philippe.

»Deshalb müssen wir schnell handeln und die Kapitalerhöhung im selben Atemzug wie den Verlust durch die Betrügereien ankündigen. Das Statement muss raus, sobald wir die gesamte Position aufgelöst haben. Das heißt, uns bleiben vierundzwanzig Stunden, um die Kapitalerhöhung zu regeln.«

»Dann stehen wir mit einer sehr hohen Eigenkapitalquote da, über acht Prozent, mehr als bei allen unseren Konkurrenten. Wir müssen gestärkt aus dieser Krise hervorgehen. Christian, Sie prüfen die steuerlichen Aspekte.«

»Jetzt ist die Gefahr, wenn etwas durchsickert, nicht mehr so groß«, werfe ich ein.

»Ich werde das Finanzministerium und den Élysée morgen im Lauf des Vormittags informieren«, sagt Daniel.

»Und Donald?«, fragte Frédéric.

»Er hat mich angehört. Bevor er etwas sagt, will er den vorläufigen internen Bericht sehen. Er kann die Kapitalerhöhung nicht allein garantieren und schlägt vor, eine andere Bank mit ins Boot zu holen. Sie entscheiden morgen.«

»Wann ist der Bericht fertig?«

»Ich beeile mich«, antwortet Jean-Pierre, »ich denke, dass er morgen gegen Mittag vorliegt.«

Die Sitzung endet gegen ein Uhr morgens, die Gruppe trennt sich. Um sechs werden wir alle wieder da sein. Der Mittwoch wird anstrengend: Wir müssen eine Kapitalerhöhung organisieren, die Politik einschalten, die Rating-Agenturen informieren, den Verwaltungsrat ins Bild setzen, ihn die Zahlen absegnen lassen, die Mitteilung zu den Subprimes noch einmal durchgehen, die steuerliche Seite prüfen, das Statement schreiben, die Auswirkungen für die verschiedenen Zielgruppen analysieren, die Abwicklung beenden, den Gouverneur der Zentralbank überzeugen, dass er uns eine weitere Nacht Zeit gibt, potenzielle Investoren ansprechen. Und dann müssen wir noch den Untersuchungsbericht für den Verwaltungsrat, den Gouverneur, die beratenden Banken, die Wirtschaftsprüfer, die Rating-Agenturen und den Markt fertig machen.

Auch in der Nacht vom 22. auf den 23. Januar kommt niemand zum Schlafen.

Es ist das dritte Mal in drei Tagen, die Gesichter zeigen deutliche Spuren. Aber dass es gelungen ist, die Verluste zu begrenzen, ist für alle eine Erleichterung. Der Druck, der bisher immer nur gestiegen ist, nimmt ein klein wenig ab. Es scheint, als wäre das Schlimmste doch noch zu verhindern.

MITTWOCH, 23. JANUAR 2008

Daniel kommt früh ins Büro. Er liest die Dokumente, die Christian, Frédéric und Jean-Pierre für die Sitzung am Abend vorbereitet haben, bei der er die Verwaltungsräte ins Bild setzen soll. Nachdem die Verwaltungsratssitzung vom letzten Sonntag verschoben wurde, sind sie auf schlechte Nachrichten gefasst, denn so etwas ist noch nie vorgekommen, und sie haben seit Anfang der Woche eine Menge Gerüchte über den Zustand der Börse gelesen. Die Dokumente werden für uns auch die Basis unserer verschiedenen Statements sein. Jetzt müssen nur noch die Felder mit den Zahlen für den tatsächlichen Verlust ausgefüllt werden, die gegen 17 Uhr 30 zu erwarten sind. Es fehlt auch noch die Mitteilung von Jean-Pierre, was er von seinen Controllern und Revisoren über die Handlungen und Vertuschungsmanöver des Betrügers erfahren hat, die Erklärung, wie er die Kontrollen umgangen, seine potemkinschen Dörfer errichtet, seine Vorgesetzten hinters Licht geführt und seine Positionen so auf- und abgebaut hat, dass kein Alarm ausgelöst wurde. Über all das muss er den Regulierer informieren.

Daniel ruft im Finanzministerium an und informiert die Ministerin Christine Lagarde; der Anruf ist mit dem Gouverneur der Zentralbank abgesprochen. Er berichtet der Ministerin, was das Problem ist und wie die Lösung aussieht. Christine Lagarde stellt vernünftige Fragen, versichert sich, dass alles gemäß den Vorschriften getan wurde. Sie lässt sich bestätigen, dass die Finanzmarktaufsicht auch wirklich Bescheid weiß, und kann konstatieren, dass alle Verfahrensregeln eingehalten wurden. Die Ministerin kündigt an, dass sie von der Zentralbank einen Bericht anfordern und ihn veröffentlichen wird, sie kommt auf die fiskalischen Konsequenzen für den französischen Staat zu sprechen, hebt diesen Aspekt hervor und erkundigt sich, ob die Themen Liquidität und Solvenz bereits mit dem Regulierer besprochen wurden. Nachdem all dies zu ihrer Zufriedenheit geklärt ist, dankt sie Daniel für seinen Anruf, sagt ihm, dass sie die Situation verstehe, beglückwünscht ihn, dass er so gut damit umgegangen ist, fragt, ob der Élysée informiert sei, und als Daniel verneint, fordert sie ihn auf, das unverzüglich zu tun, was er ohnehin vorhatte. Das Dossier für den Zentralbankgouverneur wird am Abend übergeben, ins Englische übersetzt und an alle Regulierer weltweit ausgehändigt, die es noch am selben Abend an die Banken in ihren Ländern verteilen. Christine Lagarde wird öffentlich die Vorlage eines Berichts innerhalb von zehn Tagen verlangen, auf dessen Grundlage dann Maßnahmen eingeleitet werden sollen, um zu verhindern, dass sich ein solcher Betrug wiederholen kann.

9 Uhr 15

Nach dem Gespräch mit der Ministerin ruft Daniel im Élysée an. Er bekommt einen engen Mitarbeiter des Präsidenten an den Apparat und erzählt ihm, worum es geht. Der Mitarbeiter wundert sich und fragt, wieso Daniel gedacht habe, er müsse den Präsidenten nicht informieren. Daniel erklärt ihm seine Überlegungen, man belässt es dabei. Für den Élysée-Palast ist die Nicht-Information eine eigene Verfehlung, ein Fall von Majestätsbeleidigung. Wir lernen zu unserem Schaden, dass sich ein Mann, der sieben Monate zuvor mit 53 Prozent der Stimmen gewählt wurde, so etwas nicht bieten lässt.

9 Uhr 30

Ich bin allein in meinem Büro, denke an Daniel Bouton und Nicolas Sarkozy. Es war mein Rat gewesen, ihn nicht anzurufen, der Zentralbankgouverneur und der Präsident der Finanzmarktaufsicht hatten zugestimmt. Wir haben verhindert, dass etwas durchgesickert ist, aber den Élysée-Palast vor den Kopf gestoßen. Wenn die Krise vorüber ist, wird uns das zu schaffen machen.

Am Nachmittag werden wir die Position des betrügerischen Händlers komplett aufgelöst haben. Jean-Pierre Mustier hat mir bestätigt, dass er kurz vor Börsenschluss fertig sein dürfte. Wir müssen dann nicht sofort an die Öffentlichkeit gehen. Der Zentralbankgouverneur wird die Finanzmarktaufsicht bitten, die Aktie der Société Générale vom Handel auszusetzen, damit die Investoren die Nachricht in ihrer vollen Tragweite aufnehmen und verdauen können. Jean-Pierre beobachtet mit Erleichterung, wie am späten Nachmittag die letzten Positionen verschwinden. Die Bank hat über Nacht Zeit, ihr Statement vorzubereiten, sie wird es am nächsten Tag vor Börseneröffnung herausgeben.

Zeitgleich arbeiten Banker, Juristen, Rating-Agenturen, die Wirtschaftsprüfer und Bilanzprüfer, die Revisoren, die Investmentleute, die Risikoverantwortlichen und die Personalabteilung daran, zu verstehen, was passiert ist. Sie gehen die Rating-Beurteilungen der Bank durch, die Ergebnisschätzungen, die steuerlichen Auswirkungen, den Umfang der erforderlichen Kapitalerhöhung, die Liste der Abschreibungen im Zusammenhang mit den Subprimes. Sie wollen nichts beschönigen. Sie sind bereit, sich ihre Prügel abzuholen, einmal, und nächstes Jahr nicht wieder!

Ich beschließe, gegen Mittag meine beiden nächsten Mitarbeiter zu informieren und am frühen Nachmittag unsere Teams für Pressekontakte und Werbung zusammenzurufen. Ich baue auf unseren Erfahrungen mit dem Versuch einer feindlichen Übernahme auf, als die BNP 1999 die Société Générale schlucken wollte. Damals war der Krisenstab fünf Monate in

Alarmbereitschaft, von sieben Uhr morgens bis 23 Uhr abends. Ich stelle mich darauf ein, dass es jetzt wieder genauso wird. Es wird sehr viel zu tun geben. Ich weiß, dass ich nicht viel Zeit zum Nachdenken haben und hauptsächlich damit beschäftigt sein werde, einen Notfall nach dem anderen zu bewältigen, die sich auftürmen und manchmal auch alle gleichzeitig hereinbrechen werden. Aufgabe der Kommunikationsagenturen wird es sein, unsere Teams zu unterstützen, nicht, ihre Arbeit zu erledigen. Meine Presseleute sitzen im Frontoffice und nehmen alle Anrufe entgegen. Jeden Tag um sieben Uhr morgens geben sie mir einen Überblick, was die französische und die internationale Presse berichten: In Krisenzeiten schaffe ich es nicht, alles selbst zu lesen. Diese Presseschau vermittelt mir einen Eindruck und erlaubt mir, die drei Artikel auszuwählen, die alle Verantwortlichen im Haus lesen sollen. Täglich organisiere ich zwei Brainstormings zur Taktik, an denen unsere internen Teams teilnehmen. Sie befassen sich mit Erklärungen von Politikern, Forschern, Stimmen aus den Hochschulen, von den Sozialpartnern, Beratern und anderen Beobachtern und präsentieren mir jeden Abend ihre Ergebnisse: Datum, Name, Institution, Funktion, Aussage. Sie führen Umfragen durch und sondieren vor Ort, bringen ihre Außensicht ein, was immer sehr hilfreich ist, und wir berücksichtigen das, wenn wir die Antworten auf alle möglichen Argumentationen durchspielen. Sie schlagen auch Werbestrategien vor.

Aber zuvor mache ich mir eine Liste, was morgen an Kommunikationsarbeit anfällt:

Kommuniqué nach der Sitzung des Verwaltungsrats: *durchlesen nach 19 Uhr.*
Schilderung des Betrugsfalls: *endgültigen Bericht von Jean-Pierre abwarten.*

Fragen/Antworten zum Betrugsfall: *in Arbeit, noch viele unbekannte Details.*

Fragen/Antworten allgemein und zur Kapitalerhöhung: *Okay.*

Informationen für die Presseabteilung und die Werbeagenturen: *fertig machen.*

Interne Mitteilung von Daniel an alle Mitarbeiter: *fertig stellen auf der Grundlage des Kommuniqués.*

Fragen/Antworten zur internen Mitteilung von Daniel: *vereinfachen.*

Mitteilung an die leitenden Angestellten: *Okay.*

Schlüsselinformationen für die Manager der Investmentbank, die am unmittelbarsten betroffen sind: *in Arbeit.*

Fragen/Antworten für die Investoren: *mit Frédéric durchgehen.*

Brief an die Aktionäre: *ins Internet stellen und abschicken.*

Brief an die Privatkunden in Frankreich und international: *formulieren.*

Brief an Kunden der Filialen: *formulieren.*

Briefe an Finanzinstitute und Großunternehmen: *formulieren.*

Fragen/Antworten für unterschiedliche Kategorien von Kunden: *formulieren.*

Namensliste der wichtigsten Personen, die telefonisch kontaktiert werden müssen: Investoren. Analysten. Journalisten. Rating-Agenturen. Behörden. Gegenparteien. Wichtige Mitarbeiter. Sozialpartner. Diese Liste wird täglich aktualisiert, ich lese alle Namen durch und sage mir, dass ich niemand Wichtigen vergessen habe.

Unterstützung bei der Pressearbeit bekomme ich außer von den Teams der Bank in Frankreich, London, New York, Hongkong und den wichtigsten Ländern, in denen die Société Générale Niederlassungen hat, von spezialisierten Kommunikationsagenturen; die entsprechende Kartei aktualisiere ich jeden Monat, die Namen kenne ich auswendig. Mein Blick bleibt bei Image 7 hängen, sie haben im letzten Sommer etwas Ähnliches bei Crédit Agricole erlebt, allerdings nicht in dieser Dimension. Ich weiß, was die Journalisten mir sagen, positiv wie negativ, ich wäge Stärken und Schwächen ab. Ich habe die Liste ihrer Kunden vor Augen, ihre wichtigsten Berater, die Lebensläufe ihrer Führungsleute. Ich denke, wenn Crédit Agricole ihnen erlaubt, die Vertraulichkeit partiell zu durchbrechen, bedeutet das, dass sie keine feindseligen Absichten im Hinblick auf die Société Générale hegen werden. Ich rufe auch Aria Partners an, ein neues Unternehmen, das der ehemalige Chefredakteur des *Figaro* gegründet hat, der zu Havas gegangen war, der großen französischen Kommunikationsagentur, wo er sich in den letzten zwei Jahren um die Kommunikation der BNP-Führung gekümmert hat. Für London habe ich einen Vertrag mit Financial Dynamics, den werde ich auf die gesamte Welt erweitern. Und ich wähle meine übliche Agentur für Corporate Communication aus, Harrison & Wolf, die bei Inhalten, Werbung, Veröffentlichungen, Intranet und Extranet sehr gut sind. Nach meiner Ansicht sind sie die Besten auf dem Gebiet.

Die Entscheidungen an diesem Tag sind von größter Wichtigkeit. Im Zentrum des Zyklons können wir nicht auf einmal unsere Partner wechseln.

10 Uhr 11

Wie geplant informiere ich meine Stellvertreterin, die für die Medienkontakte zuständig ist, und meinen Direktor für interne Kommunikation. Sie sind geschockt. Ich versuche sie zu beruhigen, indem ich ihnen sofort von der Lösung erzähle – einer von zwei amerikanischen Banken garantierten Kapitalerhöhung –, aber der Schock sitzt. Ihre Reaktion ist für mich schon einmal ein Vorgeschmack, wie die Nachricht morgen bei der öffentlichen Bekanntgabe einschlagen wird. In unserem kleinen Team haben wir seit Sonntagabend nicht mehr geschlafen, aber wir sind zuversichtlich, denn das Schlimmste wurde verhindert. Doch wir müssen die Erleichterung aus unseren Köpfen verbannen, müssen uns daran erinnern, wie fassungslos wir waren, als die Nachricht kam.

Ich begreife, dass die interne wie auch die Kommunikation nach außen sehr schwierig werden dürfte. Den beiden erzähle ich nichts von unseren Ängsten vier Tage zuvor. Ich skizziere eine Richtung: Das Ausmaß des Medienechos spielt keine Rolle, es wird auf jeden Fall enorm sein. Wichtig ist, dass wir es zeitlich begrenzen können. Schlimm für uns wäre es, wenn wir lange Gesprächsstoff in den Medien wären und sie in mehreren Wellen berichteten, die der Bank immer weiter schaden. Deshalb müssen wir gleich am Anfang ganz transparent möglichst viele Informationen geben, damit wir bald wieder aus dem Fokus der Medien heraus sind. Wir müssen unbedingt verhindern, dass sie eine Fortsetzungsgeschichte daraus machen und Nebenschauplätze beackern.

15 Uhr 00

Besprechung mit den ausgewählten Agenturen, den Kommunikationsverantwortlichen aus den verschiedenen operativen Abteilungen der Bank, den Leitern der fünf Abteilungen, die mir unterstehen, meinem Generalsekretär und der Mitarbeiterin, die für die Kommunikation weltweit zuständig ist. Ich schildere ihnen die Lage und teile ihnen den Aktionsplan für morgen früh und das Arbeitsprogramm für den Rest des Tages und den Abend mit. Ich verpflichte sie zur Vertraulichkeit, verteile die Aufgaben, und alle machen sich an die Arbeit. Das Krisenzentrum wird eingerichtet. Der Generalsekretär kümmert sich um die Logistik: PC, Internet, Drucker, abhörsichere Telefone, einen Raum zum Essen, Liegen in der Sanitätsabteilung, falls jemand sich hinlegen möchte, Getränke, Obst, sichere Ausweise, Ablauf der Planungsbesprechungen, Dokumentation von Entscheidungen etc.

15 Uhr 30

Der Verwaltungsrat wird informiert, inzwischen ist die kritische Position komplett aufgelöst. Die Kapitalerhöhung wird den Verwaltungsräten gewissermaßen schlüsselfertig präsentiert. Sie bleiben ruhig. Es ist so still, dass man eine Stecknadel fallen hören könnte. Daniel Bouton bietet seinen Rücktritt an, er wird abgelehnt. Jean-Pierre Mustier folgt Daniels Beispiel, gleiches Ergebnis. Ebenso bei Philippe Citerne. Im Protokoll steht später, die drei hätten die Verantwortung übernommen und seien zurückgetreten, die Verwaltungsräte hätten sie aber gebeten, das Krisenmanagement zu leiten. Wer sonst hätte das tun können? Der Verwaltungsrat segnet die geplante Kapitalerhöhung ab und beglückwünscht Daniel, weil er die erste Phase der Krise »tadellos« bewältigt habe.

17 Uhr 45

Die Revisoren übergeben Jean-Pierre ihren Bericht, der ihn an die Mitglieder des Vorstands verteilt. Ich studiere ihn in allen Einzelheiten.

Und da lese ich zum ersten Mal den Namen des Händlers: Jérôme Kerviel!

Ein Schauer überläuft mich. Reflexartig rufe ich Facebook auf. Er hat elf Freunde. Schlagartig verändert sich das Kommuniqué, das wir verfassen müssen. Ich kann mich nicht mehr auf die Ziele beschränken, die Daniel mir vorgegeben hat: Schlangen vor den Bankschaltern vermeiden, die Mitarbeiter aufbauen und ihnen Hilfen an die Hand geben, wie sie mit den Kunden umgehen sollen, innerhalb von drei Wochen die Kapitalerhöhung durchführen ... Das alles reicht nicht. Wenn der Betrüger ein Gesicht hat, wird seine Geschichte alle Aufmerksamkeit auf sich ziehen, im guten wie im schlechten Sinn. Vor ihm ist 1976 Albert Spaggiari, der Kopf des Einbruchs in Nizza (bei der Société Générale!) zu einem nationalen Helden geworden. Ich sage mir, dass die Société Générale soeben einen zweiten »Jahrhunderteinbruch« erlebt hat – ein bisschen viel für eine Bank. Ich beschließe, alles zu tun, damit der Name des Händlers nicht bekannt wird. Bevor ich den Bericht an meine wichtigsten Mitarbeiter weitergebe, schwärze ich den Namen.

Bei der Lektüre des Berichts läuft es mir kalt den Rücken hinunter: Es wird genau geschildert, wie man die Kontrollen umgehen kann. De facto heißt das, dass jeder, der ein paar Jahre in der Kontrollabteilung der Bank gearbeitet hat und die Verfahren kennt, alle hinters Licht führen und gigantische betrügerische Positionen aufbauen kann. Nach meinem Dafürhalten kann der Bericht so nicht veröffentlicht werden, er ist auch für die anderen Banken gefährlich. Ich beschließe, die Enthüllungen in drei Phasen aufzuteilen. Als Erstes bekommen die Medien Informationen über den Betrugsfall, den Schaden für die Bank und die Kapitalerhöhung. Das wird sie erst einmal beschäftigen. Am nächsten Tag folgt, um die Emotionen etwas herauszunehmen, ein langes Interview mit Daniel. Wenn die Phase von Überraschung, Verständnislosigkeit und Ärger vorüber ist, werde ich in einem zweiten Schritt eine Zusammenfassung des Aufklärungsberichts herausgeben, die nüchterner ist und genau darlegt, wie der Händler seinen Betrug bewerkstelligt hat. Diese Information werde ich zwei Tage später nachschieben und mit einem morgendlichen Radiointerview in einem populären Sender unterfüttern. Die dritte Phase ist dann eher nicht für das große Publikum bestimmt: Ich werde der Finanzpresse für eine Reihe von Experteninterviews zur Verfügung stehen und alle Fragen beantworten, die die Profis aus der Branche stellen.

Nach diesen drei Phasen, in denen es um den Betrug geht, wird sich unsere Presse- und Öffentlichkeitsarbeit auf die Kapitalerhöhung und die Wachstumsstrategie des Unternehmens konzentrieren. Das wird drei Wochen dauern, dann müssen wir eine ganz neue Kampagne für die Société Générale starten. Den Punkt setze ich auf die Tagesordnung meiner Besprechung mit den PR-Agenturen morgen Abend.

18 Uhr 00

Der Bericht geht an den Regulierer, der ihn an seine Kollegen und an die Chefs aller französischen Banken verteilen wird. Daniel ruft seine großen nationalen und internationalen Konkurrenten an, um sie zu informieren und die Liquiditätsprobleme im Verkehr zwischen ihnen zu regeln.

18 Uhr 30

Eine gute Nachricht: Der Chef der Risikoabteilung teilt mir mit, dass er am Nachmittag die Rating-Agenturen Moody's, Standard & Poors und Fitch informiert hat. Sie haben das Thema erörtert und werden das Rating für die Bank nur um eine Stufe herabsetzen, das ist sehr beruhigend für die allgemeine Öffentlichkeit und die Märkte.

19 Uhr 00

Ich gehe hinauf zu den Verwaltungsräten. Sie sind niedergeschlagen, aber die Reaktion der Führung beeindruckt sie. Der Verantwortliche des Bilanzausschusses, ein wichtiger britischer Unternehmer, nimmt mich zur Seite und sagt:

»Daniel hat großartige Arbeit geleistet, er ist meisterhaft mit dieser Krise umgegangen. Innerhalb von drei Tagen hat er die Lösung gefunden und das Problem geregelt. Sein Einsatz beim Regulierer, bei den Wirtschaftsprüfern, den Rating-Agenturen, den beratenden Bankern, der Finanzmarktaufsicht etc. war beispielhaft. Sie werden sehen, Hugues, in hundert Jahren wird diese Geschichte als Beispiel für die beste Bewältigung einer Krise in den Lehrbüchern von Harvard stehen.«

Ich nicke, aber kann mich des Gedankens nicht erwehren: Hoffentlich sehen das die Kunden morgen genauso ...

Ich gehe wieder runter zu den Kommunikationsteams, um Bilanz zu ziehen. Sie rotieren, die Arbeit ist gewaltig, viele Dokumente sind noch nicht fertig. Ich frage mich, ob die Nacht ausreichen wird, dass ich »okay« hinter alle Punkte auf meiner To-Do-Liste setzen kann. Ich bezweifle es.

Ich korrigiere die Kopien, verteile die Aufgaben neu und gehe dann wieder hoch zu Daniel. Er ist erschöpft und niedergeschlagen und gesteht mir:

»Ich habe seit drei Tagen nicht mehr geschlafen!«

Immerhin wirkt er erleichtert über die erfolgreiche Auflösung der betrügerischen Positionen und das Verhalten aller Beteiligten. Jetzt macht er sich Sorgen wegen der Bekanntgabe morgen. Ich sage ihm, dass alles in Ordnung ist.

»Gehen Sie schlafen und lassen Sie uns arbeiten. Morgen müssen Sie fit sein. Ganz früh, gleich wenn Sie hereinkommen, haben Sie alle Dokumente auf dem Tisch.«

Daniel bittet mich dennoch, ihm schon einmal die Mitteilung für die Belegschaft und die Briefe für die verschiedenen Gruppen von Kunden vorzulegen. Er nimmt sie, korrigiert sie und ist dann bereit, nach Hause zu gehen. Es ist 22 Uhr. Ich weiß, dass alles erst morgen früh fertig sein wird, das heißt, wenige Stunden vor der Bekanntgabe. Das ist sehr knapp: Wir haben keinen Puffer. In dem Dossier, das Antworten auf alle Fragen zu dem Betrugsfall bereithalten soll, ist erst ein Drittel der Antworten parat. Ich bitte die Mitarbeiter, schneller zu arbeiten, aber es ist noch so viel zu klären und zu überprüfen.

Unterdessen gehe ich den Ablauf des morgigen Tages durch.

7 Uhr 30: Aufzeichnung einer Botschaft von Daniel an die Mitarbeiter und der Ansage einer gebührenfreien Hotline für Aktionäre. Läuft ab 8 Uhr.

7 Uhr 45: Internes Statement und Einladung an 600 leitende Angestellte zu einem Treffen mit Daniel am Abend. Mail von Daniel an alle Mitarbeiter und Anhaltspunkte für Antworten auf Fragen.

8 Uhr 00: Externes Statement. Aktualisierte Website societe-generale.com und Intranet werden geschaltet. Anrufe bei Journalisten/Einladung zur Pressekonferenz. Anrufe bei Investoren und Analysten.

9 Uhr 00: Telefonkonferenz mit Investoren.

11 Uhr 00: Pressetermin mit Daniel, Philippe, Jean-Pierre, Frédéric.

13 Uhr 00: Mittagessen mit Pressevertretern, Hintergrundgespräche.

18 Uhr 00: Internes Meeting, 600 Personen.

Ich bleibe bis zwei Uhr morgens im Büro. Inzwischen brauche auch ich Schlaf, nach vier Tagen verspüre ich Konzentrationsprobleme. Morgen muss ich fit sein für einen harten Tag. Ein Dutzend Leute werden durcharbeiten, um alle Antworten für das Frage-Antwort-Spiel zusammenzutragen. Sie können morgen schlafen.

PHASE ZWEI

DER ORKAN

DONNERSTAG, 24. JANUAR 2008, 7 UHR 45

Die interne Mail an alle Beschäftigten der Bank geht raus. In
Frankreich sind die ersten Mitarbeiter bereits seit einer Stunde wieder im Büro: hauptsächlich die, die mit Asien arbeiten,
aber auch Analysten und Strategieplaner, die ihre Morgen-
Meetings und die Kurzinformationen für die Kunden vorbereiten. Alle erhalten Daniels Mitteilung auf Französisch und
Englisch. Die Lektüre dieses unerwarteten, angsteinflößenden
Dokuments löst ein ganzes Spektrum widersprüchlicher Gefühle aus und hinterlässt bei allen einen Nachgeschmack, den
sie nie vergessen werden: bitter, sauer, pikant – je nachdem.

Nathalie*, 32 Jahre, arbeitet im Handelssaal der Société Générale. Sie ist seit einer halben Stunde im Büro. Für ihr Mor-
gen-Meeting hat sie alle Nachrichten der letzten Nacht durch-
gesehen, die Zahlen eingeordnet, Ankündigungen analysiert
und notiert, welche Investments in Frage kommen. Sie ist ganz
auf ihren Bildschirm konzentriert, als ein »Bling« das Eintreffen einer neuen Mail signalisiert. Sie klickt auf das Icon von
Lotus Notes und zuckt zusammen, als sie sieht, dass es eine
Nachricht vom Chef ihrer Bank ist. Es ist jetzt 13 Uhr in Hongkong, 15 Uhr in Tokio, ein Uhr in New York und sechs Uhr in
London.

* Vorname geändert.

Sehr geehrte Damen und Herren,

unsere Bank war zu Beginn der Woche darauf eingestellt, eine Gewinnsteigerung in 2007 bekannt zu geben, trotz der erheblichen Belastungen durch die Finanzmarktkrise und negativer Auswirkungen der amerikanischen Subprime-Kredite. Doch am Wochenende haben wir entdeckt, dass ein Mitarbeiter unserer Wertpapierabteilung Betrug in einmaligem Ausmaß begangen hat …

Nachdem wir Kenntnis von dem Betrug erlangt hatten, haben wir sofort die Banque de France informiert, die Finanzmarktaufsicht, unsere Wirtschaftsprüfer und den Bilanzausschuss des Verwaltungsrats. Anfang der Woche ist uns die Auflösung der Position in einem sehr schwierigen Marktumfeld gelungen. Unter dem Strich bleibt ein beträchtlicher Verlust von fünf Milliarden Euro. Der für den Betrug verantwortliche Händler wurde sofort freigestellt. Er wird wie die Personen, denen er unterstand, das Unternehmen verlassen …

Trotzdem verbleibt dem Unternehmen auf das Jahr gesehen ein Gewinn von 700 Millionen Euro. Eine Kapitalerhöhung in Höhe von 5,5 Milliarden Euro wird in den nächsten Tagen gestartet, garantiert von zwei großen internationalen Banken: JP Morgan und Morgan Stanley. Die Kapitalerhöhung wird uns erlauben, unsere Entwicklung weiter voranzutreiben …

Ich bin sehr unglücklich, dass ich Ihnen diese schlechte Nachricht übermitteln muss. Mir ist bewusst, welche Auswirkungen diese Angelegenheit auf das Image unseres Unternehmens und auf Sie haben kann, und drücke im Namen des gesamten Vorstands mein Bedauern aus.

Unterzeichnet Daniel Bouton.

Nathalie liest den Text auf ihrem Bildschirm noch einmal. Sie kann es nicht fassen: Fünf Milliarden haben sich in Luft aufgelöst! Der größte Skandal der Finanzgeschichte. Weil mit dem Internet weltweit alles gleichzeitig stattfindet, wird dieser

Skandal größere Auswirkungen haben als jeder Einbruch, Betrug, jedes *rogue trading* und jeder Bankrott seit Erfindung des Bankwesens im Mittelalter. Nathalie erbleicht, rutscht in ihrem Bürostuhl hin und her, legt schließlich den Kopf an die Rückenlehne und blickt zu den runden Deckenstrahlern hinauf. Sie schließt die Augen. Es ist unvorstellbar. Ihre Hände zittern. In wenigen Minuten wird der Ruf der Firma, für die sie arbeitet, ruiniert sein. Die Kunden werden dieser Bank, der das Geld durch die Finger rinnt, womöglich in Scharen den Rücken kehren. Sie wird zum Gespött der ganzen Welt. Möglicherweise wird ihre Stelle gestrichen ...

Ihre Augen füllen sich mit Tränen.

Überall in der Bank, ob in Grenoble, Prag oder Bukarest, ob in Madagaskar oder Dakar, erfahren viele Tausend Mitarbeiter die Neuigkeit, entweder als sie am Donnerstagmorgen ins Büro kommen, oder sie hören es im Autoradio, sehen es im Fernsehen, finden die Nachricht in ihrem E-Mail-Eingang, erfahren sie von einem Kollegen im Büro oder einem Bekannten am Telefon. Bei vielen Tausend Mitarbeitern der Société Générale bricht Panik aus.

Auf diese erste Reaktion folgt Ungläubigkeit, dann Unverständnis der technischen Vorgänge, und dann regt sich die Wut. Ein Gefühl der Demütigung breitet sich aus und Scham, dieser Versagerfirma anzugehören. Danach kommen Angst, Schwindel und Panik. Jeder überlegt, wie seine persönliche Situation ist. Die Mitarbeiter haben Angst, ihren Job zu verlieren, Angst vor den Blicken der anderen, vor den neu Eingestellten, die sich verraten fühlen, vor den Konkurrenten, die sich lustig machen und die Situation ausnutzen werden, vor Kunden, die teils sarkastisch reagieren werden – sie ahnen schon, welche Kunden – und teils mitleidig – was vielleicht noch schlimmer ist. Sie haben Angst davor, ihre eigenen Rücklagen – die größtenteils aus Aktien der Société Générale bestehen – zu verlieren, wie es bei Enron der Fall war. All das schießt ihnen innerhalb von Minuten durch den Kopf. Alle lesen die Nachricht dreimal und sitzen reglos auf ihren Stühlen.

Nathalie will telefonieren, greift nach dem Apparat, wählt aber nicht. Sie will noch nachdenken, die Mail noch einmal lesen. Sie denkt an ihre Familie, ihre Kollegen, ihre Kunden. Sie verliert die Nerven und fasst sich wieder, schließlich steht sie auf und geht zu irgendeinem Kollegen. Sie sprechen miteinander, tauschen Eindrücke aus, Ängste, beruhigen sich gegenseitig und gehen auseinander. Auf dem Weg zurück trifft sie einen Freund. Sie zählt die Hypothesen auf und verzieht das Gesicht. Zurück in ihrem Büro liest sie die Mail noch einmal, sieht die Liste der Fragen und Antworten, versteht ein bisschen besser, was passiert ist, fasst sich und denkt schon darüber nach, wie sie es den anderen sagen soll, dabei versinkt sie tief in ihrem Stuhl. Sie versucht zu schreiben, es gelingt ihr nicht. Sie steht wieder auf, sucht wieder die Nähe der Kollegen. Sie trinken Kaffee, diskutieren, streben zu ihren Arbeitsplätzen zurück. Dort legen sie die Köpfe in die Hände, halten nach einem Radio Ausschau, durchforsten das Internet, hören und lesen alle verfügbaren Medien. Nach und nach begreifen sie alle, dass das wirklich passiert ist. Und dass die Société Générale in Turbulenzen unbekannten Ausmaßes steuert.

Zu Arbeitsbeginn erfahren alle Verantwortlichen in den Handelssälen aller großen europäischen Banken die Nachricht. Sie erreicht zeitgleich die asiatischen Banken, aber in Hongkong ist die Sonne bereits untergegangen. New York wird sechs Stunden später, frühmorgens, davon erfahren. Die meisten haben die Meldung bereits im Radio gehört, manche finden auf ihren Blackberrys weitergeleitete Mails von Kontakten bei der

Société Générale. Alle sind sprachlos. Sie verbringen eine Woche damit, sämtliche Positionen ihrer Händler akribisch durchzugehen. Sie überprüfen dreimal, ob bei ihnen nicht etwas Ähnliches vorgefallen ist. Sie wissen, dass ein *rogue trader* auch ihre Bank ins Schleudern bringen kann wie im letzten Sommer Crédit Agricole, damals allerdings in einem Marktumfeld, das die Auswirkungen abgemildert hat. Die Position des Händlers von Crédit Agricole war ähnlich hoch, das Risiko summierte sich auf 40 Milliarden Dollar: Weil die Märkte fest waren, gab es am Schluss nur 350 Millionen Verlust, und die lösten keine sonderliche Aufregung aus.

8 Uhr 00

Das externe Statement geht raus.

8 Uhr 03

Erste Meldung von Reuters: »Société Générale says hit by 4.9-billion-euro fraud!« (Société Générale teilt mit, dass sie von einem 4,9-Milliarden-Euro-Betrug betroffen ist.)

Jetzt wissen es alle.

Die Franzosen sitzen in ihren Autos und hören die Morgensendungen (zwischen sieben und neun), die von allen Sendungen die höchsten Einschaltquoten haben. Die Programme werden unterbrochen, die Journalisten verkünden mit dramatischem Tonfall: »Die Société Générale hat soeben mitgeteilt, dass sie Opfer eines Betrugs von fünf Milliarden Euro geworden ist, wozu noch einmal zwei Milliarden an Abschreibungen im Zusammenhang mit der Subprime-Krise kommen, ein Gesamtverlust von sieben Milliarden.«

Die meisten Mitarbeiter erfahren es so. Sie können es nicht glauben, manche schalten zu einem anderen Sender, um es dort noch einmal zu hören. Einige brechen in Tränen aus und stellen sich vor, wie »ihr Haus« einstürzt. Albtraumhafte Szenarios schießen ihnen durch den Kopf. Sie sind nervös, können sich kaum konzentrieren. Diejenigen, die nicht Radio hören, kommen ahnungslos zur Arbeit. Sie erwarten, je nachdem, einen schönen Tag oder einen düsteren, auf jeden Fall machen sie sich keine großen Sorgen. Im Büro erleben sie dann das Syndrom von 7 Uhr 45: das, was die Kollegen, die schon früh da waren, die Händler, bereits ein bis zwei Stunden vorher erlebt haben.

Das Schwierigste für mich ist, mir eine Vorstellung von dem Schock bei all jenen zu machen, die noch nichts wissen. Seit einer Woche haben wir eine solche Achterbahnfahrt der Gefühle durchgemacht, noch verstärkt durch die Pflicht zur Geheimhaltung, schlaflose Nächte, immer neue Wendungen der Affäre, dass ein Panzer um uns gewachsen ist.

8 Uhr 30
Die Finanzmarktaufsicht teilt mit, dass auf Ersuchen der Bank ihre Aktie bis auf Weiteres vom Börsenhandel ausgesetzt wird.

9 Uhr 00
Telefonkonferenz auf Englisch mit Analysten und Investoren. Die Großkundenberater und die für Investor Relations, Kommunikation und Strategie zuständigen Teams, die Juristen und operativen sowie funktionalen Verantwortlichen der Bank sitzen um den großen Tisch im Codir-Saal, insgesamt rund zwanzig Personen, vor sich ihre dicken Dossiers mit vielen Marker-Anstreichungen. Daniel präsentiert die Fakten, Jean-Pierre gibt technische Erläuterungen, Frédéric unterlegt alles mit Zahlen: Das Ergebnis des laufenden Jahres, von den Wirtschaftsprüfern bereits vorab geprüft, wird trotz allem positiv sein, die Rating-Agenturen bleiben bei einer guten Bewer-

tung, ein Zeichen, dass die Geschäftstätigkeit nicht tangiert ist, es wird eine Kapitalerhöhung geben, die von zwei großen amerikanischen Banken garantiert wird.

Zwei Stunden lang werden Fragen gestellt. Sie sind sehr präzise, rational und tiefgehend, betreffen im Wesentlichen den Betrug und die Umgehung der Kontrollsysteme. Es ist ein schwerer Schock, Stärke sieben auf der Richterskala, nahe am Epizentrum, aber das Haus steht noch. Jetzt müssen wir dafür sorgen, dass unsere Aktivitäten weitergehen und die Kontrollen verbessert werden.

9 Uhr 20

Die Presseagenturen und die Wirtschaftsnachrichten im Radio teilen mit, dass die Rating-Agenturen Verfassung und Perspektiven der Bank um einen Notch herabgesetzt haben.

10 Uhr 50

Am Ende der Telefonkonferenz mit den internationalen Investoren komme ich mit der Erklärung, die Daniel bei der Eröffnung der Pressekonferenz vor den versammelten Medien verlesen soll. Sie muss kurz sein und geeignet für die Radio- und Fernsehsender, die sie im Lauf des Tages immer wieder bringen werden. Ich bitte Philippe Citerne, sich bei der Verlesung der Erklärung neben Daniel zu setzen, um zu zeigen, dass die Mannschaft geschlossen hinter ihm steht – in Krisenzeiten ein wichtiges Signal.

Ich reiche Daniel den Text. Ich habe mich auf hundert Worte beschränkt, das dauert eine Minute, ich kenne das langsame Sprechtempo unseres Präsidenten. Die Journalisten sitzen bereits im großen Saal der Bank. Es ist so weit, Daniel muss sich den Kameras stellen. Das ist der schwierigste Moment: das letzte Läuten, bevor sich der Vorhang hebt. Das

Schauspiel wird in Fortsetzungen über viele Wochen laufen, der Bank und ihrer Führung wird nichts erspart bleiben. Die Eröffnungsszene dürfen wir auf keinen Fall vermasseln.

11 Uhr 00

Wir betreten den Saal. Durch meine Tätigkeit kenne ich ungefähr die Hälfte der anwesenden Journalisten: *Les Échos, La Tribune, L'Agefi, Le Figaro, Wall Street Journal, Financial Times, International Herald Tribune,* die nationalen und internationalen Tageszeitungen, *Le Monde, Times, El País, Il Sole,* die *Frankfurter Allgemeine,* hauptsächlich deutsche, britische, italienische und viele spanische Vertreter, dann die Redakteure der Wochenzeitungen von *L'Express, Le Point, Paris Match, Challenges, Le Nouvel Observateur, The Economist, Business Week,* einige Radioreporter von Europe 1 und RTL, die Presseagenturen AFP, Reuters, Bloomberg, AP Dow Jones und die auf Wirtschaft spezialisierten Fernsehsender CNN, CNBC, Bloomberg TV.

Ich kenne alle Leserzahlen und Einschaltquoten, weiß, welche Menschen was lesen und hören. Zusammen mit den Werbe- und PR-Agenturen gehen wir jede Woche Tausende von statistischen Daten durch, um unsere Kampagnen und Slogans gezielter auszurichten, das ist unser Job. Bei den audiovisuellen Medien habe ich die Einschaltquoten pro Viertelstunde über den ganzen Tag hinweg im Kopf. Von den Presseorganen weiß ich die Auflage und die Nutzerzahlen ihrer jeweiligen Online-Seiten. Ich führe und pflege entsprechende Tabellen; sobald eine neue Studie herauskommt, aktualisiere ich meine Zahlen peinlich genau. Wenn ich einen Artikel lese, einen Radiobeitrag höre oder eine Fernsehsendung sehe, denke ich automatisch daran, wie viele Menschen jetzt das Gleiche tun wie ich. Ich kenne auch die Aktionäre und die Führungsleute sämtlicher Medien und weiß, wie sie wirtschaftlich dastehen. Schließlich bewege ich mich seit zwanzig Jahren in dieser Welt. Wenn ich Journalisten begegne, dreht sich unser Gespräch meistens um die Situation bei den Medien.

Aber an diesem Tag kenne ich die andere Hälfte im Saal nicht; es sind Sonderkorrespondenten der sehr großen Medien, der Hauptnachrichtensendungen im Fernsehen, all jene, die zwischen 20 Sekunden und drei Minuten live über die Pressekonferenz berichten werden. Sogar ein paar Boulevardzeitungen sind vertreten.

11 Uhr 05

Daniel kommt herein. Ein Blitzlichtgewitter geht los, die Fotografen rufen seinen Namen, wollen seinen Blick auf ihre Objektive lenken. Ich folge ihm, zeige auf das Podium und gehe ans Rednerpult. Mein Blick schweift über die versammelten Pressevertreter. Direkt vor mir sind drei Reihen Kameras im Anschlag. Gedanken schießen mir durch den Kopf. Ich sage mir, dass diese Nachricht um die Welt gehen wird, dass sich monatelang alles bei uns um diese Affäre drehen wird, dass die Münze geworfen ist und niemand weiß, auf welcher Seite sie landen wird.

Ich suche Philippe, um ihm zu sagen, dass er sich neben Daniel setzen soll, sehe ihn aber nirgends. Er verspürt wohl wenig Lust, sich an der Seite von Daniel der Meute zu präsentieren, wie wir es doch geplant hatten. Inzwischen sind Jean-Pierre und Frédéric hereingekommen, halten sich aber abseits. Die Journalisten werden unruhig, der Saal brodelt. Ich fange an.

»Für die Fernsehsender wird Daniel Bouton mit einem offiziellen Statement beginnen, das knapp eine Minute dauert. Danach machen wir weiter mit einer umfassenden Präsentation von Daniel Bouton, Jean-Pierre Mustier, dem Leiter der Investmentbank, und Frédéric Oudéa, dem Finanzchef, sowie

Philippe Citerne, dem stellvertretenden Direktor. Im Anschluss an ihre Ausführungen beantworten wir alle Fragen.«

Ich wende mich an den Vorstandsvorsitzenden.

»Daniel, Sie haben das Wort.«

Daniel steht allein auf dem Podium. Ich erinnere mich an frühere Krisen, vor meiner Zeit bei der Société Générale, als ich mich um das Krisenmanagement kümmern musste. Immer habe ich dieselbe Mischung von Feigheit, Heuchelei und Entsolidarisierung an der Spitze registriert. Misserfolg macht einsam. Philippe hält sich vornehm im Hintergrund: Er ist der direkte Vorgesetzte von Jean-Pierre. Im Organigramm der Bank ist er die letzte Sicherung vor Daniel, er kontrolliert die Investmentbank, den Wertpapierhandel, aber auch die operativen Risiken. In seinem Bereich ist der Betrug passiert, und jetzt kneift er.

Daniel verliest das Statement nicht. Er spricht doppelt so lange wie vorgesehen. Der Effekt der knappen Zusammenfassung und die Möglichkeit, dass die Fernsehsehsender das Statement aufgreifen, verpuffen. Seiner Rede fehlt es an Selbstsicherheit, er ist emotional bewegt, zögert. Er möchte beruhigend und belehrend klingen, aber er denkt schon an die anschließende Präsentation.

Zwei Jahre später höre ich immer noch seine Stimme, wenn ich das Protokoll der Pressekonferenz lese. Sie hat sich in mein Gedächtnis eingebrannt, unlösbar verbunden mit den dramatischen Stunden, die wir hinter uns hatten.

»Meine sehr geehrten Damen und Herren, wir haben uns unter ganz außergewöhnlichen Umständen hier versammelt. Tatsächlich hatten wir geplant, Sie für Montagmorgen einzuladen, um Ihnen mitzuteilen, dass die Société Générale sich in guter Verfassung befindet … Und dann haben wir im Verlauf des Samstags entdeckt, dass es eine vertuschte, perfekt versteckte Position außerhalb unserer Bücher, aber im Bereich unserer Aktivität auf dem Markt gab. Diese vertuschte Position war von einer enormen Größenordnung und mit beträchtlichen Risiken für die Bank und, wenn ich das sagen darf, für viele Marktteilnehmer verbunden. Selbstverständlich habe ich sofort den Gouverneur der französischen Zentralbank und den Generalsekretär der Finanzmarktaufsicht informiert. Wir haben entschieden, diese Position unverzüglich aufzulösen. Durch ein außergewöhnliches Zusammentreffen unglücklicher Umstände hat die Liquidierung dieser Position genau nach dem starken Rückgang der Kurse infolge des Einbruchs der asiatischen Märkte begonnen ... Das Unternehmen steht so solide da, unsere Geschäftsfelder laufen derart gut, dass wir trotz dieses gewaltigen Betrugs am Ende des Jahres 2007 einen Gewinn von mehreren Hundert Millionen Euro werden ausweisen können ... Auch nach dieser Betrugsaffäre haben wir kein Solvenzproblem. In Anbetracht dieser Tatsache und um die erfolgreiche Entwicklung unserer Geschäftsfelder voranzutreiben, hat der Verwaltungsrat beschlossen, eine Kapitalerhöhung vorzunehmen. Die Kapitalerhöhung wird heute angekündigt und in den nächsten Tagen eingeleitet. Alle Aktionäre werden eingeladen, sich mit Sonderzeichnungsrechten daran zu beteiligen. Ich bin überzeugt, dass sie auf die unbedingte Entschlossenheit aller Mitarbeiter dieses Hauses zählen können, die Folgen dieses ganz und gar ungewöhnlichen Betrugs vollkommen zu beseitigen. Danke für Ihre Aufmerksamkeit.«

Daniel kehrt an seinen Platz zurück, wo Mikrofone und Namensschilder auf dem Tisch stehen, und setzt sich, Jean-Pierre und Frédéric nehmen neben ihm Platz. Er schildert die finanziellen Auswirkungen, vor allem die Verluste im Zusammenhang mit den Subprimes, die sich zusätzlich zu dem Schaden durch den Betrug auf mehr als zwei Milliarden belaufen. Er sagt nicht, dass die ursprünglich erwartete Summe durch den Druck der Investmentbanken um mehr als 500 Millionen erhöht wurde. Sie wollten sicherstellen, dass die Bank nicht in den Verdacht geriete, die Auswirkungen der Subprime-Krise zu unterschätzen, ausgerechnet in einer Phase, in der die *Roadshows* beginnen, die die Investoren überzeugen sollen. Alle schlechten Nachrichten sollten auf dem Tisch sein, um sich unbelastet der Zukunft zuwenden zu können. Damit die Kapitalerhöhung gelingt, darf nicht der geringste Verdacht bestehen, es könnten noch weitere Verluste auftauchen. Deshalb haben wir uns an den schlimmsten Hypothesen orientiert, die in dem Fall von Goldman Sachs kamen.

Nun ist auch Philippe da, er setzt sich rechts neben Daniel. Daniel fährt unbeirrt fort:

»Ich habe selbstverständlich dem Verwaltungsrat umgehend meinen Rücktritt erklärt, der allerdings entschieden hat, das Rücktrittsgesuch nicht anzunehmen, und mir im Gegenteil sein Vertrauen in mich und das Geschäftsmodell versichert hat, das wir über Jahre hinweg aufgebaut haben. Der Verwaltungsrat hat mich gebeten, mich dieser schwierigen Situation zu stellen und das Unternehmen auf einen Weg des profitablen Wachstums zurückzuführen.«

Daniel kündigt die Einsetzung eines »Sonderausschusses« an, dem »die Leiter des Nominierungsausschusses und des Kontrollausschusses sowie ein unabhängiges Mitglied des Verwaltungsrats angehören« sollen, der ihn unterstützen wird. Er erläutert die Sanktionen: »Der Angestellte, der den Betrug begangen hat, sowie alle seine Vorgesetzten bis hin zum Leiter des weltweiten Aktiengeschäfts der Société Générale haben das Unternehmen verlassen oder werden es verlassen, außerdem noch ein oder zwei weitere Verantwortliche.«

Als Nächster kommt Philippe zu Wort. Er tupft sich die Stirn, streicht seine Haare zurück, rückt nervös das Mikro zurecht und beginnt. Er fühlt sich sichtlich unwohl in seiner Haut.

»Der Betrug, den wir entdeckt haben, wurde von einem Händler begangen, der seit einiger Zeit in unserem Haus arbeitet, speziell in den Middleoffices gearbeitet hat und offensichtlich genaue Kenntnis unserer Kontrollverfahren besitzt, die er für seine betrügerischen Zwecke ausgenützt hat. Er hat in großem Umfang mit Future-Kontrakten auf europäische Indizes spekuliert und sowohl auf steigende wie auf fallende Kurse gesetzt. Die Art seiner Geschäfte hatte nichts mit seinem Aufgabenbereich zu tun. Der Betrug wurde von unserer Risikoabteilung aufgedeckt. Erste Hinweise gab es am letzten Wochenende. Wie Sie sich vorstellen können, haben wir alles getan, was möglich ist, um den gesamten Umfang seiner Handlungen aufzuklären. Die Nachforschungen haben uns überzeugt, dass wir hier einen ganz außerordentlichen, bösartigen Betrug vor uns haben, einen Einzelfall … Ich arbeite seit dreißig Jahren in diesem Beruf, wir haben hier einen Betrugsfall vor uns, der nichts mit dem Kern des Bereichs zu tun hat, in dem er sich ereignet hat. Vom Ablauf her war das, was der Betrüger gemacht hat, ganz einfach, aber er hat äußerst raffinierte Vertuschungsstrategien gewählt.«

Nach Philippe ergreifen Jean-Pierre und Frédéric das Wort. Sie legen die Risiken im Zusammenhang mit der Subprime-Krise dar und erläutern den Jahresabschluss, den sie mit den Wirtschaftsprüfern durchgegangen sind. Ihre Ausführungen dauern 20 Minuten, und die Journalisten werden unruhig. Die meisten kennen sich mit Finanzbegriffen nicht aus. Normalerweise richten sie ihre Fragen an Polizisten, Zeugen aller möglichen Vorfälle, an Passanten oder an Stars bei einer »Premiere«. Insofern geht es ihnen nicht anders als der großen Mehrheit ihres Publikums. Sie leeren den Kelch bis zur Neige. Endlich kommt Daniels Schlusswort.

»Meine sehr geehrten Damen und Herren, erlauben Sie mir, dass ich zum Schluss allen unseren Aktionären und ganz besonders unseren Mitarbeitern, die gleichfalls Aktionäre sind, unsere Entschuldigung für diese schrecklichen Ereignisse ausspreche, die wir am letzten Wochenende entdeckt haben … Meine Damen und Herren, bitte stellen Sie Ihre Fragen.«

Die erste Frage lautet:

»Haben Sie Anzeige gegen die betreffende Person erstattet?«

Daniel zögert, darauf war er nicht gefasst. Er antwortet:

»Das passiert gerade.«

In Wahrheit war die Rechtsabteilung der Bank nicht im Krisenstab vertreten, aus Angst vor einem Leck. Sie wurde erst an diesem Morgen unterrichtet. Um Anzeige zu erstatten, müssen die Sachverhalte, um die es geht, genau benannt werden, und das ist erst möglich, wenn alle Einzelheiten des Betrugs aufgedeckt sind. Die Zeit der Juristen läuft langsamer als die der Finanzleute und der Medien. Dieser Unterschied bringt uns in Konflikt mit der Medienerwartung: Wo ein Betrug ist, wird Anzeige erstattet.

»Wie heißt der Betrüger, und wo hält er sich auf?«

»Erstens, wir nennen seinen Namen nicht, und zweitens, ich weiß nicht, wo er sich aufhält.«

Eine Journalistin, die neben mir sitzt, drängt mich leise, ihr den Namen zu sagen. Ich weigere mich. Sie fragt laut:

»Sie haben von Verlusten in Höhe von fünf Milliarden gesprochen. Wie hoch war das eingegangene Risiko?«

Jean-Pierre antwortet:

»Wir nennen keine Zahlen zum Risiko, wir können nur sagen, dass die Positionen Anfang 2008 aufgebaut wurden. Es handelte sich um Long-Positionen auf europäische Indizes.«

»Wieso sagen Sie angesichts erheblicher Verluste und eines offensichtlichen Versagens der Risikokontrollsysteme nichts über den Umfang des Risikos?«

Daniel sagt: »Darf ich Ihren letzten Satz korrigieren? Es gab Versagen, aber kein Versagen der Risikokontrolle, das stimmt nicht. Es ist kein Verlust im Trading. Es gehört nicht zu unserem Geschäftsbereich, in großem Umfang auf Steigen oder Fallen von Indizes zu spekulieren. Jemand hat gewissermaßen innerhalb unserer Handelsräume ein getarntes geheimes Unternehmen aufgebaut. Weil er davor mehrere Jahre in unseren Backoffices gearbeitet hatte, kannte er die Kontrollverfahren bestens und konnte seine Positionen so aufbauen, dass jede Position durch eine gegenläufige, komplett fiktive gedeckt wurde. Nur diesem betreffenden Händler allein ist es gelungen, durch alle Maschen der Kontrolle zu schlüpfen.«

»Glauben Sie, dass die Öffentlichkeit diese Erklärungen verstehen wird? Werden Sie zurücktreten?«

Daniel: »Ich hielt es für meine moralische Pflicht, dem Verwaltungsrat meinen Rücktritt anzubieten, genau wie Jean-Pierre [Mustier] mir seinen Rücktritt angeboten hat. Der Verwaltungsrat hat mich sehr nachdrücklich gebeten, mich weiter um diese äußerst schwierige Situation zu kümmern und die Bank wieder in ein normales Fahrwasser zurückzusteuern. Diesen Auftrag werde ich erfüllen.«

»Haben wir es hier mit einem gigantischen, besonders raffinierten Angriff auf die Bank zu tun oder waren bei der betreffenden Person noch andere Motive im Spiel?«

Daniel: »Ich kenne diesen Mann nicht. Seine Motive sind

mir vollkommen unverständlich. Offenbar hat er persönlich nicht direkt von dem gigantischen Betrug profitiert, und um herauszufinden, ob es einen indirekten Profit gab, müssen wir noch weitere Nachforschungen durchführen.«

»Eine Sache verstehe ich nicht. Warum haben Sie nicht sofort nach Entdeckung des Betrugs Anzeige erstattet?«

Daniel: »Das Volumen der Positionen war enorm, und es wäre unmöglich gewesen, sie aufzulösen, wenn sie bekannt geworden wären. In dem Fall hätte sich der gesamte Markt darauf konzentriert, gegen diese Positionen und gegen die Société Générale zu spekulieren. Darum war es unsere unbedingte Pflicht, zu versuchen, die Positionen zu liquidieren, bevor wir mit der Information an die Öffentlichkeit gingen. Dass die Verluste so groß geworden sind, hängt mit der Abwärtsbewegung des Markts zusammen, die am Montag an den asiatischen Börsen begonnen hat. Es war Pech im Quadrat, dass die Entdeckung des Betrugs ausgerechnet mit dem Einbruch der Börsen zusammenfiel.«

»Inwiefern macht der Betrug die Société Générale verwundbarer für eine Übernahme? Beschädigt er das Image dieses Geschäftsfelds, das als besonders gewinnträchtig galt?«

Daniel: »Bei Banken ruht das Vertrauen in erster Linie auf dem Eigenkapital. Unser Eigenkapital wird durch eine Kapitalerhöhung gestärkt. Das Vertrauen hängt auch vom Rating ab. Wir haben eines der besten Ratings aller Banken weltweit. Wir stehen zwar unter kritischer Beobachtung der Rating-Agenturen, aber bisher haben sie uns nicht zurückgestuft. Mein Ziel in den letzten vier Tagen, die für uns alle nicht zu den angenehmsten unseres Lebens zählen, war, die finanzielle Handlungsfähigkeit der Société Générale in vollem Umfang wiederherzustellen und mich zu versichern, dass wir weiter auf das Vertrauen unserer Kunden setzen können.«

»Sie haben diese Veruntreuung erst vor fünf Tagen entdeckt. Wie können Sie schon heute sicher sein, dass es nur die Tat eines Einzelnen war und nicht durch Komplizen ermöglicht wurde? Außerdem sagen Sie uns – und wir verstehen das sehr gut –, dass Sie die Öffentlichkeit nicht informiert haben. Aber es ist eine Sache, die Öffentlichkeit zu informieren, und eine andere, den Staatsanwalt zu informieren. Offensichtlich befindet sich der Angestellte nicht ›in den Händen der Justiz‹, er wurde nicht vernommen. Er kann in Ruhe seine Verteidigung vorbereiten. Insofern verstehe ich Ihre Haltung nicht.«

Daniel: »Natürlich kann man über unsere Schritte diskutieren. Gestern Nachmittag gab es Gerüchte, aber es ist nichts bekannt geworden. Der Markt hat unbeeindruckt funktioniert. Mit Stand heute ist das Vertrauen in die Banken und in die Société Générale nicht merklich beeinträchtigt.«

Eine Journalistin regt sich darüber sehr auf, sie findet das vollkommen realitätsfern. Als Chef der Bank ist Daniel überzeugt, dass die fünf schwarzen Tage, die er hinter sich hat, für die Solidität der Bank sprechen und zeigen, welches Vertrauen sie vor allem bei den Instituten besitzt, die an der Kapitalerhöhung mitwirken werden. Aber die Anwesenden verstehen den Hintergrund seiner Zufriedenheit nicht, sie stimmen der Journalistin lauthals zu.

Daniel wehrt sich.

»Es ist überhaupt nicht realitätsfern. Das ist ja das Bemerkenswerte.«

»Sie haben meine Frage nicht beantwortet.«

»Die Anzeige ist auf dem Weg.«

»Der verdächtige Angestellte wurde also immer noch nicht von der Finanzpolizei und der entsprechenden Abteilung der Staatsanwaltschaft vernommen?«

»Nein.«

»Hält er sich in Frankreich auf? Ist er flüchtig?«

»Ich weiß es nicht.«

»Wissen Sie, wo er sich befindet?«

»Ich weiß es nicht. Wir haben ihn am Samstagabend und Sonntagmorgen im Büro befragt.«

Im Saal wird es unruhig, einzelne Journalisten pfeifen und buhen, die Pressekonferenz gerät langsam außer Kontrolle. Eine Journalistin fällt Daniel ins Wort, alle wollen ihre Fragen loswerden.

»Wie kann das Vertrauen in die Société Générale fortbestehen, wenn ohne Wissen des Managements und aller Risikokontrollsysteme ein ›Unternehmen im Unternehmen‹ eingerichtet wurde?«

»Das System der Risikokontrolle steht nicht in Frage. Es gehört nicht zum Geschäftsfeld einer Bank wie der Société Générale, in großem Umfang direktionale Positionen einzugehen und auf Steigen oder Fallen von Börsenindizes zu spekulieren.«

»Wie hat er es gemacht?«

»Er hat gewissermaßen doppelte Buchführung betrieben. Im offiziellen ›Buch‹ der Société Générale hat er Transaktionen in Größenordnungen geführt, die kein Aufsehen erregten. Und warum erregten sie kein Aufsehen? Weil er gleichzeitig in anderen Büchern der Société Générale andere Transaktionen verbuchte, die die ersten Positionen aufhoben.«

»Sieht man nur das Ergebnis unter dem Strich?«

»Nein, man sieht beide Komponenten. Die Positionen, die er zur Tarnung aufgebaut hat, waren fiktiv. Der Angestellte hat sie verschoben, hin und her ›gerollt‹ und je nach Kontrollsituation ausgetauscht. Er kannte die Termine, wusste, wann welche Positionen mit welchem Risiko kontrolliert werden, die Ergebnisse und die Gegenparteien und so weiter. Er war so clever, auf jeder Stufe für fiktive Deckung zu sorgen.«

»Hat er sich persönlich bereichert?«

»Wir glauben nicht.«

»Wie lange konnte er seine betrügerischen Transaktionen betreiben? Wie hat er es geschafft, Positionen von Zigmilliarden Euro aus den ›Büchern‹ herauszuhalten?«

»Im Jahr 2007 hat er bereits solche Positionen aufgebaut, und 2007 hat er damit Gewinn gemacht. Seine Gewinne hat er mit fiktiven Verlustpositionen verschleiert. Wir haben es nicht gesehen, er hatte es sehr geschickt eingefädelt. Letztlich ist er in einer Routinekontrolle hängen geblieben: Zu einem bestimmten Zeitpunkt hat er einen Fehler gemacht und eine Transaktion durchgeführt, die die Aufmerksamkeit unserer Kontrollsysteme erregt hat.«

»Was waren seine Motive? Wenn er sich nicht bereichert hat, was wollte er dann?«

»Die Motive sind unbekannt.«

»Eine Zeit lang hat er mit seinen Positionen Gewinn gemacht. Sind diese Gewinne mit Stand 31. Dezember 2007 in das Ergebnis der Société Générale eingeflossen?«

»Nein, weil wir nichts davon wussten.«

Jean-Pierre meldet sich wieder zu Wort.

»In der Befragung in der Nacht von Samstag auf Sonntag sagte er, er habe geglaubt, Methoden entdeckt zu haben, die ihm erlaubten, Gewinn auf den Märkten zu machen. Als wir ihn nach seinen Positionen fragten, sprach er nur von der ersten Phase, in der er tatsächlich Gewinne verzeichnete, und verheimlichte die seit Januar aufgebauten Positionen.«

»Haben Sie ihn gesehen?«

Jean-Pierre: »Ja, ich habe ihn gesehen.«

Aufregung macht sich breit, die Journalisten wollen den Namen des Händlers wissen, aber die Bank gibt ihn nicht preis. Die Situation wird immer schwieriger zu managen, die

Journalisten glauben uns immer weniger, was wir ihnen erzählen. Fragen schwirren durcheinander. Einige Journalisten werden ärgerlich und aggressiv:

»Glauben Sie, dass der betreffende Angestellte die Intelligenz und Arroganz der Bank und ihrer Kontrollsysteme auf die Probe stellen wollte?«

»Ist es technisch möglich, ohne externe oder interne Komplizen solche Positionen aufzubauen?«

Jean-Pierre: »Wir haben seine Positionen und seine Methode eingehend analysiert. Es erscheint mir ausgeschlossen, dass er mit Komplizen gearbeitet hat. Er musste praktisch in Echtzeit alle seine Positionen überwachen und von falschen Positionen zurücktreten. Er hat seine Positionen außerordentlich schnell verändert, um allen Kontrollen zu entgehen. Wir haben auch seine Kontakte überprüft. Zum gegenwärtigen Zeitpunkt bin ich davon überzeugt, dass er allein gehandelt hat. Aber vielleicht irre ich mich.«

Neue Fragen prasseln auf uns nieder.

»Wie viele Personen werden ihre Posten verlieren?«

»Wenn es nicht möglich war, die Veruntreuung zu entdecken, warum wurden dann andere Angestellte entlassen? Wie viele wurden entlassen?«

Daniel: »Ich weiß nicht, ob ein Einzelner einen Fehler gemacht hat. Ich weiß nur, dass die Kontrollkette es zugelassen hat, dass diese betrügerische Position aufgebaut wurde, ob sie zu entdecken war oder nicht. Folglich sind wir gezwungen …«

Der Ton im Saal ist jetzt bedrohlich.

»Warum hat es so lange gedauert, bis Sie reagiert haben?«

Daniel: »Die betrügerische Position wurde erst vor Kurzem entdeckt, aber immerhin haben wir sie entdeckt.«

»Wie ist es Ihnen gelungen, sie zu entdecken?«

»Die Positionen werden nach *Value at risk (VAR)*, nach

Bruttoergebnis, Marktrisiko und Gegenparteirisiko kontrolliert. Ende Dezember hat der betreffende Angestellte einen Fehler gemacht, der bei den Kontrollen der Gegenparteirisiken entdeckt wurde. Die Vielfältigkeit unserer Kontrollen hat bewirkt, dass er schließlich doch einen Fehler begangen hat.«

Der Journalist, der die Frage gestellt hat, unterbricht Daniel und hakt nach. Er will genau wissen, wie viele Personen ihre Posten räumen mussten. Ein anderer ruft ohne Mikro dazwischen, bevor Daniel antworten kann: »Angestellte wurden entlassen, weil dieser Händler einen Fehler gemacht hat. Hätte er keinen Fehler gemacht, wäre alles so weitergegangen. Wie viele mussten gehen?«

Daniel: »Die Kette seiner Vorgesetzten wurde durch die selbstverständlichen Rücktritte ›durchtrennt‹, bis hinauf zum globalen Verantwortlichen für Aktienderivate.«

»Wie viele Personen insgesamt?«

Jean-Pierre: »Vier oder fünf.«

Ein Journalist fragt nach der Zukunft der Bank:

»Die Barings-Bank musste geschlossen werden, nachdem sie ein Zehntel dieser Verluste erlitten hatte.«

Daniel: »Ich verstehe Ihre Sorge sehr gut. Die Société Générale ist mit allen ihren Geschäftsbereichen solide, das unterscheidet sie von der nicht mehr existierenden Bank, die Sie genannt haben. Nach der Kapitalerhöhung wird unsere Eigenkapitalquote höher sein als zuvor. Insofern ist unsere Situation vollkommen anders. Die Fähigkeit der Société Générale, ihren Kunden auch weiterhin zu dienen, steht außer Zweifel. Durch die Kapitalerhöhung werden ihre Kreditvergabemöglichkeiten sogar gestärkt.«

Daniel wechselt in seinen Antworten zwischen Bescheidenheit, zweifelndem »ich weiß nicht«, »vielleicht haben wir Fehler gemacht«, »man kann uns kritisieren« und überzeugten Aussagen zur Gesundheit der Bank, ihrem Ruf und ihren Gewinnen. Das strapaziert die Geduld der Journalisten, die seit gerade einmal zwei Stunden vom größten Betrugsfall aller Zeiten in der Bankbranche wissen. Ihre Fragen sind hart.

»Die Société Générale hat ihre Aktionäre drei Mal geschädigt. Das erste Mal hing mit dem Kursrückgang an der Börse zusammen. Beim zweiten Mal hat sie nicht rechtzeitig informiert. Die Finanzmarktaufsicht verlangt, dass eine Information, sobald sie den Verantwortlichen bekannt ist, auch an die Märkte weitergegeben wird. Und jetzt sind Sie dabei, Ihre Aktionäre ein drittes Mal zu schädigen, indem Sie ihre Aktien durch eine Kapitalerhöhung verwässern. Sie werden ein bevorzugtes Zeichnungsrecht erhalten, aber in dem gegenwärtigen Klima des Misstrauens dürften nicht viele davon Gebrauch machen.«

Die anderen im Saal stimmen lautstark zu. Der Ton wird schärfer. Daniel lässt sich in die Ecke drängen. Er runzelt die Stirn, überlegt offensichtlich, was er gegen so viel Aggressivität unternehmen kann. Die Fragen werden ätzend, und die Fotografen nutzen den Augenblick, als die Stimmung kippt, um entsprechend unfreundliche Fotos zu schießen.

Daniel fasst sich wieder:

»Selbstverständlich wurden der Generalsekretär der Finanzmarktaufsicht und der Gouverneur der Zentralbank am Sonntagnachmittag über die Situation informiert.«

Ein Journalist beginnt in sehr aggressivem Tonfall: »Herr Vorstandsvorsitzender …«

Daniel: »Das Regelwerk der Finanzmarktaufsicht ist durchdacht. Ich habe nicht das Recht, den Märkten eine Information zur Kenntnis zu bringen, die allein durch ihre Verbreitung, mehr noch als durch ihre direkte Wirkung, den Interessen der Aktionäre und der Märkte schaden kann.«

Journalist: »Sie brauchen diese Kapitalerhöhung nicht. Ich verstehe sie nicht.«

Daniel: »Für etliche unserer Geschäftsfelder ist eine Eigenkapitalquote von 6,7 Prozent zu wenig. Unser Ziel, dem der Regulierer zugestimmt hat, sind 7 bis 7,7 Prozent. Wir finanzieren Unternehmen in Frankreich und im Ausland, sie brauchen unsere Finanzierung. Wie Sie wissen, ist die wirtschaftliche Situation gegenwärtig nicht sehr positiv. Kein Geld zu verleihen, weil unsere Eigenkapitalquote zu niedrig ist, würde makroökonomische oder systemische Folgen haben, die wir nicht zulassen können.«

»Wenn ich Sie richtig verstehe, haben Sie diesen Angestellten auf den Vorplatz von La Défense spazieren lassen, mit seinem Pass in der Hand, und haben erst zwei oder drei Tage später Anzeige erstattet.«

»Sie haben vielleicht recht, vielleicht haben wir einen Fehler gemacht. Das müssen die zuständigen Stellen beurteilen. Tatsache ist, dass jemand, der einen so gigantischen Betrug begangen hat und flieht, auf jeden Fall aufgespürt wird. In dem Punkt gibt es nicht den geringsten Zweifel.«

Der Ton ist immer noch aggressiv: »Das ist doch verrückt! Der Konzern ist dabei, fünf Milliarden Euro zu verlieren.«

»Wir sind nicht dabei, fünf Milliarden Euro zu verlieren, vielmehr wird sich unser Ergebnis um diesen Betrag verringern. Insgesamt, auf das ganze Jahr bezogen, werden wir einen Gewinn von 700 Millionen Euro haben.«

Die Reaktionen gehen im allgemeinen Stimmengewirr unter. Ich möchte die steigende Lautstärke dämpfen, Daniel und Jean-Pierre sind offenbar überfordert. Durch eine Art Ansteckungseffekt werden die Journalisten immer mutiger, jeder würde am liebsten zehn Fragen stellen. Von allen Seiten prasseln sie immer aggressiver auf uns ein.

Ich fürchte, dass die Situation sich immer mehr zuspitzt und ich sie nicht mehr in den Griff bekomme. Ich stehe auf, gehe ans Pult. Das überrascht die Journalisten offenbar, es wird still. Ich lasse meinen Blick durch den Saal schweifen und bemühe mich, möglichst entschlossen zu klingen.

»Nun, das geht jetzt ein bisschen sehr durcheinander. Wir beantworten alle Fragen, aber eine nach der anderen.«

Ich deute auf einen Fachjournalisten, von dem ich weiß, dass er vernünftige Fragen stellen wird.

»Sie erwähnten eine Garantie von JP Morgan und Morgan Stanley. Wie soll sie aussehen? Wie können diese Banken, die durch die Insolvenz amerikanischer Banken schwere Verluste erlitten haben, Ihrem Institut zu Hilfe kommen?«

Daniel: »Sie sind solvent. Sie werden die Kapitalerhöhung in dem zuvor erwähnten Volumen unterstützen. Ich verstehe, dass es mir nicht gelingt, Ihnen zu erklären, welche Verantwortung auf uns lastete. Nehmen wir einmal an, am Montag wäre in der Welt etwas passiert, das zu einem massiven Einbruch der Märkte geführt hätte, etwa so wie bei der Krise von 1987. Mit unseren normalen Positionen wären wir in der Lage gewesen, eine solche Situation zu bewältigen. Mit der betrügerischen Position hingegen wäre ein solches Ereignis für die Bank ein gigantischer Schlag gewesen. Der Verlust hätte ein Vielfaches dessen betragen können, was er tatsächlich betragen hat. In allen Handbüchern heißt es, dass man Positionen schnell auflösen soll. Wir sind keine Spekulanten. Wir dürfen nicht darauf spekulieren, dass wir diese Position drei Wochen hätten verbergen können, abwarten, dass die Märkte wieder steigen, damit die Société Générale keinen Verlust erleidet. Es war unsere Pflicht, die Bank auf jeden Fall zu schützen. Leider hat die Entwicklung der Märkte am Montag, Dienstag und Mittwoch die Kosten dieses Betrugsfalls in die Höhe getrieben. Trotzdem ist der Betrug in einem Rahmen geblieben, der die Zukunft der Bank nicht gefährdet. Und er wird keine makroökonomischen Auswirkungen haben.«

»Wollten Sie nicht selbst mit der betreffenden Person sprechen?«

»Welchen Nutzen hätte das gehabt?«

»Vielleicht hätten Sie dann die Vorgänge besser verstanden.«

»Das hätte nichts genützt.«

»Sie sprechen von einem Phantom-Händler.«

»Es ist ein Mann um die Dreißig. Er ist seit 2000 bei der Société Générale angestellt und arbeitet seit 2005 in den Frontoffices.«

»Hat er in den letzten Monaten noch Gewinne für die Bank gemacht?«

»Mit seiner betrügerischen Position?«, fragte Daniel zurück.

»Ja.«

»Nein, denn sie war verschleiert.«

»Welche Funktion genau hat der Betrüger bekleidet?«

»Einfacher Händler in einem Handelssaal.«

»Ist er zuvor schon aufgefallen?«

»Ich weiß es nicht.«

Ich schalte mich ein:

»Ich denke, wir sollten mit der Menschenjagd aufhören und keine Kommentare zu dem Betreffenden abgeben.«

»Wie lautet der Hauptvorwurf? Wie hoch war sein Gehalt?«

Die Unruhe im Saal nimmt wieder zu. Ich deute auf eine

ehemalige Mitarbeiterin, die inzwischen Journalistin ist, und teile den Anwesenden mit, dass wir noch drei Fragen beantworten.

»Glauben Sie, dass hinter dem Händler Konkurrenten der Société Générale steckten?«

»Lassen wir die Verschwörungstheorien. Der Gedanke, dass eine andere Bank ein Komplott eingefädelt haben könnte, um die Société Générale zu schwächen, ist abenteuerlich. Dieser Betrugsfall ist schon für sich allein genommen ungeheuerlich.«

»Wie geht es jetzt weiter? Sie treten erst einmal nicht zurück. Haben Sie den Rücktritt von Jean-Pierre angenommen?«

»Ich habe sein Rücktrittsgesuch abgelehnt. Nach meiner Überzeugung ist Jean-Pierre der richtige Mann an der Spitze der Investmentbank der Société Générale, die großartig läuft. Dieser schreckliche Unfall darf nicht dazu führen, dass wir das Werkzeug zerstören, das er geschaffen hat.«

»Wann starten Sie die Kapitalerhöhung? Haben Sie Kontakte zu Investoren? Zu welchen? Haben Sie mit französischen Banken gesprochen? Stimmt es, dass Sie zu Weihnachten mit einer Delegation des französischen Bankenverbands in die Emirate gereist sind? Was dürfen wir erwarten?«

Daniel: »Sie meinen, dass ich zu Weihnachten mit einer Delegation des Bankenverbands in die Emirate gereist bin, bedeutet, dass ich die Schwierigkeiten vorhergesehen habe. Madame …«

»Die Staatsfonds liegen auf der Lauer, sie wollen sich im Bankensektor einkaufen!«

Daniel: »Entschuldigen Sie, falls ich arrogant klinge, wenn ich sage: Unser Haus ist sehr angesehen auf den Märkten. Unsere Leute stellen ein großartiges Potenzial dar. Wir hatten nicht vor, uns auf geheimen Wegen Kapital zu beschaffen, durch Beteiligung nur dieses oder jenes Fonds oder dieser oder jener Kategorie von Aktionären.«

Ich schalte mich wieder ein: »Letzte Frage.«

»Welche finanziellen Folgen wird der heute mitgeteilte Verlust für das Management der Société Générale haben?«

»Weder Philippe noch ich bekommen für 2007 eine variable Vergütung oder Aktienoptionen. Philippe und ich haben außerdem beschlossen, mindestens bis zum 30. Juni 2008 auf unser Fixgehalt zu verzichten und so einen Beitrag zur Stärkung der Bank zu leisten. Ich habe das Rücktrittsgesuch von Jean-Pierre abgelehnt, der für 2007 keine Vergütung erhalten wird. Er hat mir außerdem angekündigt, dass er für 2008 auf den variablen Vergütungsteil verzichten wird, unabhängig davon, wie die Ergebnisse der Investmentbank ausfallen, die, wie ich hoffe, hervorragend sein werden.«

»Wie hoch war das Gehalt des betreffenden Händlers? Hat er kürzlich eine Bonuszahlung bekommen?«

»Er hat den Bonus für 2007 nicht bekommen. Ich denke nicht, dass er ihn einfordern wird.«

»Die Gesamteinkünfte des Händlers lagen inklusive seiner Bonuszahlungen unter 100.000 Euro pro Jahr«, schiebt Jean-Pierre nach. »Er hatte mit kleinen Positionen und kleinen Beträgen zu tun. Sein Gehalt lag im unteren Bereich dessen, was Händler verdienen.«

Ich zucke zusammen. Jean-Pierre macht einen schweren Fehler. Im Universum der Handelsräume ist ein Gehalt von 100.000 Euro unterdurchschnittlich. Aber die anwesenden Journalisten verdienen meistens weniger als die Hälfte des Betrags, den er als »im unteren Bereich« liegend bezeichnet hat. Das dürfte sie schockieren. Ich unterbreche schnell und gebe das Wort an CNBC, um von diesem Thema abzulenken: »Könnten Sie die Lage auf Englisch zusammenfassen?« Ein paar Sätze auf Englisch werden die Atmosphäre verändern.

Ich sehe noch zehn Hände in der Luft, wiederhole aber: »Letzte Frage.«

»Was genau ist Gegenstand der Anzeige?«

Daniel: »Darauf kann ich nicht antworten. Im Übrigen weiß ich nicht genau, was ihm strafrechtlich vorgeworfen werden kann. Dies zu beurteilen liegt außerhalb meiner Kompetenzen.«

Ich beende die Pressekonferenz und sage, dass die Anwälte dabei sind, den Fall zu untersuchen. Ich danke den Journalisten. Alle stürmen los. Sämtliche Fotografen und Kameraleute, alle Radiojournalisten stürzen sich auf Daniel und wollen noch einen Kommentar von ihm. Es gibt Gedränge und Gerangel, der Sicherheitsdienst geht dazwischen, schirmt Daniel ab und geleitet ihn durch eine kleine Hintertür hinaus. Ich stelle mich den Journalisten und sage ihnen, dass keine Statements mehr abgegeben werden, die Pressekonferenz sei endgültig vorbei. Die Fotografen buhen mich aus, ich nehme es mit Humor. Auch sie spielen ihre Rolle.

Die Feuerprobe ist vorüber. Sie war schmerzhaft, aber sie ist vorbei. Es hätte kaum anders laufen können: Auf allgemeine Anteilnahme und einen Teppich aus Rosen konnten wir wohl nicht hoffen.

Die Sicherheitsleute führen Daniel zu seinem Schutz in einen kleinen angrenzenden Raum, und ich drücke mich an ihnen vorbei hinein. Nun bin ich allein mit Daniel in dem etwa sechs Quadratmeter großen Raum. Wir warten fast eine Viertelstunde, dass die Journalisten alle gehen. Er ist fahl, seine Augen sind weit aufgerissen. Er schüttelt den Kopf und atmet laut aus. Er hat jetzt verstanden, dass uns das Schlimmste erst noch bevorsteht.

Das Medienspektakel hat begonnen.

Die allgemeinen Radioprogramme und die spezialisierten Sendungen, analoge und digitale Fernsehsender, Internetseiten und Blogs – alle feuern aus vollen Rohren. Sofort tauchen unzählige Fragen auf. Der Informationsfluss ist enorm. Ich erfahre später, dass allein am ersten Tag weltweit über 20.000 Artikel zu dem Thema gedruckt oder ins Internet gestellt wurden. Zahllose Experten melden sich zu Wort, meistens selbst ernannte. Sie äußern sich sehr undifferenziert und geben apodiktische Urteile ab, bevor sie ein Dossier oder auch nur das Statement ganz gelesen haben. Da der Betrug unglaublich ist, glaubt ihn niemand. Jeder will am lautesten schreien.

Die Presseabteilung steht stark unter Druck. Das wird lange, belastende Wochen so bleiben.

Ein Thema taucht gleich auf und elektrisiert die Journalistenmeute: Wie heißt der geheimnisvolle Betrüger, wo ist er, was weiß man über seinen Berufsweg, seine Persönlichkeit? Wir waren ganz darauf konzentriert, die Bank zu retten, und haben in unserer Angst, das weltweite Bankensystem könnte zusammenbrechen, den Drang der Medien unterschätzt, alles über den *rogue trader* zu erfahren. Der Begriff »Milliarde« ist abstrakt, ein Betrüger ist konkret.

Die Händler aller Handelsräume sämtlicher Banken bekommen Anrufe von Journalisten, die Hinweise suchen. Es ist ein Wettrennen, den Siegespreis erhält derjenige, der den Händler als Erster aufspürt. Die Besten sind die Angelsachsen in Paris, sie brauchen nur ein paar Stunden.

Sehr bald, gegen Mittag, veröffentlicht die *Financial Times* auf ihrer Internetseite den Namen des Händlers, Jérôme Kerviel, samt Foto. Einer seiner Kollegen hat der Zeitung das Foto geschickt, er hat es aus dem Intranet der Bank. Normalerweise kann man die Fotos dort nicht kopieren, weder mit einem Klick der rechten Maustaste (da erscheint die Option »Kopieren« nicht) noch mit Ctrl A (»Alles markieren«), auch nicht als Screenshot. Vermutlich hat er ein Digitalfoto des Bildschirms aufgenommen. Die FT ist die Zeitung mit den besten Kontakten zu den Investmentbanken. Ich hatte damit gerechnet, dass Reuters das Rennen machen würde, und auch erst viel später.

Es war mein Fehler: Ich habe nicht daran gedacht, Jérôme Kerviel aus dem Intranet herauszunehmen.

Nun hat der größte Betrüger aller Zeiten einen Namen. Das verändert alles. Sein Name geht um die Welt. Gestern Abend habe ich bei Google zum ersten Mal nach ihm gesucht. Ich fand nur ein paar Links auf Französisch, darunter einen Link zu Facebook, wo er wenig aktiv war und nur eine Handvoll »Freunde« hatte. Einige Tage später tippe ich den Namen erneut ein. Diesmal listet Google über eine Million Treffer auf, Seiten aus aller Welt und in allen Sprachen, mit einem deutlichen Schwerpunkt bei den großen Finanzplätzen – in England, den Vereinigten Staaten, Hongkong, Singapur, Frankfurt und Tokio –, aber auch Seiten aus Lima, Caracas, Kuba, sogar aus Burundi, Thailand und Mazedonien (zwei Jahre nach der Affäre bringt Google 2.900.000 Treffer). In fünf Tagen hat sich die Zahl seiner »Freunde« bereits verringert, sie schmelzen dahin wie Schnee in der Sonne, haben die Links auf ihre Seiten zu ihrem Schutz deaktiviert. Der reale Jérôme Kerviel hat im Internet praktisch nicht existiert. Der virtuelle Jérôme Kerviel ist zu einem Weltstar geworden.

Ich habe niemandem seinen Namen genannt, weder intern noch draußen, damit die Polizei ihre Arbeit machen kann. Der endgültige Bericht für den Gouverneur war gestern um

17 Uhr 45 fertig. Die Anzeige wird noch am selben Abend erstattet.

Wir wussten von Martine, unserer Betriebsärztin, dass der Händler sich in Frankreich aufhält und bei guter Gesundheit ist. Sie hatte ihn in der Nacht vom 19. auf den 20. Januar beim Verlassen des Büroturms begleitet. Ihren Vorschlag, in eine Klinik zu gehen, hatte er abgelehnt und ein entsprechendes Formular unterzeichnet, dass er gegen ihren Rat handelte. Weil sie sich Sorgen um seine Verfassung machte, rief sie ihn regelmäßig an oder schickte ihm SMS. Aus demselben Grund hatte sie ihm auch am Abend vor der Mitteilung eine SMS geschickt:

»Achtung, eine Information wird rausgehen. Schützen Sie sich. Fahren Sie weg.«

Diese SMS wurde später als Beweis herumgereicht, dass die Bank Komplize des *rogue traders* war und zugleich ein doppeltes Spiel mit ihm spielte. Woher hatte Martine diese vertrauliche Information? Ganz einfach: Sie kümmerte sich auch um die Mitglieder des Krisenstabs, die seit fünf Tagen unter großem Stress standen und sehr erschöpft waren.

Ein bisschen später erklärt eine noch unbekannte Anwältin gegenüber der Presse: »Es ist ein Skandal. Die Bank zündet Nebelkerzen, um ihre Verluste im Zusammenhang mit den Ramschhypotheken zu verschleiern. Jérôme Kerviel ist der Sündenbock, der für strategische Fehler herhalten muss.« Diese Anwältin übernimmt dann seine Verteidigung. Sie ist schon aktiv, bevor überhaupt Anzeige erstattet und der Händler von der Justiz vernommen wurde. Ihre Einschätzung läuft als Endlosschleife auf allen Radio- und Fernsehsendern. Für das Image der Bank ist das verheerend. Obwohl der Inhalt falsch und durch die technischen Fakten widerlegbar ist, überprüfen die Journalisten nichts und reiben sich die Hände: So nimmt die Fortsetzungsgeschichte der Affäre Kerviel ihren Lauf. Pierre Lazareff, der Chefredakteur von *France Soir*, der großen Boulevardzeitung der Nachkriegsjahre, hat in einer berühmten Formulierung einmal die Risiken jeder Krisensituation zusammengefasst: Für einen Journalisten, sagte er maliziös, »ist ein Gerücht eine Information und ein Dementi eine weitere Information«. Für die Medien zählt bei einer Affäre, die es auf die Titelseite schafft, dass sie die Neugier des Publikums befriedigt, die Qualität der »Information« spielt dabei keine Rolle.

Gegen Mittag erstattet der Anwalt eines Kleinaktionärs, der sich darauf spezialisiert hat, bei allen Finanzangelegenheiten, die große Unternehmen betreffen, die Minderheiten zu vertreten, in Paris Anzeige gegen Unbekannt wegen »Betrugs, Untreue, Fälschung von Dokumenten und Verwendung gefälschter Dokumente, Mittäterschaft und Hehlerei«. Die Staatsanwaltschaft von Paris eröffnet ein Ermittlungsverfahren, das der Finanzpolizei übertragen wird.

13 Uhr 00

Für die Nachrichtensendungen im Fernsehen ist die Affäre das große Thema: »Spektakulärer Coup in der Bankenwelt«, »Leichen im Keller der Société Générale«, »Größter Betrugsfall in der Finanzgeschichte«, »Ein Donnerschlag«, »Die Société Générale im Sturm«, »Sprachlosigkeit«, »Wut« und so weiter.

Ich weiß, dass die Auswirkungen enorm sein werden. Ich ahne, dass wir uns immer wieder dazu äußern müssen, um überzeugend zu sein. Ich habe keine Presseinterviews geplant, um in der ersten Phase, bei der Verbreitung der Information, nicht eine Zeitung zu bevorzugen. Allerdings wollte ich dem *Figaro* ein Interview mit Daniel am übernächsten Tag vorschlagen, als Beginn von Phase zwei, der Mitteilung von Einzelheiten, die nach und nach aus den Berichten der Revisoren hervorgehen.

Stattdessen organisiere ich ein Hintergrundgespräch beim Mittagessen für die Redaktion der »zuverlässigsten« französischen Wirtschaftszeitung (wie es in ihrer Werbung heißt), die Meinungsführer bei den Großunternehmen und den großen Investoren ist. Die Stimmung bei dem Mittagessen ist entspannt. Es beginnt höflich, die Journalisten stellen zunächst persönliche Fragen *off the record,* wie ein Unternehmensverantwortlicher eine solche Krise erlebt. Daniel antwortet knapp: »Für mich war es ein Schlag in die Magengrube.«

Es folgen viele technische Fragen, Fragen zur Analyse der Krise und zu den weiteren Entwicklungen. Vom Speisesaal des Vorstands der Société Générale in dem gläsernen Turm von La Défense blickt man über ganz Paris. Aus 200 Metern Höhe sieht die Stadt so ruhig aus wie jeden Tag. Auch das gehört zu einer Katastrophe: Die Welt geht weiter, wenn bei einem selbst alles explodiert. Ich registriere, dass Daniel kaum etwas isst.

Unterdessen versammelt Jean-Pierre Mustier seine dreihundert wichtigsten Leute aus den Handelsräumen im Auditorium. Die Stimmung ist düster; es gibt keine Aggressivität, sondern den Wunsch, zu verstehen, ein starkes Gefühl der Demütigung, das Verlangen, Positives über die Zukunft zu hören, aber auch – Sorgen um die Bonuszahlungen im März! Unverbesserliche Händler. Viele Fragen zum Vorgehen des Betrügers, zu möglichen Komplizen, den Konsequenzen für die Kunden, Gehältern, eingesetztem Eigenkapital, den Summen, um die es geht, zu Rücktritten. Warum dieser und jener? Können sie vielleicht zurückkommen, wenn die Untersuchungen abgeschlossen sind? Alle verlassen das Auditorium schweigend und kehren bedrückt in ihre Büros zurück; die meisten vergessen sogar den Gang in die Kantine.

15 Uhr 00

Daniel Bouton, Frédéric Oudéa und Jean-Pierre Mustier treffen sich im Halbstundenrhythmus zu Vieraugengesprächen mit den Großinvestoren der Bank, um den Betrug und seine Folgen zu erläutern.

17 Uhr 45

Der Generalsekretär der Bank fährt zum Gericht von Nanterre und erstattet dort Anzeige im Namen der Bank.

Zur selben Zeit erreicht mich eine Meldung von Agence France Presse. Daniel hat sich in einem Interview mit France Info über den Händler ausgelassen. Wir waren übereingekommen, ihn nie in der Öffentlichkeit zu attackieren, damit sich nicht alles auf seine Person konzentriert. Aber inzwischen ist die Spannung zu groß. Nach den fünf schrecklichen Tagen, die hinter Daniel liegen, ist er vollkommen erschöpft. Ich lese seine Worte: »dieser Betrüger … Gauner … Terrorist«. Er hat sich von seinem Bauch leiten lassen, nicht von seinem Gehirn – Daniel, der rationalste Mensch, den ich kenne. Es ist ein Kommunikationsdesaster. Die Bank muss unbedingt eine Institution bleiben, sich gelassen und vernünftig äußern, transparente Informationen vorlegen. Durch Daniels Interview wird das Ganze nun zu einem Kampf David gegen Goliath: die große Bank gegen einen einzelnen Beschuldigten. Der mutmaßliche Schuldige wird zur Zielscheibe und damit potenziell zum Opfer.

Ich bin wütend. Daniel hätte den Mund halten sollen. Wir hatten entschieden, bevorzugt mit Printmedien zu reden: Die Komplexität des Sachverhalts braucht eine gründliche Darstellung. In Krisensituationen muss man schweigen können, die Türen schließen. Aber die 13-Uhr-Schlagzeilen haben die Agenturen beunruhigt, die bei Pressekontakten für uns arbeiten. Sie meinten, man müsse sich vor den Abendnachrichten um 20 Uhr im Radio »zu Wort melden«. Ich gab nach, betonte noch einmal, dass wir unbedingt bei der vereinbarten Linie bleiben müssten: den Kunden und den Mitarbeitern Sicherheit vermitteln, Punkt. Ich begreife, dass es ein Fehler war, die Zügel zu lockern. Bei dem Tempo ist das Medien-Pferd nicht mehr im Zaum zu halten.

Das Interview mit France Info wurde am Nachmittag aufgezeichnet. Ich war nicht dabei, weil ich zeitgleich ein Gespräch mit meinen Leuten hatte. Nachher habe ich mich erkundigt.

»Ist alles gut gelaufen«, sagte man mir.

Und mit dieser Antwort habe ich mich zufrieden gegeben. Ich bereue es bitter. Ich höre den Beitrag auf France Info. Sofort weiß ich, spüre ich, dass diese 30 Sekunden unseren Medienkampf enorm belasten werden. Der weitere Gang der Dinge gibt mir Recht. Aber da ist es zu spät, das Unglück ist bereits geschehen.

18 Uhr 00

Die siebenhundert wichtigsten Mitarbeiter der Bank sind im Foyer der Grande Arche von La Défense versammelt. Auf dem Podium erzählen die Führungsleute, wie sie seit dem 20. Januar mit der Krise umgegangen sind, was sie verhindert haben. Zum ersten Mal stockt Daniel die Stimme, seine Augen werden rot. Die Gefühle überwältigen ihn, ich weiß, dass er seit Sonntag nicht mehr geschlafen hat. Eine Träne quillt, schimmert, er bringt kein Wort mehr heraus. Zum ersten Mal seit fünf Tagen knickt er ein. Jean-Pierre übernimmt für ihn, er lässt sich nichts anmerken. Daniel fängt sich langsam wieder, erzählt weiter. Es werden nicht viele Fragen gestellt. Schon bis zur ersten Frage dauert es eine Weile, drei oder vier weitere folgen, alle drehen sich um die Zukunft der Bank. Die Stimmung gleicht der bei einer Beerdigung.

18 Uhr 50

Die Pariser Staatsanwaltschaft teilt mit, dass sie aufgrund der Anzeige gegen Unbekannt, die ein Anwalt im Namen einiger Aktionäre der Bank am Morgen erstattet hat, Ermittlungen wegen schweren Betrugs zu Lasten der Société Générale, Schaden 4,9 Milliarden Euro, eingeleitet hat. Sie bittet die Staatsanwaltschaft von Nanterre, den Fall an Paris abzugeben, weil Paris die zuständige Schwerpunktstaatsanwaltschaft ist. Der Staatsanwalt in Nanterre schäumt vor Wut.

19 Uhr 00

Unsere Betriebsärztin Martine ruft mich an und fragt, wie es mir geht.

»Es ist hart, aber ich halte mich.«

»Kommen Sie bei mir vorbei, sobald Sie Zeit haben.«

»Ich habe keine Zeit.«

»Wissen Sie, alle Vorstandsmitglieder sind zu mir gekommen, ich kümmere mich um sie.«

»Danke, das ist sehr aufmerksam. Ich komme im Lauf der Woche vorbei.«

Die Radio- und Fernsehsender verbreiten »Informationen« und stützen sich dabei auf Experten, die neue Kontroversen eröffnen, Aufsehen erregen wollen, Spektakel, Action erleben wollen.

Die Anwältin von Jérôme Kerviel stellt sich den Kameras.

»Mein Klient ist nicht flüchtig, er steht der Justiz zur Verfügung und erwartet die schriftliche Kündigung, die ihm am Sonntag mündlich mitgeteilt wurde.«

Ein Berater, der gerade in Davos ist, sagt auf TF1:

»Niemand hat eine überzeugende Erklärung. Es ist unklar, wie der Betrug abgelaufen ist.«

Nur der Gouverneur der französischen Zentralbank äußert sich positiv über die Bank, denn es ist seine Aufgabe, zu beruhigen:

»Die Kontrollen im Zusammenhang mit den Subprimes haben sehr gut funktioniert, die Bank ist auf dem höchsten Kontrollniveau, das man heute weltweit hinsichtlich Subprime-Risiken findet.« Und er fügt noch hinzu: »Die Kunden können vollkommen beruhigt sein, und die Société Générale steht dank der Kapitalerhöhung noch solider da als zuvor.«

Aber niemand hört ihm zu. Auf M6 bezweifelt der Chefredakteur der Website *Investir*, dass ein Mann allein einen solchen Betrug begangen haben kann. Es folgt ein Interview mit dem Anwalt der Kleinanleger, die Anzeige erstattet haben. Auf TF1 spricht ein Analyst von der »sehr destabilisierenden Wirkung auf die Mitarbeiter«. Der Moderator erläutert, wie viel fünf Milliarden Euro sind: »55.000 Sozialwohnungen, 300 Schulen, 25 Airbus A380.« Ein Ökonom nimmt die Bank ins Visier: »Die Société Générale soll das Thema Betrug in den Vordergrund gestellt haben, um mehrere schlechte Transaktionen am Markt zu verschleiern.« Er stützt damit die These von Jérômes Anwältin am Morgen.

Andere Experten, oft schnell aus dem Hut gezaubert, glauben der Erklärung der Bank ebenfalls nicht.

»Das kann nicht die Tat eines Einzelnen sein, auch kein Fall von Versagen der Kontrollsysteme. Es muss interne Komplizen geben.«

21 Uhr 00

Sitzung des Krisenstabs. Bilanz des heutigen Tages. Ich schildere, welche Fragen die Journalisten bei der Pressekonferenz am Nachmittag gestellt haben: technische Fragen zu den Modalitäten des Betrugs. Aber einige Punkte bleiben offen. Viele Profis haben den Eindruck, dass man ihnen etwas verschweigt. Unsere Konkurrenten haben begonnen, mit den Wölfen zu heulen. Manche finden, so etwas sei einfach nicht möglich. Vertraulich sagen sie den Journalisten: »Man kann nicht unbemerkt eine Position von 50 Milliarden aufbauen.« »Man kann nicht innerhalb von drei Tagen eine Kapitalerhöhung auf den Weg bringen.« Sie denken, dass wir alles wussten und die Wahrheit vertuscht haben. Glücklicherweise gibt es noch keinerlei Meldungen, dass Kunden in unseren Filialen Konten auflösen. Von den Großkunden kommen viele Bitten um Erklärungen.

Es gelingt mir nicht, mir alle Informationen von den Revisoren und Controllern zu beschaffen. Sie geben mir zu verstehen, dass es zeitraubend und schwierig ist, den gesamten Film zu rekonstruieren: alle Gespräche anhören, alle Transaktionen durchgehen – Tausende pro Tag über einen Zeitraum von zwei Jahren –, nachvollziehen, wie acht Kontrollebenen ausgetrickst wurden. Die präzise Untersuchung und die Berichterstattung der Medien laufen mit unterschiedlichen Geschwindigkeiten ab. Es ist ein ungleiches Rennen.

FREITAG, 25. JANUAR 2008

9 Uhr 00

Die Informationsschlacht hat begonnen. Ich beschließe, unseren Krisenstab dreimal am Tag zusammenzurufen, ein erstes Mal um 9 Uhr. Beim zweiten Meeting um 15 Uhr werden wir die Berichterstattung der Mittagsnachrichten im Fernsehen analysieren und alle Fragen durchgehen, die Journalisten im Lauf des Vormittags gestellt haben. Beim dritten Meeting um

18 Uhr schauen wir uns an, welche Themen am Nachmittag behandelt wurden, erörtern, was am nächsten Tag in den Zeitungen stehen könnte, und versuchen, auf die schlimmste Berichterstattung womöglich noch Einfluss zu nehmen. Ich habe beschlossen, erst relativ spät am Tag anzufangen; 1999, bei dem Übernahmeversuch der BNP, haben wir schon zwei Stunden früher begonnen, aber da waren die Leute schnell erschöpft. Die Mitglieder des Krisenstabs verlassen das Büro erst spät am Abend, weil sie sowieso lange zu tun haben und aus Angst, eine Information zu verpassen. Die Aufgabe desjenigen, der in der Krise das Ruder in der Hand hat, besteht zu einem großen Teil darin, die Planung für jeden Einzelnen menschlich zu gestalten und die üblichen Bürozeiten zu respektieren. Schwierig ist es, die Mitarbeiter auf zwei Teams zu verteilen: Das Team, das den laufenden Betrieb aufrecht erhalten soll, fühlt sich zurückgesetzt, dabei ist seine Aufgabe ganz wesentlich.

An diesem Freitagmorgen sind alle versammelt. Der Medienlärm gestern war mit 380 EML gigantisch [100 Einheiten Medienlärm – EML – bedeuten, dass die Bevölkerung zu 100 Prozent von einer Information erreicht wurde; 380 EML bedeuten, dass die Bevölkerung im Lauf des Tages 3,8-mal zu 100 Prozent erreicht wurde]. Üblicherweise werden in den 20-Uhr-Nachrichten fünfzehn Themen angesprochen, und die Fernsehzuschauer erinnern sich eine Stunde danach an höchstens drei, vor allem an jene, die über mehrere Tage hinweg immer wieder auftauchen. Ansonsten haben wir alle das Gedächtnis von Goldfischen. In unserem Fall hört jeder die Information mehr als drei Mal am Tag; entsprechend hinterlässt sie im Gedächtnis eine starke Spur. Der EML-Index misst nur die Reichweite von Presse, Radio und Fernsehen. Das Internet ist ebenfalls sehr dicht bestückt, vor allem mit den Artikeln der Online-Presse. Sieben Blogs sind entstanden, zwei davon bringen auch Filme: abgewandelte Werbespots, die sogar ziemlich lustig sind.

Die Mappe mit der Presseschau wiegt drei Kilo. Der Umfang ist so groß, dass unser Kommunikationsteam mit Zusammenfassungen arbeitet, die die Agenturen morgens zwischen fünf und sieben Uhr erstellen; so gewinnen wir wertvolle Zeit. Die Zusammenfassung der französischen Presse kommt um sieben Uhr, die der englischen gegen acht Uhr, die aus Asien trifft in der Nacht ein. Die Mitglieder des Comex lesen nur die Zusammenfassungen und höchstens fünf komplette Artikel pro Tag: Unsere Leute wählen die fünf am besten strukturierten für sie aus.

Der Inhalt zeigt, dass die Wogen der Emotion hoch schlagen. Es gibt noch keine wirkliche Analyse. In dieser Phase der Enthüllungen dreht sich alles um die Worte »Erdbeben, ungeheuerlicher Betrug, unwahrscheinlich, Verlust von sieben Milliarden, größte Unterschlagung aller Zeiten, Hehlerei, Opfer, Genie, Anzeigen, Ermittlungsverfahren, starker Einbruch der Aktie, einmalig in der Finanzgeschichte, keine negativen Folgen für die Kunden, Jérôme Kerviel übertrifft Nick Leeson, Gerüchte über eine Übernahme, Zockerei, Spekulation, Arroganz, Derivate weltweit in der Kritik, Fassungslosigkeit, Kontrollversagen, Rücktritt, Sturmwolken, enorme Verluste«.

Die Mitarbeiter, die die Presse auswerten, haben eine Liste aller gestellten Fragen angelegt. Viele beziehen sich auf die Persönlichkeit des Händlers, seine Vorgehensweise und die Kontrollsysteme der Bank. Unsere Konkurrenten haben bereits Stein und Bein geschworen, dass bei ihnen etwas in dieser Höhe unmöglich wäre. Die Journalisten melden erste Zweifel an unserer Darstellung des Ablaufs an, die ihnen zu simpel erscheint, um wahr sein zu können. Auch um die Auflösung der Position gibt es Diskussionen: Musste man es wirklich machen, als die Märkte so fielen und der Verlust dadurch so groß wurde? Hat die Auflösung womöglich den Einbruch der Indizes und die drastische Zinssenkung der amerikanischen Notenbank am letzten Dienstag provoziert? Auch politische Fragen werden gestellt. Warum hat Daniel Bouton Nicolas Sarkozy nicht informiert, immerhin ist er der Staatspräsident? Warum tritt Daniel nicht zurück?

Ich verteile die Aufgaben, wer welche Antworten übernimmt, und stelle Arbeitsgruppen zusammen: Presse, interne Kommunikation, Schlüsselbotschaften, Werbung, Kommunikation mit den Kunden, Information der Aktionäre und so weiter.

10 Uhr 00

Der *Figaro* macht das Interview mit Daniel. Ich habe diese Zeitung ausgewählt, weil sie von unseren Privatanlegern am meisten gelesen wird. Alle Mitarbeiter der Bank wurden per Mail informiert. Jedem Kunden wurde ein Kundenberater zugewiesen, der seine Fragen beantwortet oder ihm geschrieben hat (per Brief oder E-Mail). Die institutionellen Investoren und die Finanzanalysten erhalten direkt mündliche oder schriftliche Informationen von der Bank, online und offline, und indirekt über ihre Informationsdienste Bloomberg oder Reuters. Von den 300.000 Privatanlegern hingegen hat ein Drittel kein Bankkonto bei der Société Générale, und nur die Hälfte besitzt einen Computer mit einer schnellen ADSL-Internetverbindung. Um diese Lücke wenigstens teilweise zu schließen, habe ich eine der beiden wichtigsten Tageszeitungen des Landes ausgewählt. Die andere wichtige ist *Le Monde,* sie ist international und bei den Angestellten, aber auch im Netz mit Abstand die einflussreichere, deshalb habe ich sie mir für den zweiten Schritt aufgespart. Der Artikel im *Figaro* wird

am Samstag, dem 26. Januar, erscheinen, das heißt, vierundzwanzig Stunden nach der ersten großen Flutwelle. Die
Reichweite des *Figaro* liegt, alle Plattformen zusammenge-
nommen, immerhin bei über fünf Millionen, das entspricht
den Zuschauerzahlen der Nachrichtensendung von France2,
aber die *Figaro*-Leser haben einen höheren Lebensstandard
und ein höheres Bildungsniveau.

Ich werde Daniels Antworten lesen und korrigieren, bevor
das Interview in Druck geht, das habe ich mit der Zeitung aus-
gehandelt als Gegenleistung dafür, dass wir ihr Exklusivität garantieren. Es ist nicht ganz Fair Play, aber bei Interviews mit
Unternehmensführern und Politikern die Regel. Wir sind in
Frankreich und nicht in den Vereinigten Staaten.

15 Uhr 00

In den 13-Uhr-Nachrichten war die Affäre das Topthema. Der
Druck nimmt nicht ab, einige »Experten« melden erneut
Zweifel an der Darstellung der Bank an und sprechen davon,
dass Dinge verheimlicht wurden und der *rogue trader* gewissermaßen nur als Sichtschutz herhalten soll.

Ich beschließe, eine vereinfachte Version der Erläuterung zu
verbreiten, die wir am Mittwochabend dem Gouverneur der
Zentralbank übergeben haben. Sie ist sehr technisch, das zeigt
die Komplexität der Angelegenheit. Wir werden sie am Sonntag, dem 27. Januar, gegen Mittag abgeben, damit sie in den
20-Uhr-Nachrichten und in den Montagszeitungen auftaucht.
Die Bank wird zwei Telefonkonferenzen mit der Presse an-
setzen, die erste mit der französischen, die zweite mit der ausländischen Presse. Ich werde für etwas später ein Interview mit
einer großen Wochenzeitung organisieren, *L'Express, Le Nouvel
Observateur* oder *Le Point*. Vielleicht auch *Paris Match*, je nach Inhalt. Um das Ganze abzurunden, werde ich Daniel gleich zu

Anfang der Woche, am Montag, dem 28., in die Morgensendung eines allgemeinen Radiosenders schicken. Da fällt die Wahl nicht schwer: Die einflussreichsten Sendungen zwischen sieben und neun Uhr sind die von Jean-Pierre Elkabbach auf Europe 1 und von Jean-Michel Apathie auf RTL. Wenn das nicht ausreicht, bleibt immer noch ein Fernsehauftritt in einer Nachrichtensendung um 20 Uhr. Das werde ich Mitte der Woche entscheiden, je nach der weiteren Entwicklung.

18 Uhr 00

Die Erklärung auf der Grundlage des (vertraulichen) Dokuments, das der Gouverneur der Zentralbank am Abend des 23. Januar erhalten hat, wurde überarbeitet zu einer Endversion, die an die Verantwortlichen des Bankensektors weltweit geht. Sie ist doppelt so lang wie der Text vom Mittwoch, mit Dokumenten und Zahlen unterfüttert, aber der Kern ist derselbe, und die Schilderung des Betrugs ist identisch mit der, die wir der Presse am Donnerstag, dem 24. Januar, gegeben haben.

Daniel ist in seinem Büro, zusammen mit Jean-Pierre und den Revisoren. Sie sitzen schweigend um seinen runden Marmortisch. Daniel liest den Text, in der einen Hand hält er die Blätter, mit der anderen streicht er sich langsam über die Stirn. Er lässt sich Zeit, liest langsam, nimmt jedes Wort auf: Das hat er sich angewöhnt, als er für seine Examen büffelte. Er ist konzentriert, als gelte es, den Text eines Theaterstücks zu lernen. Nur dass das Publikum nicht in freudiger Erwartung ist. Mit ermüdendender Langsamkeit blättert er um. Mir dauert es zu lange, ich hätte lieber, dass er sich beeilt. Daniel spürt allmählich die Auswirkungen der anstrengendsten Woche seines Lebens. Er liest mit einer Geschwindigkeit von etwa fünfzig Wörtern pro Minute, das ist extrem langsam, Untergrenze. Bei der letzten Zeile angekommen, hält er inne, nimmt seinen

Stift und unterschreibt. Er hat das Dokument seit der ersten Version von Sonntag, 20. Januar, 14 Uhr, nun zum zwanzigsten Mal gelesen. Er hat sich jede Änderung und Ergänzung aus jeder Fassung eingeprägt.

22 Uhr 00

Meeting des Krisenstabs. Am Tisch sitzen außer den Verantwortlichen der Bank auch die Großkundenberater wegen der Kapitalerhöhung, die Juristen und die für Organisatorisches zuständigen Mitglieder, die die Liste aller gestellten Fragen aktualisieren, festlegen, welcher Verantwortliche sie am besten beantworten kann, die Antworten absegnen und sie in einem gesicherten Intranet veröffentlichen, zu dem nur die Angehörigen der Teams Zugang haben, die für die Pressekontakte und die Kontakte zu den Investoren zuständig sind. Sie kümmern sich auch um die Bedürfnisse aller: Verpflegung, Ruhe, Schreibkräfte, Computer, Drucker. Sie verfolgen die Entwicklung der Ausgaben und die Kosten der Krise. Sie registrieren alles, notieren alles, unterstützen alle und sind das unsichtbare Herz des Krisenmanagements. Séverin, der für die organisatorischen Fragen zuständig ist, leitet dieses Team.

Die Agenda ist lang, wir beginnen mit einem Überblick über die Berichterstattung in den Medien: erschienene Artikel, Anfragen, Erwartungen und Vermutungen, was morgen passieren wird. Eines ist klar: Wir müssen an diesem Wochenende viel mehr Details herausgeben, damit die Affäre besser verstanden wird. Als Nächstes geht es um die Kapitalerhöhung. Sie ist garantiert, aber es müssen noch etliche geprüfte Dokumente beigebracht werden: die Bilanz der Bank inklusive der Beträge, die auf den Betrug entfallen, die steuerlichen Aspekte, eine Übersicht zum Fortgang der Untersuchung, eine Erklärung, dass die Wahrheit der Darstellung in dem

Bericht für die Zentralbank entspricht, wir benötigen ein Emissionskonsortium für die Ausgabe der neuen Aktien, müssen die Möglichkeit klären, die Aktien auch in anderen Ländern, vor allem europäischen, zu emittieren, weiterhin die Möglichkeit einer speziellen Platzierung ausschließlich bei gegenwärtigen Aktionären in den Vereinigten Staaten, und vor allem brauchen wir sämtliche Stempel der Finanzmarktaufsicht. Wenn all das vorliegt, könnte die Zeichnungsfrist für die neuen Aktien in drei Wochen beginnen. Die Aufgabe ist gewaltig, und es ist nicht sicher, dass wir es schaffen. Außerdem müssen wir die anderen Notfallpläne – Staatsfonds oder Fusion – weiter verfolgen.

Ich notiere mir: »Operation nicht absolut garantiert«. Ich mache mir eine Liste der Aufgaben, die zu erledigen sind, damit wir es schaffen. Meine Handschrift ist ganz zerfahren, ich habe Konzentrationsschwierigkeiten, denke an tausend Sachen gleichzeitig. Ich spüre ein Pochen in meinen Adern. Und ich bin sehr müde. Seit einer Woche schlafe ich nicht mehr, lebe ich nicht mehr.

Das Meeting geht weiter. An unseren Schaltern in Frankreich werden enorm viele Fragen gestellt, die Filialen registrieren, dass im Vergleich zum selben Zeitpunkt im Vorjahr doppelt so viele Konten aufgelöst wurden, die meisten laufenden Geschäfte (Zeichnung von Finanzprodukten, Spar- und Versicherungsgeschäft) stagnieren. Der Privatkundenbereich konstatiert, dass in erheblichem Umfang Gelder abgezogen werden. Im Investmentbanking ist die Unterstützung der französischen und europäischen Großkunden stark, aber in den Vereinigten Staaten werden Geschäfte annulliert. Das Privatkundengeschäft im Ausland? Nichts Auffälliges. Das Fahrzeug-Leasinggeschäft? Ebenso nichts Auffälliges. Bei der Vermögensverwaltung: große Abflüsse. Alles in allem ist es hart, aber keine Katastrophe. Es gibt keine Schlangen vor den Bankschaltern, der Rückgang der Geschäftstätigkeit ist noch nicht dramatisch. Aber der Medienrummel darf nicht so weitergehen. Jede neue Meldung führt dazu, dass die Kunden mehr Geld abziehen. Deshalb besteht meine Strategie von Anfang an darin, alles so früh wie möglich auf den Tisch zu legen. Ich versuche zu vermeiden, dass die Sache dauernd wieder hochkommt.

SAMSTAG, 26. JANUAR 2008

Wochenende. Die meisten Journalisten machen Pause. Die Mitglieder des Krisenstabs arbeiten doppelt so viel wie üblich, aber ganz leger gekleidet – alles ändert sich. Alle haben volle Tagesprogramme: juristische Fragen, Abschluss der *due diligence* für die Kapitalerhöhung, das Geschäft wieder in Gang bringen, Kommunikationstermine.

Das erklärende Dossier, das auf der Basis des Referenztextes erarbeitet wurde, den Daniel gestern unterzeichnet hat, muss gegen Mittag rausgehen. Die Journalisten werden gegen zehn Uhr informiert. Ein Dutzend der qualifiziertesten, vor allem englischsprachige, wissen, dass an diesem Sonntag ein Kommuniqué kommen wird: Sie *off the record* vorab zu informieren war die einzige Möglichkeit, ihren Jagdeifer angesichts angeblich »gähnender Löcher« in den Erklärungen der Bank zu dämpfen. Tatsächlich geben inzwischen unsere Konkurrenten vor, wo nachgebohrt werden soll, und genießen das.

8 Uhr 30

Hausdurchsuchung bei dem Händler. AFP berichtet: »Es ist nicht bekannt, was die Ermittler mitgenommen haben, aber sie sind jedenfalls mit vollen Händen wieder gegangen.« Der

Journalist merkt noch an, dass das Appartement seit mehreren Wochen unbewohnt war. Er erwähnt auch, dass die Ermittler am Sitz der Société Générale in La Défense Datenspeicher beschlagnahmt haben. Andere, bereits bekannte Informationen werden wiederholt: Jérôme Kerviel ist nicht auf der Flucht, er hat sich nicht persönlich bereichert.

13 Uhr 00

In einer Reportage in der Mittagsnachrichtensendung geht es vorrangig um Fragen und Zweifel hinsichtlich möglicher Komplizen, um Vertuschung und Insiderhandel: »Der Polizeigewahrsam dürfte Antworten auf die Fragen der Finanzfahnder bringen, die nach Komplizen suchen, verstehen wollen, warum die Bank mit der Anzeigeerstattung so lange gewartet hat und warum es vor der Bekanntgabe der Affäre starke Kursbewegungen bei der Aktie der Société Générale gab.« Die Reportage beginnt mit Bildern vom Hauptquartier der Finanzfahnder, die zeigen, wie der Wagen mit dem Händler vorfährt. Es ist die Rede von Vorwürfen gegen den »Händler-Hacker« (sic), die als »Hypothese der Société Générale« dargestellt werden. Der Journalist präzisiert, es sei »sehr bequem für die Bank, einen Einzelnen zu beschuldigen«. Erneut wird gefragt, warum man zwischen der Entdeckung des Betrugs und seiner Bekanntgabe Zeit habe verstreichen lassen.

Der Händler kommt in Polizeigewahrsam. Über ihn heißt es, er sei »kooperativ, weder niedergeschlagen noch deprimiert«.

19 Uhr 00

Besprechung mit Daniel Bouton, Philippe Citerne, Jean-Pierre Mustier und einem Großkundenberater. Ich lese den Entwurf mit dem Titel »Erläuterungen« noch einmal durch, der alle Einzelheiten des Betrugsvorgangs schildert. Er ist halb so lang wie das Referenzdokument für die Zentralbank, aber es steht alles darin. Ich ergreife das Wort.

»Einerseits sind wir damit vollkommen transparent, und das ist ein Trumpf. Aber wenn wir die Methoden des Betrugs glasklar erläutern, wird man begreifen, dass das, was uns passiert ist, auch jeder anderen Bank passieren kann. Das Statement wird eine Heidenangst verbreiten. Das muss man wissen.«

»Es ist systemisch«, sagt Jean-Pierre.

[Schweigen.]

»Hugues, Sie lesen das noch mal durch und streichen alles, was eine Panik auslösen könnte«, sagt Daniel.

»Ich zeichne es dann ab«, schaltet sich Philippe ein. »Daniel, gehen Sie nach Hause, Sie sind müde, Sie haben seit einer Woche nicht mehr geschlafen.«

Daniel ist wirklich am Ende, er war von Anfang an im Einsatz. Er spricht schleppend.

»Ja«, pflichtet Jean-Pierre bei, »was Sie in den letzten sieben Tagen geleistet haben, ist enorm. Ruhen Sie sich zwölf Stunden aus, wir kümmern uns um alles.«

»Einverstanden. Philippe, Sie zeichnen das für die 22-Uhr-Nachrichten ab und schicken es mir an meine private E-Mail-Adresse. Ich gehe für eine Stunde auf die Hochzeit der Tochter eines Freundes. Wenn ich zurück bin, lese ich es.«

»Nehmen Sie Tabletten«, rät ihm Philippe, »anders geht es im Moment nicht. Sie müssen ordentlich schlafen, Sie brauchen Kraft für die nächsten Wochen. Kommen Sie nicht vor morgen Mittag zurück. Wir regeln alles. Kann ich Sie noch fünf Minuten unter vier Augen sprechen?«

20 Uhr 00

Philippe zieht sich mit Daniel in einen anderen Raum zurück. Die beiden Chefs sprechen über Daniels Termin im Élysée morgen um 19 Uhr 30. Ich arbeite mit den Juristen und den Bankern an dem Entwurf der »Erläuterung«.

21 Uhr 00

Die endgültige Version des Dokuments ist ausgedruckt. Ich gehe zum Büro von Philippe Citerne. Dabei komme ich an einer offenen Tür vorbei, in dem Raum dahinter sehe ich Daniel. Ich wundere mich, dass er nicht heimgegangen ist. Philippe ist bei ihm. Daniel macht mir ein Zeichen, dass ich eintreten soll. Ich habe ihn noch nie so gesehen: gerötete Augen, zerfurchtes Gesicht. Er wirkt angespannt und verzweifelt. Philippe spricht:

»Daniel geht morgen in den Élysée, ich habe Hinweise bekommen, ich weiß, was man ihm sagen wird …«

»Und zwar?«

»Man wird ihm sagen, dass er die Fusion mit BNP Paribas in die Wege leiten und dann zurücktreten soll, sonst wandert er für zehn Jahre in den Knast.«

In der weiteren Diskussion treibt jeder die Befürchtungen noch mehr in die Höhe. Angst breitet sich im Raum aus, sie ist förmlich mit Händen zu greifen.

In dem Hin und Her verstärken sich ihre jeweiligen Fehler wechselseitig, während sich vor der Krise ihre Qualitäten ergänzt haben. Daniel Bouton war der technokratische Intellektuelle, der Harte, der Boss. Philippe Citerne verkörperte den Mann aus dem Volk, den menschlichen Chef. Jetzt setzt Philippe Daniel, der nicht mehr kann, unter Druck. Philippe belastet ihn noch weiter, überschüttet ihn mit gefährlichen Gedanken. Philippe selbst kippt einen Whisky nach dem anderen. Je dünner Daniel wird, desto aufgeschwemmter wird Philippe. Er hat Angst, das sieht man an seinem Gesicht, seinen Gesten, man merkt es an seinen Gedanken, die durcheinander gehen. Er zweifelt, dass die Kapitalerhöhung ein Erfolg wird, würde die Sache lieber unabhängig von der Börse mit Staatsfonds regeln. Oder sich mit der BNP einigen.

Schließlich fährt Daniel doch noch zu der Hochzeit der Tochter seines Freundes. In dem Zusammenhang, in dem er das Wort »Hochzeit« ausspricht, hat es einen besonders bitteren Beigeschmack: Er muss der Möglichkeit ins Auge sehen, sich seinem Konkurrenten in die Arme zu werfen, einem Konkurrenten, dessen Angebot er schon einmal ausgeschlagen hat. Daniel ist total deprimiert. Ich finde keine Worte, um ihn zu beruhigen, und vergewissere mich noch, dass Philippe die fertige Erklärung auch wirklich abzeichnet. Philippe versichert mir, dass er postwendend seine Signatur darunter setzen wird. Ich kehre in mein Büro zurück. Gegen 22 Uhr 30 schicke ich die Mail ab und gehe dann nach Hause.

SONNTAG, 27. JANUAR 2008

Ich liege im Bett, schaue zum zehnten Mal auf meine Uhr – immerhin schon vier Uhr. Ich bin erleichtert. Die durchwachten Nächte dehnen sich endlos, noch über zwei Stunden, bis ich meine zwei Scheiben Brot mit Butter in den Kaffee tunken kann, statt Marmelade gibt es Zeitungen. Die Zeitungen liegen jeden Tag im Morgengrauen im Briefkasten. Nach dem Frühstück gehe ich ins Büro. Die Affäre Kerviel nimmt mich total in Beschlag, ich bin regelrecht besessen davon. Doch obwohl ich so erschöpft bin, bekomme ich kein Auge zu. Ich wälze mich hin und her, versuche, an etwas anderes zu denken. Ich blicke zu meiner Frau hinüber und registriere, dass ich jetzt seit genau einer Woche nicht mehr aus der Bank herausgekommen bin, nichts anderes mehr gespürt habe als das Adrenalin von Stress und Krise. Meine Frau schläft wie ein Baby, ich lächle. Um sechs Uhr schaue ich auf meinen Blackberry und finde eine Mail von Jean-Pierre Mustier: »Ruf mich sofort an. Das Kommuniqué ist nicht abgezeichnet, es kann nicht rausgehen.«

Ich rufe Jean-Pierre an. Er hat auch nicht geschlafen. Wir verabreden uns im Büro. Was er zu sagen hat, lässt sich nicht am Telefon besprechen.

Ich hole die Zeitung aus dem Briefkasten. In einem kurzen Artikel fasst der Sonderkorrespondent in Neu-Delhi ein informelles Journalistengespräch mit dem Präsidenten der Republik zusammen und schließt: »Auch wenn der Staat nicht Aktionär der französischen Bank ist, würde man im Élysée den Rücktritt ihres Vorstandsvorsitzenden Daniel Bouton begrüßen.« Im Wagen höre ich Nachrichten, sie kommen mir banal vor. Die Affäre Kerviel wird erst als drittes Thema erwähnt, sie ist nicht mehr die Hauptnachricht, was mich ein wenig erleichtert.

In der Bank schalte ich sofort meinen Computer ein und drucke den gesamten Text aus, der sich als Anhang bei der E-Mail befindet. Er wurde um 2 Uhr 30 am Morgen von Philippe Citerne abgezeichnet. Ich verstehe nicht, was los ist. Ich rufe Jean-Pierre auf dem Handy an:

»Ich bin gerade auf den Parkplatz gefahren und gehe in mein Büro. Komm rüber.«

Ich gehe zu ihm. Warum hat er mir um sechs Uhr morgens die Nachricht geschickt, dass die Verbreitung des Kommuniqués gestoppt werden soll? Das Dokument ist sehr wichtig; bei der Pressekonferenz wurden viele technische Fragen gestellt, manche waren wohl von der Konkurrenz lanciert. Allgemein herrscht der Eindruck, dass wir etwas verbergen. Die Journalisten finden sich nicht damit ab, dass sie nicht alles verstehen. Das wirkt umso dubioser, als die Bank seit Jahren um vollkommene Transparenz bemüht ist. Ich bin sicher: Wenn wir dieses Statement nicht veröffentlichen, werden sie uns lynchen. Wir verlieren jede Glaubwürdigkeit. Das wachsende Misstrauen hat Folgen bei den Kunden, für ihre Geschäfte mit der Bank und damit für die Zukunft der Bank. Die detaillierte Information ist unverzichtbar für die Kapitalerhöhung. Ohne Transparenz werden die Investoren nicht mitmachen. Wir müssen reagieren.

In seinem Büro werfe ich Jean-Pierre einen finsteren Blick zu und sage:

»Du machst dich lustig über mich, das Statement ist abgezeichnet, wir geben es am späten Vormittag raus.«

»Nein, da ist etwas, was du nicht weißt ...«

»Und das wäre?«

»Gestern Abend ist Daniel noch einmal zurückgekommen, als du schon gegangen warst, und hat gesagt, dass er nicht mehr kann, dass er den Stab an Philippe übergibt. Er nimmt Prozac [ein Antidepressivum], er ist am Ende.«

»Er hat ihm die Abzeichnung übertragen. Das Dokument ist abgezeichnet, hier, um 2 Uhr 30!«

»Nein, er hat ihm seine Vollmachten übertragen, er hat gesagt, dass von nun an Philippe die Zügel in der Hand hat.«

»Mein Job ist es, die Bank zu retten. Mir gibt nur Daniel Anweisungen. Er hat mir gesagt, ich soll dieses Statement rausbringen. Ich werde erst aufhören, wenn er mich direkt dazu auffordert.«

Ich bin fuchsteufelswild und gehe zu Philippes Büro. Er ist nicht da, das ist ungewöhnlich. Im Allgemeinen ist er um sieben Uhr morgens schon an der Arbeit. In Krisenzeiten schläft er regelmäßig im Büro, er hat dafür eigens ein Feldbett angeschafft. Unterwegs begegne ich Séverin, dem für Organisationsfragen des Krisenteams Verantwortlichen, er weiß auch nicht, wo Philippe sein könnte. Wann kommt er? Keine Ahnung! Das ist alles sehr merkwürdig.

Inzwischen ist es fast neun, und ich muss die Sitzung des Kommunikationskomitees leiten, in der ich die Teams und die Agenturen informieren werde, welche Argumentationslinien sie einschlagen sollen, und in der wir besprechen, welche Journalisten zu den beiden Telefonkonferenzen am Nachmittag, auf Französisch und auf Englisch, eingeladen werden sollen. Ich leite die Sitzung, aber verteile das Paper nicht, mit der Begründung, es seien noch ein paar unbedeutende Änderungen nötig; ich würde es ihnen später geben. Wir gehen alle Aspekte der Ankündigung und der internen Kommunikation durch, den Umgang mit Kunden, Presse, Aktionären, Frankreich und dem Rest der Welt.

Gegen zehn Uhr bin ich fertig. Philippe ist immer noch nicht aufgetaucht. Langsam ist mir sehr unbehaglich, und ich schreibe Daniel eine SMS: »Ich muss mit Ihnen sprechen.« Ich weiß, dass der Vorstandschef sich an diesem Morgen ausruhen soll, und habe gestern Abend gesehen, in welchem Zustand er sich befindet, deshalb rufe ich ihn nicht an. Wenige Minuten später ruft Daniel mich von seinem Handy aus an. Ich bitte ihn, schnell ins Büro zu kommen.

»Warum?«, fragt Daniel.

»Sie sind dabei, Ihren Platz einzunehmen.«

Daniel kommt um 10 Uhr 30, direkt in mein Büro. Ich frage ihn:

»Sind Sie gestern noch einmal ins Büro gegangen, nachdem Sie sich von mir verabschiedet haben?«

»Nein, warum?«

Ich berichte ihm von meinem Gespräch mit Jean-Pierre und dass Philippe unauffindbar ist, der grünes Licht geben sollte.

»Ich habe niemandem die Schlüssel der Bank überlassen«, sagt Daniel, der sehr verwirrt ist.

Ich rufe Jean-Pierre an:

»Ich verstehe nicht, was du mir vorhin gesagt hast, ich habe noch einmal nachgedacht: Gestern Abend war ich mit Philippe zusammen, wir haben gemeinsam gegessen, und ich erinnere mich nicht, Daniel noch einmal gesehen zu haben!«

»Hör zu, ich treibe kein politisches Spiel. Das hat Philippe mir gesagt, ich finde auch, dass das Paper rausgehen sollte.«

Daniel geht in sein Büro. Er bittet mich, das Paper mit den Beratern und einem Anwalt für Strafsachen noch ein letztes Mal durchzusprechen. Sie setzen sich an einen Tisch und lesen.

Philippe trifft gegen elf Uhr ein. Er sieht die *Task Force* an der Arbeit, weiß aber nicht, dass Daniel da ist. Er wird wütend und brüllt, er habe das Sagen und der Text werde nicht rausgehen, es seien zu viele Probleme damit verbunden, man müsse das erst mit der Finanzmarktaufsicht und den Wirtschaftsprüfern besprechen und so weiter. Er ist nervös, aufgebracht und sagt, er verbiete die Publikation.

Ich verlasse den Raum und komme drei Minuten später mit Daniel zurück. Philippe ist verblüfft, ihn zu sehen, hatte er ihm doch geraten, nicht vor Mittag wieder ins Büro zu kommen. Jawohl, Mittag: Genau dann wollten wir ursprünglich den Text an die Presse geben. Philippe argumentiert, verhaspelt sich, versucht, Witze zu machen. Daniel sagt, er sei der Vorstandschef, er zeichne das Kommuniqué ab. Ich verlasse den Raum mit dem Paper und informiere meine Leute.

Aus meiner Sicht wollte Philippe eine Zuspitzung der Situation, wollte, dass die Medien noch mehr auf Daniel einprügeln, wollte, dass Daniel unter dem Druck der Mitarbeiter, die selbst durch die Medien immer mehr verunsichert würden, einknickt – und dann wollte er Daniels Platz einnehmen. Oder der Stress hat ihm so zugesetzt, dass er jedes Urteilsvermögen verloren hat. Es gibt ja nicht nur die Affäre Kerviel. Philippe leitet die Investmentbank, die voll ist mit toxischen Wertpapieren, denen amerikanische Subprimes zugrunde liegen. Die Lage wird jeden Tag schwieriger und belastet alle. Schwarze Wolken ballen sich direkt über unseren Köpfen zusammen.

Langsam bin auch ich mit meinen Kräften am Ende. Dieses interne Manöver widert mich an. Es hatte mir Kraft gegeben zu sehen, dass alle an einem Strang ziehen, und diese positive Energie ist weg. Meine Adern schmerzen, in den Armen und hinter den Ohren. Ich schließe mein Büro ab, ziehe meine Jacke aus, falte sie zusammen, lege sie auf den Boden, strecke mich aus, bette meinen Kopf auf die Jacke und schließe die Augen. Ich begreife, dass ich sehr dünnhäutig geworden bin. Sobald ich Zeit habe, werde ich Martine aufsuchen.

13 Uhr 00

Jean-Pierre Elkabbach ruft mich auf meinem Handy an, er begleitet Sarkozy auf seinem Staatsbesuch in Indien. Er schlägt mir vor, Daniel am nächsten Morgen zu interviewen. Ich sage ihm, dass das wahrscheinlich machbar sei, ich aber erst nach der Telefonkonferenz am Nachmittag entscheiden könne.

Fernsehen und Radio beschäftigen sich weiter mit der Affäre. »Jérôme Kerviel wird an einem geheimen Ort von der Finanzpolizei befragt, er kooperiert, und der Polizeigewahrsam wurde verlängert.« Der Staatsanwalt lässt verlauten: »Es geht voran, er ist bereit, sich zur Sache zu äußern, und hat zugegeben, risikoreiche Positionen aufgebaut zu haben.« Der Journalist kommentiert hingegen: »… er wird wohl nicht wegen Betrugs angeklagt werden, wie die Bank es möchte.«

Elkabbach ruft noch zweimal an und hinterlässt mir Nachrichten: »Hugues, lieber Freund, ruf mich an, es ist dringend.«

Le Monde hat eine schwerwiegende Frage aufgeworfen, die an den Experten nagt: »Hat die Société Générale, indem sie in aller Eile zwischen Montag, dem 21., und Mittwoch, dem 23., Wertpapiere im Wert von rund 50 Milliarden verkauft hat, die der Händler gekauft hatte, die weltweiten Börsenturbulenzen ausgelöst?«

Am Nachmittag leitet Jean-Pierre Mustier die beiden Telefonkonferenzen hervorragend. Ich danke ihm. Ich schaffe es nicht, ihm den Vorfall vom Morgen übel zu nehmen, schließlich weiß ich, was er durchgemacht hat. Ich laste ihn Philippe Citerne an, der offenbar einen Augenblick der Überlastung oder Erschöpfung zwischen 2 Uhr 30, als das Paper abgesegnet wurde, und sechs Uhr morgens, als die Mail von Jean-Pierre in meinem Postfach ankam, ausgenutzt hat. Jean-Pierre hat die Falschmeldung geschluckt. Etwas später am Abend werde ich dafür kämpfen, dass Philippe auf dem Foto der Führungsmannschaft erscheint, das *Paris Match* am späten Nachmittag nach dem Interview mit Daniel aufgenommen hat. Die Mannschaft bricht auseinander.

Elkabbach meldet sich wieder auf meinem Handy. Wir kennen uns seit der Gründung der Unternehmervereinigung Croissance Plus im Jahr 1997, ich bin einer der Mitbegründer. Er konnte den Gedanken nicht ertragen, abseits der wichtigen Zeitströmungen zu stehen, und hat uns sehr geholfen, unser Weißbuch der jungen Unternehmer in den Medien bekannt zu machen. Etwas später sind wir nach der Privatisierung von France Télécom bei ihrem Gang an die Wall Street, den ich begleitet habe, gemeinsam durch alle Bars von Manhattan gezogen. Danach lud er mich zu einer Fernsehdiskussion mit Francis Mer [Wirtschafts- und Finanzminister im Kabinett von Jean-Pierre Raffarin] und Dominique Strauss-Kahn [Wirtschafts- und Finanzminister im Kabinett von Lionel Jospin] ein, und ich veröffentlichte ein Buch, *L'Espoir économique.* Mit anderen Worten: Wir haben seit über zehn Jahren engen Kontakt. Ich nehme seine Einladung an, wir werden die Sendung noch am selben Abend aufzeichnen, denn Daniel muss am Montagmorgen zur *Roadshow* nach London.

In den 20-Uhr-Nachrichten erhöhen die Anwälte des Händlers den medialen Druck: »Jérôme Kerviel hat nichts Unrechtes getan, er hat nicht einen Cent veruntreut und in keiner Weise vom Besitz der Bank profitiert.« Sie werfen der Bank vor, sie wolle »Nebelkerzen zünden, um die Öffentlichkeit von viel größeren Verlusten abzulenken, die sie in den letzten Monaten aufgehäuft hat, vor allem durch das unglaubliche Engagement in Subprimes.«

In einer Erklärung gegenüber AFP kritisieren sie »das bewusst überstürzte und ganz und gar ungewöhnliche Vorgehen«, wie die Bank »Positionen von 50 Milliarden Euro aufgelöst hat, die sich mit der Zeit durchaus hätten erholen können; nun hat sie Verluste von beinahe 4,5 Milliarden Euro verursacht«. Die beiden Anwälte sprechen vom »Skandal der Société Générale« und verurteilen die »ganz und gar ungewöhnliche mediale Hetzjagd«, deren »Zielscheibe« ihr Mandant sei.

»Man hat gegen alle Vernunft behauptet, er befände sich auf der Flucht, er wäre für enorme Verluste zum Schaden der Aktionäre der Bank verantwortlich. Man hat ein Foto von ihm veröffentlicht, sein Privatleben und das seiner Angehörigen durchwühlt.« Sie kritisieren Daniel, der »in einem Brief, der in allen Zeitungen veröffentlicht wurde, unter dem Vorwand, die Aktionäre beruhigen zu wollen«, Jérôme als »Betrüger« bezeichnet und »den Hyänen zum Fraß vorgeworfen« habe. Doch, so fügen die Anwälte hinzu, ihr Klient, »der von der

Bank darauf getrimmt wurde, Profit zu machen, hat keine Verfehlung begangen, keinen einzigen Cent unterschlagen und in keiner Weise vom Vermögen der Bank profitiert«. In ihren Augen hat er »im Gegenteil enorme Gewinne für die Bank realisiert, die sich zum 31. Dezember 2007 auf fast 1,5 Milliarden Euro summierten«. Sie verurteilen den »unfairen Prozess« gegen den Broker, der jedoch »den wahren Skandal der Société Générale nicht kaschieren wird«.

Im Kabel-Nachrichtensender LCI drischt ein ehemaliger Controller, der allerdings schon vor sechs Jahren wegen Unfähigkeit entlassen wurde, auf das System der bankinternen Kontrollen ein. Gleichzeitig wird betont, dass die Bank für die verschärfte Talfahrt an den Börsen in den letzten Tagen verantwortlich sei.

Ségolène Royal, die erfolglose sozialistische Kandidatin bei der letzten Präsidentschaftswahl, spricht vor den Kameras von »Kungelei« zwischen der Regierung und den »Milliardenjongleuren«. Ein Auszug aus ihrer Erklärung wird verbreitet: Sie zieht eine Parallele zwischen der »Frechheit« der Bank und den Schwierigkeiten von »Familien«, die vom Dispokredit leben, wettert gegen »üppig bezahlte Vorstände«, die ihre Jobs behalten, und fordert dann, »die sieben Milliarden müssen den Familien zurückgegeben werden«, denen, die in finanziellen Schwierigkeiten stecken und denen die Banken ein Konto verweigern.

Auf France Télévision spricht die Tante des Händlers, den Tränen nahe: »Mein Jérôme hat den Schwarzen Peter in einem bösen Spiel, das er nicht durchschaut.« Ein anonymer Mitarbeiter der Bank attackiert die These vom einzelnen Händler und sagt: »… um auf einen Verlust von 5,5 Milliarden zu kommen, muss man erst einmal 50 Milliarden an Liquidität gehabt haben. Kein Händler verfügt über einen solchen finanziellen Rahmen.« Daraus folgert er: »Das Fehlen von Kontrollen kann nur heißen, dass es interne Mitwisser gab. Entweder unter den Vorgesetzten des Händlers oder im Middleoffice [wo die Orders aufgezeichnet werden], wo er vorher gearbeitet hat«. Er kennt Jérôme gut, er ist »ein netter, sympathischer Typ, verschwiegen [und] ehrgeizig«. Und er schließt: »Er wurde erst gedeckt und dann fallengelassen. Er diente als Blitzableiter.«

Henri Guaino, ein enger Berater des Präsidenten der Republik, erklärt auf RTL: »Der Staat wird nicht zögern, die Société Générale bei einer Attacke zu verteidigen.« Damit deutet er an, dass ein ausländischer Angreifer es auf die Bank abgesehen haben könnte, und destabilisiert sie damit.

Nach der abendlichen Sitzung des Krisenstabs zu strategischen Themen, der Kapitalerhöhung, Kommunikation, juristischen Aspekten und so weiter, fahre ich zum Abendessen mit der Familie nach Hause. In Gedanken bin ich bei Daniel und überlege, was er wohl genau in diesem Augenblick im Élysée zu hören bekommt. Zwei Stunden später, um 22 Uhr 50, erfahre ich es, als wir uns am Hauptsitz von Europe 1 in der Rue François 1er treffen, um die Sendung mit Jean-Pierre Elkabbach für den nächsten Morgen aufzuzeichnen. Elkabbach ist gerade aus Indien zurückgekehrt, wohin er den Präsidenten auf seinem Staatsbesuch begleitet hat. »Nicolas Sarkozy war fuchsteufelswild«, erzählt er mir in dem vorbereitenden Telefongespräch zu dem Interview. »Über seine Reise wurde nur im Mittelteil der Zeitungen berichtet, Kerviel beherrschte alle Schlagzeilen.«

Um 22 Uhr 15 bin ich an der Ecke Avenue Montaigne und Rue François 1er und unterhalte mich mit Jean, dem Anwalt der Bank, der mich mündlich unterrichtet, wie es in der Sache juristisch weitergeht. Dann gehe ich zu Daniel und frage ihn nach seiner Begegnung mit Sarkozys Berater. Er legt mir eine Hand auf die Schulter, schließt die Augen, reißt sich zusammen und sagt:

»Sie werden sehen, das ist eine gute Lösung für die Mitarbeiter und für die Aktionäre.«

Sibyllinischer hätte er sich nicht ausdrücken können. Ich habe keine Zeit, das Rätsel zu lösen, denn Daniel geht ins Studio. Elkabbach erschrickt über unser Aussehen: Wir wirken sehr angespannt. Ich werde mich immer an den Blick erinnern, den er uns zuwirft, eine Mischung aus Überraschung und Sorge. Die vergangenen acht Krisentage haben uns schwer zugesetzt, und das sieht man uns an. Mir wird bewusst, dass wir Mitleid erregen. Anne-Marie, seine treue Assistentin, wendet die Augen ab. Sie ist gewissermaßen Jean-Pierres Alter Ego, sein erweitertes Gehirn. Seit vielen Jahren arbeitet sie mit ihm zusammen und spielt eine sehr wichtige Rolle, sie ist für die chirurgische Präzision seiner stets bissigen Fragen verantwortlich.

Elkabbach sagt uns nicht, dass er am nächsten Morgen, nach dem Interview mit Daniel, noch einen anderen Gast hat. Er wird gleich im Anschluss mit Kerviels Anwältin sprechen, die alle Argumente der Bank auseinandernehmen wird. Wenn ich das gewusst hätte, hätte ich nie zugestimmt, und Elkabbach weiß das. Ich habe ihm Exklusivität zugesichert, und er hat mich getäuscht. Am nächsten Morgen lässt er Daniels Worte nicht einmal eine Minute lang wirken. Zur selben Zeit, als er mit mir gesprochen hat, hat er auch mit der gegnerischen Partei verhandelt. Mir hat er nichts davon gesagt. Man hat mich verraten und gedemütigt, das passiert mir zum ersten Mal. Das Ganze lässt nur einen Schluss zu: In seinen Augen sind Daniel Bouton und ich schon tot. Er kann uns hintergehen, weil wir aus seinem Gesichtsfeld verschwinden werden, wo es nur die

Mächtigen gibt, die man einlädt, mit denen man verhandelt, die man vors Mikrofon holt. Der Gedanke schmerzt.

MONTAG, 28. JANUAR 2008

Im Élysée hält Nicolas Sarkozy um 8 Uhr 30 seine Morgenbesprechung ab. Dabei präsentiert sein Kommunikationsberater eine im Internet durchgeführte Umfrage; am nächsten Tag kann man die Ergebnisse im *Figaro* nachlesen. Die Frage an die User war klar, die Antwort ist eindeutig: 85 Prozent finden, dass Daniel zurücktreten sollte.

Der Tag beginnt schlecht für Daniel, alle Fernsehsendungen am Wochenende haben sich auf ihn eingeschossen. Die Morgenzeitungen gehen hart mit ihm ins Gericht. Mehrere »Nachrichten« werfen ein schlechtes Licht auf die Bank, sie kommen nacheinander und verbinden sich zu einer Art Endlosschleife. Der erste Schlag ist eine Meldung ganz früh:

Ein Verwaltungsrat soll kurz vor den Enthüllungen Aktien verkauft haben.

Von da ist es nur ein kleiner Schritt bis zum Vorwurf des Insiderhandels, und alle tun diesen Schritt freudig. Im 35. Stock des Büroturms der Société Générale hat sich der Vorstand versammelt. Die Verantwortlichen der einzelnen Standorte erzählen, wie es ihren Teams geht, und berichten, was sie in den letzten Stunden unternommen haben. In den Bankfilialen müssen sich Kundenberater von aufgebrachten Kunden attackieren lassen, die sie für dieses Desaster verantwortlich machen. Manche nutzen die Gelegenheit, um allen Ärger, den sie seit Jahren aufgestaut haben, loszuwerden. Alles kommt auf den Tisch: ein abgelehnter Kredit, eine nicht geduldete Überziehung, eine zu langsame Bearbeitung, ein zu teures Immobiliendarlehen, eine enttäuschende Geldanlage, mangelndes

Verständnis für Kundenwünsche. 160.000 Personen werden von morgens bis abends beschimpft, im Büro, wenn sie zum Essen gehen, zu Hause. Die Kunden haben viele Geschäfte storniert, sie drohen mit Abwanderung. Einige haben bereits Konten aufgelöst, und es werden immer mehr. Der Rhythmus, in dem Konten aufgelöst werden, folgt genau der Medienberichterstattung über Kerviel oder Daniel. Neue Konten werden praktisch nicht mehr eröffnet. In Frankreich entgleitet uns das Geschäft, international sieht es so aus, dass die Japaner alles abziehen, die Chinesen erst mal abwarten, die Amerikaner zögern und die Engländer spotten.

Die beiden gewerkschaftlichen Vertrauensleute in der Bank trumpfen auf:

»Natürlich hat diese Riesensache für Ärger in der Bank gesorgt, schließlich geht schon beim kleinsten Irrtum in der Kasse, es müssen nicht einmal 100 Euro fehlen, ein Donnerwetter auf dem armen Sünder nieder. Der Bonus für die Mitarbeiter wird dieses Jahr null sein, die Gewinnbeteiligung fast null, und die Aktien haben im Lauf eines Jahres fast die Hälfte ihres Werts verloren!«

In RTL spricht die Wirtschaftsministerin über die Notwendigkeit, die Kontrollsysteme zu verbessern.

Ein ehemaliger Händler der Bank, der mit Futures gehandelt hat wie Jérôme, verkündet:

»Es ist ausgeschlossen, dass die Wertpapier-Clearingstelle die Bank nicht gewarnt hat ... Bei der kleinsten Ungereimtheit melden sie sich bei der Bank und umgekehrt.«

Er schildert den Beruf und das Leben eines Händlers:

»Es ist vorgekommen, dass ich an einem Tag bis zu zehn Millionen Dollar gewonnen habe, aber auch das Gegenteil.« Und er fügt hinzu: »Jérôme hatte es nicht auf persönliche Bereicherung angelegt, aber wenn er mit seinen Geschäften unter dem Strich einen Gewinn gemacht hätte, hätte die Bank ihm einen hübschen Bonus bezahlt.«

Dieser anonyme Zeuge trägt auch noch eine schwere Anschuldigung gegen die Bank vor:

»Alle zwei Jahre findet man nicht deklarierte Verluste von fünf bis zehn Millionen Dollar, manchmal noch mehr. Man warnt den Burschen, sagt ihm, dass das nicht sein darf, und dann geht er. Ganz diskret.«

Den ganzen Tag wird eine Rakete nach der anderen abgefeuert.

Der Chef eines obskuren Finanzberatungsbüros äußert grundsätzliche Zweifel an der Darstellung der Bank. Er kritisiert vor allem die »brutale und rachsüchtige« Bekanntgabe durch Daniel.

Ein Wirtschaftsprofessor spricht davon, dass die Mitteilung des Betrugsfalls »die Mitarbeiter sehr erschüttert« haben müsse. Ein anderer lässt die Öffentlichkeit wissen, dass er nicht an einen Einzeltäter glaubt.

Ein Finanzanalyst äußert sich zur Glattstellung der Position:

»Die Société Générale hätte einen Zusammenbruch des Finanzsystems auslösen können, wenn sie alle Positionen an einem einzigen Tag verkauft hätte.«

Ein Hochschuldekan prangert das »Versagen« der Sicherheitskontrollen der Bank an.

Die Abgeordneten verlangen die Einsetzung eines Untersuchungsausschusses und kritisieren öffentlich das Weltfinanzsystem, die Verantwortlichkeit der Bank, Unzulänglichkeiten »im Umgang mit dem menschlichen Faktor«, vor allem urteilen sie sehr harsch über Daniel, den »Enarchen, der direkt aus dem Finanzministerium gekommen ist und keinerlei Unternehmenserfahrung hatte«.

Der Senator des Departements Mayenne echauffiert sich über »Fehler im System der Société Générale«.

Bei den Linken ist die »Kungelei« der Mächtigen mit denen, »die mit Millionen jonglieren«, das beherrschende Thema. Der Chef der Sozialistischen Partei (PS) erklärt: »Das Schicksal des Vorstandsvorsitzenden ist besiegelt«, der Parteisprecher verlangt einen Untersuchungsausschuss und fordert, die Bank müsse »zu einer schlechten Entscheidung Stellung nehmen«, nämlich zu der Tatsache, dass sie die Regierung zu spät informiert und auf den Märkten »überreagiert« habe, das heißt, »schnell und viel verkauft« und dadurch »die Verluste in die Höhe getrieben« habe. Der wirtschafts- und finanzpolitische Sprecher der Partei sieht in der Affäre »ein Symbol der Casino-Mentalität«. Der Bürgermeister von Paris kritisiert den Finanzkapitalismus und diese »extravagante« Affäre. Die Spitzenkandidatin einer Partei sagt, der Chef der Société Générale »wird sich seiner Verantwortung nicht entziehen können«. Andere versuchen sich in Vergleichen mit Doping bei der Tour de France oder lenken die Aufmerksamkeit auf die Verantwortung der Bank: »Man hängt die Kleinen. Es muss eine klare Trennung zwischen Kontrolleuren und Kontrollierten geben.«

Die Revolutionär-kommunistische Liga zürnt: »Das ist nur die Spitze des Eisbergs, das Problem ist die Undurchsichtigkeit der gesamten Bankenwelt.«

Die Gewerkschafter konzentrieren sich in ihren Stellungnahmen natürlich auf den Schaden, den die Arbeitnehmer durch diese Affäre erleiden.

Ein anonymer Professor, der mitteilt, dass er selbst acht Jahre lang Händler war, sagt: »Wir sind alle noch viel schlimmer als Jérôme. Man braucht als Händler enorme Selbstdisziplin, um die eigenen Emotionen unter Kontrolle zu halten. Die psychologische Dimension wird nicht ernst genug genommen und bei den Kontrollen zu wenig berücksichtigt. Der Händler hat eine Verlustaversion und geht immer höhere Risiken ein. Es gibt eine kognitive Dissonanz. Die Kontrolle ist nur quantitativ. Man muss bedenken, dass Jérôme in den letzten zwei Jahren keinen Urlaub gemacht hat. Jeder Händler bräuchte ein Coaching.«

Ein Senator, der auf France Inter zu dem Thema interviewt wird, erklärt: »Es ist eine sehr ungewöhnliche Situation. Ich glaube nicht, dass dem Vorstandsvorsitzenden etwas anderes übrig bleibt, als zu gehen.«

Der Vorsitzende der Fraktion Nouveau Centre in der Nationalversammlung befindet, Daniel müsse »alle Lehren« aus dem massiven »Betrug« in seiner Bank ziehen.

Unterdessen teilt die Aktionärsvereinigung mit, dass sie von der Finanzmarktaufsicht die Einleitung einer Untersuchung verlangen werde, ob irreführende Angaben gemacht worden seien und es »möglicherweise Insiderhandel gegeben« habe.

Ein Polizist, der Jérôme Kerviel im Polizeigewahrsam erlebt hat, sagt gegenüber Agence France Presse, die Version der Bank müsse nicht objektiv sein: »Es ist durchaus erlaubt, sich zu fragen, ob die Bank diesem Jungen nicht eine größere Bedeutung gegeben hat, als er wirklich besitzt ... Nur aufgrund der Untersuchung des Materials, das man bei ihm zu Hause und in seinem Büro beschlagnahmt hat, wird man seinen Anteil an der Angelegenheit genau definieren können.« Eine Quelle aus dem Justizumfeld wird mit den Worten zitiert: »Bei den ersten Befragungen hat Jérôme erklärt, er habe lediglich für seine Firma gearbeitet und versucht, Gewinne zu machen – darauf sei er bis heute stolz ... Er gibt zu, dabei die Grenzen dessen, was er tun durfte, überschritten zu haben.

Hingegen bestreitet er jede betrügerische Absicht und schwört, kein Geld zu seinen Gunsten veruntreut zu haben. Nebenbei rühmt er sich, auch schon früher schöne Erfolge eingefahren zu haben. Bis Ende 2007 hätten sich seine Gewinne auf 1,4 Milliarden summiert.« Der Journalist folgert daraus, der Händler »habe es für nicht opportun befunden«, die Positionen »Hals über Kopf« aufzulösen, »wie es Anfang der letzten Woche gemacht wurde«. Dabei vergisst er zu erwähnen, dass der Händler in den ersten 18 Tagen des Januar 2008 mit seinen Positionen 2,8 Milliarden Verlust gemacht hat.

Einige Beobachter werfen der Bank vor, sie habe die amerikanische Notenbank zu ihrer Zinssenkung veranlasst.

Kurz, jeder hat etwas zu sagen. Die Jagd ist eröffnet, die Stammtische debattieren hitzig.

Aber der größte Mediencoup kommt am Nachmittag. Nicolas Sarkozy stattet der Universität Paris Sud-XI im Departement Essonne einen Besuch ab, alle Medien sind mit Kameras und Mikrofonen dabei. Der Präsident hat beschlossen, Daniel dafür bezahlen zu lassen, dass er nicht informiert wurde:

»Eine Krise wie die bei der Société Générale muss Folgen haben, was die Verantwortlichkeiten betrifft, auch ganz an der Spitze. Ich möchte nicht persönlich über Menschen urteilen, vor allem nicht, wenn sie in Schwierigkeiten sind, aber es ist nun einmal so, wenn man ein hohes Gehalt bezieht, was legitim ist, kann man sich, wenn ein großes Problem auftaucht, nicht aus der Verantwortung stehlen.«

Privat ziehen die Regierenden über Daniel her. Nicolas Sarkozy reagiert als Politiker, als Machtmensch, ohne die Folgen zu bedenken, die seine Äußerungen in der Finanzwelt haben. Die Kapitalerhöhung ist noch nicht geregelt. Was in den Bankfilialen passiert – das Risiko, dass massiv Geld abgezogen wird –, bleibt außerhalb seines Blickfelds. Er reagiert nicht als

Staatsmann, der versucht, eine der größten Banken des Landes am seidenen Faden im Gleichgewicht zu halten, sondern ist verletzt, dass man ihn beim Krisenmanagement übergangen hat. Er macht eine persönliche Sache daraus. Als die schottische Northern Rock Bank in Schwierigkeiten geriet, zog die gesamte politische Klasse in Großbritannien an einem Strang, um das Schlimmste zu verhindern. In Paris kocht jeder sein eigenes Süppchen. Es dauert zehn Tage, Nicolas Sarkozy den vollen Umfang des Problems begreiflich zu machen. Zehn Tage sind eine lange Zeit.

Die Justizministerin Rachida Dati hält es für angebracht, dem Präsidenten sogleich öffentlich beizupflichten. Sie stürzt sich förmlich vor die Mikrofone und betont »die Verantwortlichkeit der Führung der Bank«.

Diese beiden Äußerungen erhöhen den medialen Druck erheblich, ich sehe das direkt auf meinen Bildschirmen. Ich bekomme automatisch jedes Mal eine Mail, wenn der Name der Bank oder eines Verantwortlichen der Bank irgendwo in Radio und Fernsehen auftaucht. Dank dieses Systems bin ich praktisch in Echtzeit über die Berichterstattung in den Medien und ihren Einfluss auf die Konsumenten informiert: Wenn ich auf die entsprechenden Links klicke, kann ich mir die Podcasts anhören, eine Software transkribiert die Texte. So kann ich die mediale Aufregung und Polemik ermessen. Die Wogen schlagen jetzt sehr hoch.

Die Worte des Präsidenten der Republik eröffnen eine neue Phase: Sie provozieren Ablehnung, Überdruss bei den Mitarbeitern, die es satt haben und sich mobilisieren wollen. Gruppen aktueller und ehemaliger Beschäftigter wenden sich an mich. Ich ermuntere sie, sich zu Wort zu melden. Sie fragen mich, was sie tun sollen. Ich lasse es dabei bewenden, ihnen Tag und Ort der nächsten Sitzung des Verwaltungsrats zu nennen. Ich kenne sie gut, ich bin selbst Mitglied in der Vereinigung der leitenden Angestellten. Die Einmischung von Nicolas Sarkozy war der sprichwörtliche Tropfen, der das Fass zum Überlaufen bringt. Die Worte des Präsidenten haben eine chemische Reaktion in Gang gesetzt: Der Ärger der Beschäftigten kristallisiert sich ganz um seine Person.

Eine Abgeordnete der Sozialistischen Partei begreift das sehr schnell. In einem Interview in France Télévision (dem öffentlich-rechtlichen Fernsehen) empört sie sich über die Verantwortungslosigkeit der politischen Führung und erklärt einige Minuten nach Nicolas Sarkozy: »In der gegenwärtigen Situation darf man nichts tun, was die Bank gefährdet. Erst wenn alle Verantwortlichkeiten geklärt sind, muss man die nötigen Konsequenzen ziehen.«

Eine weitere Abgeordnete fordert etwas später, man dürfe »keine Sündenbockpolitik betreiben«, und ein dritter Abgeordneter sagt: »Man wirft nicht mitten in einem Sturm den Kapitän des Schiffs über Bord.«

Wie ein römischer Kaiser in der Arena hat Nicolas Sarkozy den Daumen gesenkt und verkündet, dass Daniel an den Pranger gestellt werden soll. Das bringt die Linke gegen den Opportunismus des Präsidenten auf. In spätestens zwei Monaten finden Kommunalwahlen statt. Die Sozialisten hegen keine besondere Zuneigung zu unserer Bank, aber sie sehen eine Chance, Sarkozy verantwortungsloses Verhalten vorzuwerfen: Diese Gelegenheit nutzen sie. Hätte der Präsident das Gegenteil gesagt, wären sie über uns hergefallen und hätten Sarkozy seine Freundschaft zu den Mächtigen vorgehalten.

Unterdessen rekonstruiere ich in dem Stimmengewirr, das die Öffentlichkeit immer mehr betäubt, den Ablauf des Betrugs. Ich spreche mit Jérômes Kollegen und mit den Personen, die ihn befragt haben.

Ich verstehe, wie der Betrug entdeckt wurde und was danach passiert ist.

Rückblick.

MONTAG, 7. JANUAR 2008

Alarm. Ein paar Schritte vom Turm der Société Générale entfernt, in einem Seitengebäude der Bank, nimmt ein Risiko-
Controller wie jeden Abend die Daten vom Handelstisch
von Jérôme Kerviel für das tägliche Dashboard (die Übersicht
über alle Transaktionen) entgegen. Die Daten enthalten acht
Forward-Kontrakte mit einer bekannten Gegenpartei, einer
Bank. Der Controller rechnet die Position durch und stellt fest,
dass das Volumen für diese Gegenpartei zu hoch ist. Die Summe ist so hoch, dass er zunächst an einen Irrtum glaubt. Er lässt
die Sache auf sich beruhen, denn er kennt Jérôme seit Jahren
und vertraut ihm: Er wird ihn morgen danach fragen.

DIENSTAG, 8. JANUAR 2008

Am Dienstagmorgen informiert er als Erstes Jérôme und seinen direkten Vorgesetzten Éric Cordelle. Éric versteht nicht,
worum es geht, und fragt Jérôme. Der lächelt, setzt eine selbst-
sichere Miene auf, schaut ihm in die Augen und antwortet:
»Keine Sorge, Alter, das sind nur *Give-ups* von Futures, die
verspätet ausgeführt wurden, ich schulde der Gegenpartei
noch Geld, man wird das umbuchen *as soon as possible.*«
Éric gibt sich mit der Antwort zufrieden, bittet ihn, das
noch mal als Mail zu formulieren und eine Kopie an die Leitung der Risikoabteilung zu schicken.
Éric Cordelle ist nicht gerade ein Experte für die Vorgänge
in den Handelssälen. Er ist auf diesen Posten gekommen,
nachdem der frühere Verantwortliche für Delta One gegangen
war. Die Stelle war mehrere Monate unbesetzt. Von Haus aus
ist Éric Ingenieur, was ihm dabei helfen dürfte, Transaktionen
zu strukturieren, Prozesse zu formalisieren, Daten aufzuberei-

ten. Um ihn am Anfang zu unterstützen und ihn ins Trading einzuführen, hat man ihm gesagt, er solle sich an den erfahrensten Mitarbeiter wenden, einen ehemaligen Controller, einen verlässlichen, geschätzten jungen Mann namens Jérôme Kerviel.

Parallel werden die Daten automatisch an die Buchhaltung geschickt, wo die Cooke Ratio für jede Transaktion errechnet wird. Diese Kontrolle wurde zu Beginn des Jahres neu eingeführt als Reaktion auf die neuen Eigenkapitalvorschriften, bekannt unter dem Stichwort Basel II.

MITTWOCH, 9. JANUAR 2008

Éric fragt Jérôme, ob er die Sache geklärt habe. Jérôme antwortet:

»Ich habe die Transaktionen annulliert, sie tauchen nicht mehr auf.«

Jérôme annulliert die Transaktionen und gibt eine Flux-Rückstellung* ein, um seine Gewinne zu verschleiern.

DONNERSTAG, 10. JANUAR 2008

Die Warnung wird auf dem täglichen Dashboard nicht mehr angezeigt, aber die Buchhaltung versucht weiter, die Cooke Ratio zu berechnen. Die vorgeschriebenen Berechnungen werden durchgeführt, was mehrere Tage dauert. Niemand macht sich größere Sorgen. Eine Warnung ist eine Information

---

* Modellbedingte Verzerrungen bei der Bewertung von Transaktionen konnten durch Rückstellungen (»flux de provisions« oder »flux pro«) in den Gewinn- und Verlustrechnungen einzelner Desks korrigiert werden. Kerviel missbrauchte diese Möglichkeit und nutzte sie, um Gewinne oder Verluste seiner Positionen zu verschleiern.

über eine Anomalie, jeden Monat gibt es Hunderte davon. Es kann ein Fehler in der EDV sein, ein Irrtum bei einer Preisberechnung, die Überschreitung einer Deckungsgrenze etc. Die Fälle werden technisch untersucht und dann gelöst.

DIENSTAG, 15. JANUAR 2008

Beim Nachrechnen kommt ein abwegiges Ergebnis heraus mit einem Limit, das doppelt so hoch ist wie die Autorisation des kleinen Bankinstituts, das bei Jérômes acht Forward-Kontrakten als Gegenpartei angegeben ist.

Nachmittag

Éric wird von der Buchhaltung befragt. Er sagt, dass die Geschäfte annulliert wurden, und leitet den E-Mail-Verkehr mit Jérôme weiter. Dann fragt er, ob es noch nötig sei, die acht Forwards in die Eigenkapitalberechnung der Bank mit einzubeziehen.

Ein Buchhalter, der im Handelssaal tätig ist, fragt seine Vorgesetzten, ob diese acht Transaktionen in ihren Datenbanken tatsächlich gelöscht seien, sowohl im Frontoffice wie auch in der Buchhaltung. Dann fragt er seinen Kollegen im Büro, Jérôme, ob die Transaktionen auf Null gestellt werden können. Jérôme bejaht in einer sehr knappen E-Mail. Éric erhält eine Kopie.

Abend

Éric findet all das seltsam, zweifelt jedoch nicht an der Ehrlichkeit seines Mitarbeiters. Er grübelt über diese Transaktionen nach, versteht aber nicht, wo der Fehler liegt. Deshalb fragt er per E-Mail bei Jérôme nach, mit welchem Modell er die Transaktionen nachkalkuliert hat. Jérôme reagiert umgehend: »Es korrigiert ein unzulässiges Ergebnis.« Aber damit beantwortet er Érics Frage nicht. Niemand denkt daran, seine Integrität in Zweifel zu ziehen. Er hat vor acht Jahren angefangen. Éric versteht die Antwort nicht und spricht mit seinen Vorgesetzten darüber. Am Freitag passiert nichts mehr, die Sache scheint nicht weiter wichtig. Sie wird auf Montag vertagt.

Anfang der Woche finden Gespräche zwischen den verschiedenen Verantwortlichen für Risiko, Transaktionen, der Buchhaltung und Jérômes Vorgesetzten statt. Die fraglichen Transaktionen erscheinen immer schleierhafter.

MITTWOCH, 16. JANUAR 2008

Die Buchhaltung schickt eine E-Mail an die Handelsabteilung:

»Haben trotzdem hypersignifikante Werte bei diesen Deals. Bitte prüfen, denn das lässt die Cooke Ratio explodieren. Können jederzeit darüber sprechen.«

Die Buchhaltung schickt Jérôme eine E-Mail und kündigt an, dass man ihn anrufen werde. Seine Erklärungen am Telefon sind konfus. Den ganzen Nachmittag gehen die Spekulationen über die Ungereimtheiten bei den Zahlen hin und her. Schließlich sind alle Abteilungen beteiligt: Buchhaltung, Handel, Risiko, Middleoffice usw.

Der Controller, der Jérôme mehrmals angerufen hat, teilt seinen Vorgesetzten mit, dass die Erklärungen nicht ausreichen.

Für den Nachmittag des 17. Januar wird eine Dringlichkeitssitzung mit Jérôme und den anderen Beteiligten anberaumt. Zeitgleich schickt Jérôme über den Chat von Reuters eine Nachricht an Moussa Bakir, den Broker, bei dem er seine Orders platziert. Er macht seine Geschäfte immer mit diesem

Intermediär. Die Transaktion wird an einem bestimmten Termin zu einem bestimmten Preis ausgeführt. Die beiden Freunde glauben, sie könnten frei sprechen, ihr Austausch würde nicht aufgezeichnet. Reuters ist wie Bloomberg ein Wirtschaftsinformationsdienst, der alle Kurse und alle Daten für sämtliche börsennotierten Produkte liefert: Aktien, Rohstoffe, Indizes, Derivate und strukturierte Finanzprodukte usw. Zugang haben nur Abonnenten, das sind Leute aus der Branche. Normalerweise nutzt niemand den Chat von Reuters, alle anderen Händler der Bank kommunizieren offiziell über den großen Konkurrenten Bloomberg, wo ihr Austausch aufgezeichnet wird.

Jérôme schreibt an Moussa:

»FUBAR*«

»Y**?«

»lass gut sein … kannst mir schon mal eine holzkiste besorgen«

»mach keine witze«

»heute abend kauf ich mir im baumarkt einen strick«.

FREITAG, 18. JANUAR 2008

Jérôme chattet wieder mit Moussa über Reuters:

Jérôme: »mein letzter tag hier«

Moussa: »sag das nicht! geht schon wieder auf 4180«

Jérôme: »super«

Jérôme: »bin tot. Nicht geschlafen. Und du hast du gestern mit peter und emma gegessen«

Moussa: »ja. Gleich nach dem Job. Auf den champs. Muss-

---

* FUBAR: fucked up beyond all repair
** Y: why?

te einfach noch was machen bevor ich ins bett bin. Hättest wenigstens zum essen mitgehen sollen«.

Jeden Tag teilt eine europäische oder amerikanische Bank neue Milliardenverluste mit, Dollars, die sich einfach in Luft aufgelöst haben. An diesem Freitag geht es an der Börse wieder abwärts. Der Januar ist ein Horrormonat für alle, die falsch positioniert sind. Für Jérôme werden solche Rückschläge unerträglich.

Jérôme: »keine zeit zum essen«

Moussa: »esse seit 3 tgn abends auch nicht mehr. Muss heute nach mailand mit rachid und seinen brüdern«

Jérôme: »musst du wirklich«

Moussa: »keinen kopf für du weißt schon was«

Jérôme: »nein denke ich springe heute einfach vom turm«

Moussa: »der markt steigt auf 4300«

Jérôme: »verstecke mich irgendwo außerhalb«

Moussa: »wir lösen die positionen auf«

Jérôme: »davon träum ich jeden tag«

Moussa: »dann hauen wir uns zwei wochen in die sonne. Handy aus«.

Unterdessen gibt es mehrere Kontakte zwischen den verschiedenen Abteilungen. Der Verantwortliche für eine Querschnittsfunktion im Frontoffice, der für Bilanz- und Steuerprobleme zuständig ist, wird von der Risikoabteilung darauf aufmerksam gemacht, dass bei Geschäften mit einer kleinen deutschen Gegenpartei, einem Broker, ein viel zu hohes Kreditrisikoäquivalent ermittelt wurde. Die Transaktionen, die diesem Risiko zugrunde liegen, sind Käufe und Verkäufe von Forwards. Sie generieren selbst kein Risiko, aber bei Fälligkeit muss die Bank der Gegenpartei 1,5 Milliarden Euro bezahlen! So ein Geschäft ist ökonomisch sinnlos. Das ist verdächtig. Die Controller befragen Jérôme telefonisch, aber die Unklarheit bleibt: Er liefert eine mündliche Erklärung, wie die Transaktionen zustande gekommen sind, sagt dann aber, dass es sich um einen Eingabefehler handle.

Die Transaktionen seien tatsächlich mit der Deutschen Bank abgewickelt worden und nicht mit dem kleinen Broker. Er wird gebeten, das schriftlich zu bestätigen.

Später Vormittag

Jérôme: »hab mich verprügeln lassen«

Moussa: »steck dir eine an«

Jérôme: »ich geh zum baumarkt und kauf mir einen strick«.

Der für Derivate Verantwortliche der Bank informiert die Nummer zwei der Investmentbank, den Stellvertreter von Jean-Pierre, dass man wegen eines sehr hohen Gegenparteirisikos bei einem deutschen Broker besorgt sei. Jean-Pierres Stellvertreter beruft für 13 Uhr ein Meeting im Handelssaal im siebten Stock ein.

Jérôme schickt die Fotokopie einer E-Mail des deutschen Brokers, die den Irrtum bestätigt und versichert, die Gegenpartei bei dem Geschäft sei tatsächlich die Deutsche Bank. Aber seine Erklärungen klingen wenig glaubwürdig. Seine Vorgesetzten beschließen, die Nachforschungen fortzusetzen. Vor allem wird entschieden, mit dem Backoffice der deutschen Gegenpartei Kontakt aufzunehmen.

Moussa: »wie gehts kumpel«

Jérôme: »schlecht. Schätze heute abend werden sie mich schassen. Gab ein meeting zu meinem fall«

Moussa: »lass die schwarzmalerei«

Jérôme: »und martial spricht mit eric. Denke sie feuern mich«
Moussa: »konzentrier dich auf den markt«.

Früher Nachmittag
Jérôme: »stecke ganz tief in der scheiße«
Moussa: »WTF*?«

Später am Nachmittag
Jérôme: »in 30 min feuern sie mich«
Moussa: »du hast ein meeting. Mit wem«
Jérôme: »martial und baboulin«
Moussa: »ruf mich nachher an«
Jérôme: »hab echt keine große lust zu reden«.

Nach vielen Gerüchten über weitere Abschreibungen bei praktisch allen großen Banken wegen der Befürchtung, die Finanzkrise könnte sich zuspitzen, und weil die USA in die Rezession gerutscht sind, befinden sich die europäischen Börsen auf Talfahrt. Den Plan des amerikanischen Präsidenten Bush zur Stützung der Wirtschaft hält man für lächerlich. Der Konsum in Amerika ist auf einen historischen Tiefstand gefallen.

Moussa: »GL** kumpel«
Jérôme: »2L8***. Kumpel ist tot«.

Das schreibt er, als er weiß, dass die Kontrollsysteme der Bank ihn im Visier haben, und trotzdem stockt er, während die Märkte abstürzen, seine Positionen systematisch immer weiter auf, in Höhen, die einfach … unmenschlich sind. Warum?

* WTF: what the fuck
** GL: good luck
*** 2L8: too late

Noch später am Nachmittag

Moussa: »schicke dir die bestätigung«
Jérôme: »ok«

Jean-Pierre wird über das potenzielle Gegenparteirisiko bei dem kleinen deutschen Broker und über die Überprüfungsanfrage bei der Deutschen Bank informiert.
Die Bank ruft ihren Kontaktmann bei der Deutschen Bank an. Er ist nicht erreichbar.

Moussa: »was machst du nach dem essen«
Jérôme: »hab nichts vor heute«
Moussa: »wann«
Jérôme: »weiß nicht. Ruf dich an«.

Jérôme Kerviel ist am Ende, der Stress wird unerträglich für ihn. Er wird mit seinen Lügen konfrontiert und erlebt, wie seine verbotenen Positionen einbrechen. Es ist absolut nicht damit zu rechnen, dass es am Montag an den Märkten besser aussehen wird: Die amerikanischen Börsen sind wegen eines Feiertags geschlossen.

Die zuständige Vorgesetzte in der Bank kann den Partner bei der Deutschen Bank in London nicht erreichen. Sie ruft Kontaktleute in New York an. In der amerikanischen EDV finden sie keine Spur der angeblichen Transaktionen. In der Führung der Société Générale macht man sich allmählich große Sorgen.

Vom Verantwortlichen der Abteilung für Aktienderivate in London werden Kontaktdaten des britischen Partners angefordert. Der Engländer antwortet nicht. Man hinterlässt ihm eine Nachricht.

Er findet die Nachricht mitten in der Nacht und ruft zurück, um mitzuteilen, dass er die Daten suche. Er will sie später in der Nacht mailen.

SAMSTAG, 19. JANUAR 2008

Martial Rouyère, der zweite Vorgesetzte von Jérôme, liest die Mail auf seinem Blackberry und notiert sich die Daten. Er versucht, den Gesprächspartner in London zu erreichen, vergebens. Er hinterlässt eine dringende Nachricht.

Der britische Ansprechpartner der Deutschen Bank ruft etwas später aus seinem Wochenenddomizil an: Er sagt, er habe seit mehreren Monaten keinen Kontakt zu Jérôme und in letzter Zeit keine Transaktionen mit ihm durchgeführt. Diese Aussage widerlegt Jérômes Erklärungen. Martial ist fassungslos: Jérôme hat ihn seit Beginn der Nachforschungen belogen. Er lässt sich seinem Gesprächspartner gegenüber nichts anmerken, dankt ihm, macht einen Scherz und wünscht ihm noch ein schönes Wochenende. Tatsächlich ist er in Panik, seine Hände zittern so, dass er kaum die Nummer seines Stellvertreters Éric wählen kann. Éric hört sich alles an, versteht, es haut ihn um. Langes Schweigen in der Leitung. Die beiden beschließen, ins Büro zu fahren und eine Telefonkonferenz mit Jérôme zu führen. Sie erreichen ihn in der Normandie. Ein Termin wird vereinbart.

Gegen Mittag

Martial kommt ins Büro. Er loggt sich in die Datenbank ein und versucht zu verstehen, was Jérôme gemacht hat. Éric tritt ein. Sie begreifen beide nicht, was vor sich geht. Sie suchen, finden aber nicht viel. Nach einer Stunde beschließen sie, Jean-Pierre zu informieren, der ebenfalls im Büro ist, weil er noch an seiner Präsentation für die Sitzung des Verwaltungsrats am nächsten Tag feilen will. Jean-Pierre wird blass, er schwitzt, dankt seinem Mitarbeiter und stürmt in den Handelssaal, wo Martial arbeitet. Sie rekapitulieren die Ereignisse, die Telefonate mit der Deutschen Bank und die Lügen. Jean-Pierre ist aufgebracht, er erfasst die Lage schnell und stürzt in Daniels Büro.

Daniel sitzt mit Philippe und dem Leiter der Risikoabteilung zusammen. Sie arbeiten an den Methoden zur Abschreibung der Risiken bei den stark ausfallgefährdeten amerikanischen Hypothekenkrediten und an Hypothesen über die weitere Entwicklung der Indizes. Die Zahlen sehen beunruhigend aus: Sie müssen am nächsten Tag den Bilanzausschuss informieren und danach den Verwaltungsrat, dass das Jahresergebnis um beinahe 1,5 Milliarden Euro niedriger ausfallen wird, weil die Preise auf dem Subprime-Segment des amerikanischen Wohnimmobilienmarkts bei den Häusern, die 2006 und 2007 verkauft wurden, massiv eingebrochen sind. Die Segmente Prime und Alt-A halten sich noch ganz gut. Jean-Pierre tritt ein, ohne anzuklopfen, und kommt direkt zur Sache:

»Ich habe schlechte Nachrichten.«

»Aha, schießen Sie los«, sagt Daniel.

»Wir haben eine nicht autorisierte Trading-Position entdeckt, die verschleiert wurde.«

»Wie viel?«

»Ich weiß es nicht, ich kenne nur den Namen des Händlers, Jérôme Kerviel, 30 Jahre, habe ihn nie gesehen.«

Der Chef der Investmentbank erläutert, dass der Händler betrügerische Transaktionen durchgeführt habe. Ihm sei das klar geworden, weil die angebliche Gegenpartei bei den Geschäften eine Order in beträchtlicher Höhe nicht bestätigt habe. Der Händler, tätig im Arbitragehandel mit Futures, sei am Freitag, dem 18. Januar, von den für ihn zuständigen Controllern befragt worden, nach einer Warnung im Zusammenhang mit Forward-Kontrakten mit einer deutschen Gegenpartei, einem kleinen Broker. Dabei habe der Händler seine Limits massiv überschritten, und das habe den Alarm ausgelöst.

»Der Händler hat die Transaktion annulliert, aber die Controller wollten überprüfen, mit welchem Modell er gehandelt hat.«

Nach konfusen Erklärungen habe er schließlich angegeben, sich getäuscht zu haben, seine Gegenpartei sei in Wahrheit die Deutsche Bank gewesen. Das habe er zumindest am Freitag behauptet.

»Er hat eine Mail der Deutschen Bank vorgelegt, die das bestätigt. Wir haben am Freitag vergeblich versucht, die Gegenpartei zu erreichen. Heute morgen haben wir dann erfahren: Sie haben seit über einem Jahr nichts mehr mit Jérôme gemacht! Die Bestätigung ist gefälscht!«

Daniel bleibt ruhig. Nach einer kleinen Pause sagt er:

»*Rogue trading* ist der schlimmste Albtraum eines Bankers, wir müssen mit dem Regulierer sprechen. Schicken Sie sofort ein Untersuchungsteam an den Arbeitsplatz des Händlers und informieren Sie mich laufend über alles, was Sie dort finden.«

Jean-Pierre sagt, dass bereits ein Team gebildet werde; er hat ein Dutzend Revisoren aus dem Wochenende geholt.

»Und der Händler?«, fragt Daniel.

»Wir arbeiten daran, dass er ins Büro kommt.«

Für den frühen Nachmittag wird eine Telefonkonferenz angesetzt. Jérôme ist von dem Ort zugeschaltet, wo er das Wochenende verbringt. Er sagt:

»Jawohl, ich habe gelogen, ich gebe zu, dass die Transaktionen fiktiv sind, aber das Ziel war, einen Gewinn von 1,4 Milliarden Euro in 2007 zu verschleiern.«

Die anderen Teilnehmer der Telefonkonferenz sind wie vor den Kopf geschlagen. Sie sehen sich an und fragen sich, ob der Kerl verrückt geworden ist. Ein solcher Gewinn ist mit Arbitragehandel einfach nicht möglich. Sie lassen sich nicht anmerken, dass sie ihm nicht glauben, und machen weiter.

»Du musst sofort herkommen und uns alles möglichst genau erklären.«

»Einverstanden, aber ich bin in der Normandie.«

»Es ist sehr wichtig, dass du kommst und uns verstehen hilfst, wie du das gemacht hast.«

»Okay.«

Er zögert, spricht undeutlich … Die Verbindung ist nicht gut, man versteht nicht alles.

»Ich kann auf dich zählen, ja?«

»Ja, ich setze alle Hebel in Bewegung, um so schnell wie möglich da zu sein. Ich schaue, ob ein Zug fährt.«

Es knistert in der Leitung.

»Nimm den ersten Zug. Wir erwarten dich.«

Die Revisoren treffen in La Défense ein und machen sich an die Arbeit: Sie loggen sich in die Datenbank ein und gehen alle Positionen durch, die für den Handelsplatz von Jérôme und seinen Assistenten aufgezeichnet wurden.

16 Uhr 00

Martial ist beunruhigt, weil Jérôme immer noch nicht da ist. Er hat nichts von ihm gehört, versucht, ihn zu erreichen, hinterlässt drei Nachrichten. Keine Reaktion. Darauf schickt er Jérôme mehrere SMS auf sein Handy. Einige Minuten später erhält er eine SMS als Antwort:

»Ich werde mich eher vor den Zug werfen als zurückkommen.«

Martial bricht der kalte Schweiß aus. Er muss um jeden

Preis verhindern, dass Jérôme Selbstmord begeht. Er ruft ihn an:

»Sei kein Idiot, alles wird gut, du hast Gewinn gemacht. Wir wollen nur mit dir sprechen, du sollst uns helfen, es zu verstehen, das ist alles.«

Hinter den beruhigenden Worten verbirgt sich große Sorge. Martial beschwichtigt nach außen hin, damit Jérôme keine Dummheiten macht, aber im Inneren ist er voller Angst vor dem, was er da entdecken könnte: Was steckt hinter dieser Lüge und dem verblüffenden »Gewinn« von 1,4 Milliarden?

»Okay, ich komme.«

Jérôme trifft am frühen Abend in der Bank ein. Seine Chefs sind erleichtert, dass er da ist, sie denken, dass sie jetzt rasch alles verstehen werden. Sie wissen nur, dass er im Lauf des Jahres 2007 fiktive Positionen in die Datenbank eingegeben hat, um Transaktionen zu vertuschen, die außerhalb seiner Befugnisse lagen. Nach Löschung der fiktiven Positionen, die am 18. Januar das Frontoffice alarmiert haben, bleibt ein Ergebnis von knapp 1,5 Milliarden Euro, aber sie bezweifeln stark, dass dieser astronomische Gewinn, der jeden Rahmen sprengt, real ist. Sie haben den Verdacht, dass weitere Positionen existieren, die Verluste in gleicher Höhe oder darüber generiert haben und den Gewinn aufwiegen. Jérôme Kerviel wirkt aufgelöst, er ist unrasiert.

Der weltweit Verantwortliche für die Abteilung Aktienderivate, Luc François, kommt dazu.

Die drei gehen in einen kleinen Konferenzraum im siebten Stock des Büroturms, direkt neben den Handelsräumen, wo Jérôme gearbeitet hat. Von da gibt es eine Telefonverbindung in einen anderen Raum, wo die Inspektoren und Revisoren der Bank das Gespräch mithören, sich Notizen machen und in der Datenbank die Erklärungen und Transaktionen des Händlers unmittelbar nachprüfen. Sie wissen nicht, was Jérôme tun wird: ihnen alles erklären, mit einem Messer auf sie losgehen, aus dem Fenster springen oder kooperieren. Seine SMS, er wolle sich vor einen Zug werfen, hat sie sehr erschreckt. Sie haben einen Abgrund vor sich. Jérôme ist fahrig, er bringt kaum ein Wort heraus, zumindest kein klares. Seine Stimme ist beinahe unhörbar leise.

Luc steht vor einer Mauer. Der Händler spricht fast nur von seinem Gewinn.

»Ich habe 1,4 Milliarden gewonnen.«

Wie kann man ganz allein eine solche Summe »gewinnen«? Das ist unmöglich! Dafür muss er sämtliche Limits an seinem Handelstisch um ein Vielfaches überschritten haben!

»Bist du Positionen außerhalb der Limits eingegangen?«

»Ich bin Intraday-Positionen auf Futures eingegangen, das ist alles.«

Seine Antworten sind dürr. Er erinnert sich nur an seine Gewinne. Man muss ihm jedes Wort aus der Nase ziehen.

»Das passt doch nicht zusammen! Wie konntest du ein solches Ergebnis erzielen, vorausgesetzt, es stimmt überhaupt?«

Jérôme blickt zu Boden, macht dicht und schweigt.

»Erkläre mir, wie du es gemacht hast, ich möchte es verstehen …«

Am Nachmittag hatte Jérôme von »statistischen Mustern« gesprochen. Sicher zu sein, dass man ein statistisches Muster entdeckt hat, ist eine Katastrophe. Es ist Gift für den Händler: auf Korrelationen von Ereignissen bauen und Gesetze daraus ableiten, von Gleichzeitigkeit auf Kausalität schließen. Wenn ein Händler von dieser Illusion infiziert ist, baut er riskante Positionen immer weiter auf. Es funktioniert so lange, wie sich die vermeintliche Zauberformel wiederholt. Und da Wunder selten sind, vor allem in den Handelssälen, wächst die Wahrscheinlichkeit, eine Riesendummheit zu begehen, proportional zu den eingegangenen Positionen.

Nach einer Stunde hat Jérôme noch immer nichts Präzises gesagt. Er spricht nur von seinen Gewinnen. Die Untersuchung kommt nicht voran, die Zeit vergeht. Jérôme kooperiert zu keinem Zeitpunkt. Er gibt nur etwas zu, wenn er in die Enge getrieben wird, und dann verschließt er sich wieder wie eine Auster. Es wird entschieden, dass jemand anderer mit ihm sprechen soll.

Die internen Teams durchforsten die EDV. Sie prüfen alle Transaktionen im Computer von Jérôme seit Anfang 2007. Das ist harte Arbeit, denn ein Arbitrageur, der mit Futures handelt wie Jérôme, gibt jeden Tag Tausende kleine Orders ein: Er klickt genauso oft an seinem Computer wie ein Kind an seiner Spielkonsole und verfolgt die Entwicklung der Märkte und seiner Positionen im Sekundenrhythmus. Der Job ist nicht riskant, weil die beiden Positionen praktisch gleichzeitig gekauft und verkauft werden. Das Risiko ist nicht die Höhe der Position, sondern die Differenz, das Delta. Damit 1,4 Milliarden Gewinn zu machen ist schlichtweg unmöglich. Es bedeutet, dass der Händler enorme einseitige Positionen aufgebaut hat, ohne die gegenläufige Position zu kaufen. Aber auch das ist unmöglich: Das System hätte es gemerkt und Alarm geschlagen. Die Revisoren prüfen alle Zahlen in der Datenbank, aber weil es so viele einzelne Positionen sind, erhalten sie kein Gesamtbild.

Jérôme bleibt verschlossen wie eine Auster. Luc wird von Jean-Pierre Mustier und seinem Büroleiter Slavomir abgelöst. Dass Jean-Pierre persönlich erscheint, schmeichelt Jérôme. Er hat noch nie persönlich mit dem obersten Chef der Investmentbank gesprochen. Jean-Pierre ist ein Star in der Branche: Er ist reich, mächtig, geachtet, und sein Geschäftsfeld ist, seit es eingerichtet wurde, das profitabelste der Welt. Jean-Pierre und sein Büroleiter versuchen es auf die kumpelhafte Tour, aber auch sie bekommen nicht viel aus Jérôme heraus. Unterdessen rekonstruieren die Revisoren die einzelnen Schritte, wie die Positionen sich entwickelt haben. Jean-Pierre erhält die Informationen auf sein Blackberry. Erst als die Revisoren nach und nach Fakten liefern, die Jérômes Darstellung widersprechen, gibt er einzelne Punkte zu wie etwa Geschäfte mit fiktiven Gegenparteien seit Anfang des Jahres 2007. Aber er räumt Betrügereien immer nur teilweise ein und bleibt bei seiner Version, dass er nur Gewinn gemacht habe. Nach einer langen Zeit, während der immer mehr Fakten ans Licht gekommen sind, bittet Jérôme, zur Toilette gehen zu dürfen. Jean-Pierre wechselt einen angstvollen Blick mit seinem Büroleiter, beide befürchten einen Suizid. Sie kennen die SMS, in der Jérôme gedroht hat, sich vor einen Zug zu werfen. Jean-Pierre beschließt, ihn zur Toilette zu begleiten. Gemeinsam durchqueren sie den leeren Handelsraum.

»Du weißt, Jérôme, ich will dir helfen, aber du musst dich auch ein bisschen anstrengen.«

»Hm.«

»Ich brauche dich.«

»Aber Sie werden mich rausschmeißen.«

»Wenn du 1,4 Milliarden Gewinn gemacht hast, hast du eindeutig gegen deinen Auftrag verstoßen, bist hohe Risiken eingegangen und hast die Bank in Gefahr gebracht. Da könnte es allerdings schwierig werden, weiter in der Bank zu bleiben.«

Jean-Pierre erinnert sich an den Selbstmord eines Händlers im letzten Jahr, der einen Verlust von etlichen Millionen nicht verkraften konnte. Er hatte versucht, seine Positionen zu verstärken, indem er seine Limits überschritt, und so seine Verluste wettzumachen. Aber dabei hatten ihn die internen Kontrollmechanismen erwischt, und er wurde entsprechend den Vorschriften entlassen. Er ging und sprang von einer Brücke. Es war das erste Mal, dass sich bei der Société Générale ein solches Drama ereignete. Der Vorfall hatte Jean-Pierre damals sehr mitgenommen. Er will alles tun, dass sich so etwas nicht wiederholt.

Bei den Toiletten angekommen, versucht Jean-Pierre noch einmal, Jérôme zu beruhigen:

»Schau mal, wenn du 1,4 Milliarden gewonnen hast, kannst du alles in einen Fonds stecken und ordentlich Kohle machen. Wenn du wirklich 1,4 Milliarden gewonnen hast, bist du verdammt gut, dann bist du ein außergewöhnlich guter Händler. Das gibt es von Zeit zu Zeit. Du musst begreifen, dass es nicht schlimm ist, was du gemacht hast. Es ist ärgerlich, aber nicht schlimm. Du musst dich beruhigen.«

»Aber ich habe Positionen vertuscht …«

»Du hast 1,4 Milliarden Gewinn gemacht. Es ist nicht schlimm. Ich brauche deine Hilfe.«

»Solange Sie mich brauchen, mache ich keine Dummheiten.«

Jean-Pierre drückt ihm die Hand und bemüht sich weiter, die Sache herunterzuspielen. Er redet auf seinen Händler ein, um ihn zu beruhigen, gibt sich kumpelhaft, will sein Vertrauen gewinnen und vielleicht doch noch an die wertvollen Informationen kommen, damit er die Abläufe versteht und Zeit gewinnt. Tatsächlich ist er halbtot vor Angst. Er stellt sich vor, wie hoch die Positionen gewesen sein müssen, um einen solchen Gewinn zu generieren. Es müssen Zigmilliarden gewesen sein. Die Bank ist an den Umgang mit großen Summen gewöhnt: Sie bewegt jährlich Milliarden von Milliarden, aber das sind Arbitrage- und Deckungsbeträge, die sich gegenseitig aufheben, ohne Risiko, weil ihnen zu 100 Prozent gegenläufige Positionen gegenüberstehen. Doch um 1,4 Milliarden Gewinn zu machen, muss er einseitige Positionen ohne Gegenpositionen eingegangen sein. Das kann tödlich sein. Er versucht, mehr Informationen zu erhalten. Wissen ist überlebenswichtig. Er muss die Positionen identifizieren, verstehen, welche Risiken damit verbunden sind, und Korrekturmaßnahmen ergreifen. Er hält weiter Jérômes Hand, drückt sie fest und schaut ihm in die Augen:

»Ich brauche dich, mach keine Dummheiten.«

Sie gehen zurück in den Besprechungsraum.

»Wie kannst du uns helfen zu beweisen, dass du nur 1,4 Milliarden Gewinn gemacht hast und nicht anderswo Verluste?«

»Es gibt keine Verluste.«

Jérôme rückt nicht von der Version ab, dass es unter dem Strich 1,4 Milliarden Gewinn sind und dass dem keine Verbindlichkeiten gegenüberstehen: »Die Risiken wurden praktisch am 31. Dezember geschlossen.«

Sie bekommen nicht mehr aus ihm heraus. Die Angst wächst. Das alles ist irreal. Nichts passt zusammen.

Die Revisoren schalten sich ein:

»Nach unseren Recherchen kann dein Ergebnis nicht nur mit Intraday-Positionen zustande gekommen sein, wie du uns weismachen willst.«

»Nun, aber …«

»Nein, du bist direktionale Positionen auf den DAX und den Euro Stoxx eingegangen.«

»Hm, ja, ich erinnere mich …«

»Große Positionen?«

»Ich weiß es nicht.«

»Hast du auch 2008 etwas gemacht?«

»So gut wie nichts.«

»Das heißt?«

»Ein paar Positionen, nicht hoch.«

»Was?«

»Ich erinnere mich nicht mehr.«

»Hast du es allein gemacht?«

»Ja.«

Mitternacht

Jean-Pierre beendet die Befragung, es kommt nichts mehr dabei heraus. Er sagt Jérôme, er solle ins Bett gehen und am nächsten Morgen wieder da sein. Er weiß immer noch nicht, ob sein Händler ein krankhafter Lügner ist oder tatsächlich einen Gewinn in dieser Höhe eingefahren hat, und ruft die Betriebsärztin. Jérôme lehnt jede Hilfe ab. Aber die Ärztin spricht mit ihm, und das entspannt ihn. Er will nicht, dass seine Familie informiert wird. Draußen rauchen sie auf dem Platz vor dem Gebäude eine Zigarette. La Défense ist verwaist.

0 Uhr 30

Philippe hat zusammen mit dem Risikochef alles über die Telefonanlage mitgehört. Er kommt zu Jean-Pierre, um mit ihm über das weitere Vorgehen zu beraten, vor allem, was sie am nächsten Tag bei der Sitzung des Verwaltungsrats sagen sollen.

Jérôme verlässt die Bank in Begleitung von Martine, der Ärztin. Sie setzt ihn in ein Taxi. Zuvor hat sie ihn noch eine Erklärung unterschreiben lassen, dass er die Einweisung in eine Klinik ablehne. Sie sagt ihm, er solle schlafen und um neun Uhr wiederkommen.

*

Allmählich verstehe ich, was seit Januar abgelaufen ist und wie Jérôme schließlich aufgeflogen ist, aber ich kann mir immer noch nicht erklären, wie er sein Spiel so lange treiben konnte und warum er das alles gemacht hat. In den Handelsräumen wird weiter alles Punkt für Punkt durchforstet. Welches Motiv hatte er? Trieb ihn der Wunsch nach Anerkennung für seine Leistung? Wollte er einen möglichst hohen Bonus? War es der Adrenalinkick? Spielsucht? Das System ist tückisch. Wie erträgt er psychisch einen solchen Druck?

Sein Arbeitsumfeld scheint ihm zu verstehen gegeben zu haben, dass alles erlaubt sei, solange es nur ordentlich Kies bringt. Ich bin schockiert über das Ausmaß des Betrugs. Die Widersprüchlichkeit des Händlers verblüfft mich. Er ist kein kleines Genie. Die astronomischen Summen hatten für ihn keinerlei Bedeutung, er bewegte sich in einer rein virtuellen Welt. Sein Realitätsverlust ist beängstigend, wenn man an die Risiken denkt, die er eingegangen ist. Ihm fehlt jedes Bewusstsein für das, was er getan hat.

Im Kontrollsystem war die folgende Gleichung einfach nicht vorgesehen:

> Ein Junge
> x Widersprüchlichkeit
> x Wunsch nach Anerkennung
> x Gier
> x stressiges Arbeitsumfeld
> x ehemaliger Controller
> = systemisches Risiko.

Ich werde wütend. Die Rechnung wird für Zigtausende Mitarbeiter schwer zu verdauen sein, für die 99 Prozent der Beschäftigten, die nicht in den Handelsräumen arbeiten und tagtäglich die Wirtschaft mit Geld versorgen, die reale Wirtschaft mit ihren Geschäften, Baustellen, Fabriken und Büros. Sie stehen gegenüber der Öffentlichkeit in der Schusslinie. Ich stelle mir vor, wie hart intern geredet werden wird, wenn das alles vorbei ist ... falls es uns gelingt, die Bank zu retten.

Ich wäre gern woanders, aber ich habe keine Wahl. Daniel hat mir gesagt: »Sie nehmen die Sache in die Hand.« Es bleibt uns nichts anderes übrig. Ich setze die Maske des selbstsicheren Managers wieder auf und gehe zu meinem Krisenstab zurück.

DIENSTAG, 29. JANUAR 2008

8 Uhr 00

Ich höre im Autoradio RTL. Soeben habe ich meine Söhne Hadrien und Balthazar an ihrer Schule abgesetzt. Der Vorsitzende der Liberalen Partei, der auch wirtschaftspolitischer Sprecher ist, erklärt:

»Ich hoffe, wenn ausgemistet ist und die Verantwortlichkeiten auf dem Tisch liegen, wird der Chef der Bank erneut seine Kündigung einreichen. Ich verstehe, dass der Verwaltungsrat nicht wollte, dass der Kapitän mitten im Sturm das Schiff verlässt, aber ich kann mir nicht vorstellen, dass er die Kündigung nicht annimmt, wenn die Dinge geregelt sind.«

Er verlangt eine Untersuchung »aller Kontrollsysteme aller Banken«. Er schlägt eine Gesetzesänderung vor, die dafür sorgt, »dass die Grenzen zwischen Kontrollsystemen und Händlern hermetisch dicht sind«. Das Telefon klingelt, es ist Philippe Citerne. Ich höre ein Echo am anderen Ende und sage mir, dass er auf Freisprechanlage geschaltet hat. Er will mich hinters Licht führen:

»Ich bin nicht im Büro, kümmere mich um meine Kinder ...«

Ich sage nichts. Seine beiden Kinder sind fast dreißig, der eine arbeitet als Ingenieur in Asien. Philippe ist jeden Morgen um sieben im Büro, wenn er nicht sowieso die Nacht dort verbracht hat. Seit dem Manöver mit dem Statement misstraue ich ihm. Er fragt mich nach der Tendenz in der Presse. Sie ist sehr harsch, auf allen Titelseiten wird Nicolas Sarkozy zitiert, der den Kopf von Daniel Bouton auf einem Silbertablett fordert. Philippe braucht mich nicht, um das zu erfahren.

Ich fasse knapp zusammen:

»Es sieht nicht gut aus. Wir sind immer noch in der emotionalen Phase: Die Anwälte des Händlers, die Politiker, die selbsternannten Experten, alle prügeln auf uns ein.«

»Und was ist mit Daniel?«

»Was Nicolas Sarkozy gesagt hat, ist in allen Tageszeitungen die Schlagzeile und war gestern in den 20-Uhr-Nachrichten die erste Meldung.«

»Das steht Daniel nicht durch!«

»Das Volk will den Kopf von Ludwig XVI., aber in dem Fall hat nicht das Volk zu entscheiden. Die Aktionäre entscheiden. Meines Wissens verlangen weder die Mitarbeiter noch die Kunden, noch unsere Eigentümer, dass er geht. Im Gegenteil, sie wünschen, dass der Kapitän das Schiff durch diesen Sturm steuert und die Kapitalerhöhung erfolgreich durchführt. Daniel muss durchhalten.«

»Wir können die Kapitalerhöhung unter diesen Umständen nicht machen. Was sollen wir tun?«

»Wir können sie machen, sie läuft schon.«

»Nein, das funktioniert nicht!«, brüllt Philippe in die Leitung.

Ich lasse ihn reden, ich glaube ihm nicht. Entweder ist er in

Panik, oder er schmiedet wieder ein Komplott. Er ist der Experte für die Märkte, kontrolliert die gesamte Vermögensverwaltung und die Investmentbank. Er ist aufgeregt, hörbar außer sich:

»Also, was machen wir?«

»Wenn die Kapitalerhöhung am Markt nicht funktioniert, machen wir es wie Barclays und andere: Wir holen Fonds herein, Staatsfonds oder andere, aus China, Singapur oder vom Golf, das geht in drei Tagen.«

»Es geht nicht, ich habe es versucht!«

Er improvisiert. Bei den Krisensitzungen wird jeden Tag deutlich, dass schon Investoren aus der ganzen Welt lauern. Ich spiele sein Spiel mit.

»Was sollen wir machen, Hugues?«

»Das muss der Verwaltungsrat entscheiden.«

»Sie antworten mir mit Kochrezepten! Es brennt!« Er brüllt wieder. »Was sollen wir machen?!«

Schweigen. Ich antworte nicht, Philippe schreit weiter.

»Wir holen Pébereau.«

Michel Pébereau ist der Chef von BNP Paribas. Ich drehe den Ton der Freisprechanlage im Auto leiser.

»Wenn die Kapitalerhöhung nicht zustande kommt, kein Fonds rasch über Wandelanleihen einsteigt, dann müssen wir uns in der Tat um eine Fusion kümmern, und der beste Kandidat in der Branche ist BNP Paribas, das habe ich immer gesagt.«

»Danke Hugues. Schönen Tag noch.«

Philippe legt auf.

Er hat gehört, was er hören wollte. Die anderen, die über Lautsprecher dabei waren, haben mitbekommen, dass ich nichts gegen eine Fusion mit BNP habe. Wo ist Philippe? Wer ist bei ihm? Er glaubt nicht, dass die Kapitalerhöhung ein Erfolg wird. Er muss wirklich in Panik sein, denn vor einem halben Jahr war er noch ganz gegen eine Annäherung an die BNP Paribas. Er favorisierte einen Zusammenschluss mit einem Partner jenseits der Alpen und wollte Daniel ausbooten, indem er ihm im Zuge dieses Deals den Posten eines Präsidenten ohne exekutive Befugnisse vorschlug. Eine Fusion mit der BNP würde ihn an dasselbe Ziel bringen: Daniel auszubooten. Die Zeichen, dass Philippe von Daniel abrückt, mehren sich. Die Journalisten hinterbringen mir verschiedene Äußerungen von ihm; er ist nicht mehr sehr oft im Büro. Ein Jahr später erfahre ich von seinen Beziehungen zu unserem wichtigsten Konkurrenten. Ein sehr hoher Verantwortlicher von BNP Paribas vertraut mir das während eines Abendessens bei gemeinsamen Freunden in den Weihnachtsferien 2008 an. Information oder falsche Fährte?

Ich zappe zu Europe 1. Premierminister François Fillon versucht zu beruhigen:

»Die Regierung muss an die 160.000 Beschäftigten der Bank und an ihre Kunden denken. Auf der Grundlage der strafrechtlichen Erkenntnisse werden Maßnahmen ergriffen, um die Kontrollen zu verstärken.«

Er fordert nicht wie Nicolas Sarkozy Daniels Rücktritt. Er weiß, dass wir fünf Milliarden auftreiben müssen und dass Daniel der Einzige ist, der seit zehn Jahren das uneingeschränkte Vertrauen der Investoren besitzt. Er wird ihn fallen lassen, sobald das Geld da ist.

Ich fahre in die Tiefgarage, nehme den Aufzug, betrete mein Büro, begrüße meine Assistentin Claudine, die mir die Mails der letzten Nacht bringt. Ganz oben liegt die Mail des Generalsekretärs zu den Folgen des mutmaßlichen Falls von Insiderhandel: »Die Finanzmarktaufsicht bestätigt, dass ihre

Stellen umgehend über Aktienverkäufe informiert wurden.«
Nur wenige Medien greifen diese Information auf, aber niemand weist darauf hin, dass das Verwaltungsratsmitglied, um das es hier geht, Nummer 754 auf der Liste der reichsten Menschen der Welt ist; seine Anteile an der Société Générale stammen aus Verkäufen einer kalifornischen Vermögensverwaltung vor sieben Jahren. Dieser »Milliardär« hat seine Aktien der Société Générale an Stiftungen für medizinische Forschung abgegeben, die jedes Jahr zur gleichen Zeit einige davon verkaufen, um ihre Programme zu finanzieren. Der Verdacht des Insiderhandels hat es spielend in die 20-Uhr-Nachrichten geschafft, dabei besagte die Information lediglich, dass ein Mitglied des Verwaltungsrats in der Woche vor der Entdeckung des Betrugs Aktien verkauft hat. Die Information, dass diese Verkäufe vollkommen legal erfolgten und zudem von Stiftungen getätigt wurden, interessiert niemanden. TF1 schert sich nicht um solche Feinheiten und schweigt darüber: Sie wollen auf der allgemeinen Stimmungswelle mitreiten. Zwei Jahre später werden die Ermittlungen eingestellt.

8 Uhr 30

Daniel ist in seinem Büro, schwer getroffen von dem Pressebeschuss, sehr verletzt von Sarkozys Worten. Ich grüße ihn, er reagiert nicht. Ich gehe wieder.

13 Uhr 00

Ich mache mich auf den Weg zu einem Restaurant in der Nähe der Place de l'Étoile. Dort bin ich mit dem Chefredakteur des *Figaro* zum Essen verabredet. Ich schlendere über den großen Platz von La Défense zur Metrostation Grande-Arche der Linie 1. Nach den Ereignissen der letzten zehn Tage bin ich erschöpft. Das Winterwetter ist warm und feucht, die Grautöne überall müssten mich eigentlich zusätzlich bedrücken, stattdessen verschlinge ich das pulsierende Leben um mich herum mit den Augen. Staunend beobachte ich, wie Menschen sich ganz normal unterhalten, über ihre Pläne sprechen, in Bistrots gehen, sich in Einkaufszentren drängen, lachen, Pärchen bilden. Irgendwie erscheint mir das alles seltsam. Ich komme aus einer anderen Welt zurück. Die zehn Tage im Tunnel, die ich erlitten, nicht erlebt habe, waren für mich wie ein Schlag auf den Kopf. Die Sonnenstrahlen, die durch die Wolken dringen, blenden mich. Der Stress, der unerträglich wurde, als ich mit dem Bankrott der Bank rechnen musste, das Maß an Aggression, das mir in den wenigen Augenblicken, die ich nicht mit Krisenbewältigung beschäftigt war, in den Medien, bei Kollegen, bei Freunden und in der Familie begegnet ist, die Qual vieler durchwachter Nächte – all das hat mich in einen jämmerlichen Zustand versetzt, physisch und psychisch.

Auf diesem kurzen Fußmarsch wird mir bewusst, dass ich seit Daniels Anruf am Sonntag, dem 20. Januar, das Tageslicht nicht mehr gesehen habe. Ich war immer in tiefer Nacht unterwegs, die Tage habe ich in klimatisierten Räumen im Büroturm der Bank verbracht. Es gibt noch anderes auf der Welt außer dieser verfluchten Kerviel-Affäre. Das beruhigt mich.

Im Vorübergehen schnappe ich mir eine kostenlose Zeitung, *Matin Plus,* aus einer Box. Auf der Titelseite berichtet sie nicht über die Société Générale, sondern über den Sieg von Tiger Woods in San Diego. Es ist sein 62. Titelgewinn. Ich lächle und denke, dass ich gern in Kalifornien gewesen wäre, um die Klasse dieses großartigen Champions zu bewundern. Ich trete auf den Bahnsteig, das hier ist eine Endhaltestelle, der Zug ist abgestellt, fast leer. In den Fenstern des ersten Waggons spiegelt sich mein Gesicht. Ich habe Ringe unter den Augen, bin blass und zerfurcht. Mir gefällt nicht, was ich da sehe, und ich beschließe, dass ich am nächsten Wochenende joggen werde. Und dann werde ich mit den Kindern spielen, mit Caroline essen gehen und mein normales Leben wieder aufnehmen. Ich steige in den zweiten Waggon ein und schlage die Zeitung auf. Jérôme begrüßt mich auf Seite elf: »Er wollte ein Ausnahme-Händler sein. Nach zwei Tagen Polizeigewahrsam wurde der ehemalige Börsenhändler von zwei Untersuchungsrichtern vernommen, aber gegen die Empfehlung der Staatsanwaltschaft von Paris wieder auf freien Fuß gesetzt ... Im Übrigen haben die Aktionäre der Bank angekündigt, eine weitere Anzeige wegen des Verdachts auf ›Insiderhandel‹ zu erstatten. Sie richtet sich gegen ein Mitglied des Verwaltungsrats, das am 9. Januar, wenige Tage vor Einbruch des Aktienkurses, Aktien im Wert von 85,7 Millionen Euro abgestoßen haben soll.«

»Scheiße.«

Ich schließe die Zeitung und die Augen, lehne den Kopf an das Fenster und zähle die Stationen. An der Haltestelle Franklin-Roosevelt steige ich aus und gehe die Champs-Élysées wieder hinauf. An einem Kiosk bleibe ich stehen und kaufe mir *Le Monde,* die einzige französische Abendzeitung, die sechs Tage in der Woche ab 13 Uhr verkauft wird. Sie enthält nichts Ermutigendes. Ich gehe weiter zu dem Restaurant, betrachte von draußen die Meeresfrüchte, die Zitronenscheiben, die Platten mit den Austern, die bereit stehen, atme den Geruch der Bretagne ein, stoße die Tür mit den kleinen Fenstern auf und steuere auf die Empfangschefin zu.

»Monsieur Le Bret, ich bringe Sie zu Ihrem Tisch«, sagt sie und fügt leise hinzu: »Also, mit Jérôme Kerviel haben Sie sich schon einen merkwürdigen Sündenbock ausgesucht. Er hat der Bank doch immerhin Milliarden an Gewinn eingebracht.«

»Wir haben nur geschildert, was passiert ist, so wie es unsere Revisoren rekonstruiert haben. Wir haben nicht ein einziges Mal seinen Namen genannt, die englischen Zeitungen haben seine Identität gelüftet. Wir haben durch ihn eine Menge Geld verloren.«

»Aber solange er Gewinn gemacht hat, haben Sie ihn gewähren lassen?«

»Sobald wir den Betrug entdeckt hatten, haben wir ihn freigestellt. Er hat Anfang 2007 zwei Milliarden verloren. Es war nicht zu erkennen, was er gemacht hat, weil er seine Positionen verschleiert hat.«

»Nun, Monsieur Le Bret, 50 Milliarden zu verschleiern, also wirklich … Möchten Sie ein Glas Chablis?«

»Lieber einen Sancerre«, sage ich matt.

Der Kellner bringt mir den Weißwein und dazu eine kleine Schale Garnelen.

»Ha, Monsieur Le Bret, wenn von den 50 Milliarden noch was übrig ist, nehme ich Ihnen gern ein paar ab!«

»Ich werde darüber nachdenken.«

Ich hole eine Garnele aus der Schale, klemme Schwanz und Kopf zwischen Daumen und Zeigefinger, knacke sie mittendurch und ziehe mit den Zähnen das Fleisch heraus. Die beiden Enden, die an meinen Fingern kleben, lasse ich in den Aschenbecher fallen. Ich greife nach dem Glas und trinke einen großen Schluck. Das mit Wein vermischte Garnelenfleisch kaue ich lange. Der Journalist kommt an meinen Tisch.

»Freut mich, dich lebend anzutreffen«, sagt er ein bisschen übertrieben freundlich.

»Sei kein Heuchler. Möchtest du ein Glas?«

»Was hast du?«

»Sancerre.«

»Für mich das Gleiche.«

Er setzt sich, macht es sich bequem. Ich kenne ihn seit zwanzig Jahren, wir haben zur selben Zeit in derselben Branche angefangen. Zu Beginn meines Berufslebens war ich drei Jahre lang Journalist. Er ist in dem Job geblieben und hat Karriere gemacht, inzwischen bekleidet er einen der schönsten Posten, die es in Paris gibt. Ich bin vom Journalismus zur Werbung gewechselt, habe ein Unternehmen gegründet und schließlich bei meinem ehemaligen Kunden Daniel angeheuert.

»Du hast in letzter Zeit wohl nicht viel zu lachen gehabt.«

»Ich hätte darauf verzichten können. Es erwischt dich volle Kanne. Am Schlimmsten geht es den Kundenberatern in den Filialen, sie müssen sich den ganzen Tag von den Kunden beschimpfen lassen, und dabei können sie nun wirklich nichts dafür.«

»Warum nicht?«

»Weil diese Geschichte für die breite Öffentlichkeit unverständlich ist und die Zahlen astronomisch sind. Wir verkörpern alles, was den Leuten so unheimlich ist: Geld außer Rand und Band, Spekulation, hohe Gehälter, Aktienoptionen, der CAC 40, Straflosigkeit, Arroganz, die Finanzinspektoren, die Mächtigen, goldene Handschläge – alles, was die Leute ablehnen. Dabei bekommt nicht jeder eine hohe Abfindung, und jedes Jahr stellen wir allein in Frankreich fünftausend neue Mitarbeiter ein. Auf der anderen Seite steht ein ganz hübscher Junge mit einem Engelsgesicht, der aus der Provinz kommt. Kleinbürgerliches Milieu. Wir verkörpern Globalisierung und Arbeitslosigkeit, er steht für Leistung und Aufstiegswillen.«

»Also können sie doch etwas dafür.«

»Die Leute in den Filialen? Sie vergeben Immobilienkredite, sind für Kreditkarten, Sparkonten und EC-Karten zuständig. Die Großkunden, die Hedgefonds und Investoren, all jene, die ihre Gesprächspartner in unserer Investment-Banking-Sparte gut kennen, beglückwünschen sie zu ihrem Krisenmanagement, obwohl der Betrug in dem Bereich passiert ist.«

»Und du?«

»Ich höre mir den ganzen Tag Kritik an von allen, mit denen ich zu tun habe: von Journalisten, Investoren, Kollegen, auch aus der Familie, von Freunden … Es tut weh.«

»Aber das ist doch verständlich. Fünf Milliarden, das ist unverzeihlich.«

»Das sehe ich auch so. Es ist umso schwieriger, als wir alle dasselbe denken: So etwas hätte nie passieren dürfen. Die Jungs in der Investmentbank waren zu nachlässig, aber trotzdem, man muss schon ein hartgesottener Betrüger sein, um so was durchzuziehen!«

»Und die Kontrollsysteme müssen komplett versagt haben.«

»Sie haben nicht versagt, der Beweis ist doch, dass sie Alarm geschlagen haben, und durch einen Alarm ist er aufgeflogen. Nur ein Alarm, eine Frage, und der Händler hat gelogen, vertuscht, Fälschungen vorgelegt. Er hat gestanden, das ist Fakt.«

»Halt mir keinen Vortrag, ich kenne eure Version, und wir haben uns die polizeilichen Protokolle besorgt: Er hat im Polizeigewahrsam alles gestanden.«

»Na also, warum stürzt ihr euch dann alle auf uns? Du hilfst uns auch nicht: Warum prügelt ihr alle so auf uns ein?«

»Die öffentliche Meinung will das so.«

»Ist dein Job Information oder Marketing?«

»Beides. Du weißt, dass wir am Samstag das Interview mit Daniel gebracht haben?«

»Ja, ich war dabei, und weiter?«

»Wir haben 25 Prozent mehr Zeitungen an den Kiosken verkauft. Das fasziniert die Franzosen.«

»25 Prozent mehr? Wann hat es das zum letzten Mal gegeben?«

Ich überlege, dass das lange her sein dürfte, wahrscheinlich beim Tod von Johannes Paul II. Die Verkaufszahlen waren eine große Überraschung. Also hat man sich gesagt, dass man am Montag die Gegenseite zu Wort kommen lassen wollte, und hat Kerviels Anwältin interviewt. Wieder 25 Prozent mehr Auflage.

»Aber sie erzählt nur Unsinn. Die Aussage, dass ›mit Nebelkerzen Verluste im Zusammenhang mit den Subprimes verschleiert‹ werden sollten, hat keine zwei Sekunden Bestand, diese Geschichte vom naiven Unschuldsengel. Wir sollen ein Loch geschaufelt haben, um ein Loch aufzufüllen?! Alles, was wir mitteilen, ist überprüft, von unabhängigen Bilanzprüfern verifiziert. Wir stehen in der Verantwortung, gegenüber den staatlichen Behörden und den Finanzaufsichtsbehörden. Wir können keinen Unsinn veröffentlichen.«

»Die Nummer mit dem Sündenbock ist ein genialer Schachzug.«

Er amüsiert sich.

»Du weißt ganz genau, dass wir ihn schützen wollten und abgelehnt haben, seinen Namen zu nennen.«

»Ja, aber die Öffentlichkeit glaubt an die Sündenbockgeschichte. Der Bursche ist sympathisch.«

»Sympathisch??? Willst du mich verarschen?«

»Er sieht nett aus, hat eine nette Geschichte, und er hat sich nicht persönlich bereichert.«

»Wenn jemand einen Bonus von 600.000 Euro verlangt, nachdem er im Jahr zuvor gerade ein Zehntel davon bekommen hat, will er sich nicht bereichern?«

»Und dann sind da ja noch die ganzen Nebenschauplätze.«

»Jawohl, die Dreckschleuder ist angeworfen: Jeder, der mit seiner Bank noch ein Hühnchen zu rupfen hat, findet in den Medien eine Bühne dafür. Und wir lassen uns pro Stunde zehn Mal in die Fresse hauen.«

»Jetzt mischt auch noch der Präsident der Republik mit.«

»Die Menschen haben Nicolas Sarkozy gewählt, weil sie mehr Geld in der Tasche haben wollten. Stattdessen haben sie weniger. Die Öffentlichkeit ist schockiert über die Affäre bei uns, das zeigt eine Umfrage, und der Präsident nutzt die Chance, die sich ihm da bietet.«

»Du siehst, es ist eine gute Fortsetzungsgeschichte, und wir verkaufen stapelweise Zeitungen.«

»Die Wahrheit interessiert dich nicht?«

»Mein Job sind Informationen. Über deinen Fall gibt es haufenweise Informationen, jeden Tag.«

»Das sind keine Informationen. Weltweit gibt es pro Tag 6000 Agenturmeldungen, 600 davon tauchen im Radio und in der Presse auf. In den 20-Uhr-Nachrichten sind es noch fünfzehn. Ihr wählt aus diesem Trommelfeuer täglicher Meldungen nicht nach dem Informationsgehalt aus, sondern nach Emotionen und danach, woraus ihr eine Fortsetzungsgeschichte machen könnt. Mord, Vergewaltigung, Einbruch, das verkauft sich besser als die jüngsten Zahlen zum französischen Haushaltsdefizit. Das kommt bei euch erst auf Seite 22: In diesem Jahr sind es 38 Milliarden Euro.«

»Das ist keine Meldung. Es ist jedes Jahr dasselbe.«

»Ich sehe schon, wir haben schlechte Karten. Für mich gibt es nur eine Lösung: Die Schotten dicht machen, damit diese Fortsetzungsgeschichten aufhören. Was hast du morgen auf der Titelseite?«

»Rate mal«, erwidert er lächelnd.

»Mistkerl! Ober, zwei Kaffee.«

»Das nächste Mal lade ich dich ein.«

»Mit der Auflage, die ihr neuerdings habt, kannst du dir das leisten, aber ich komme nur, wenn wir über etwas anderes reden.«

Während sich die Beobachter von außen auf Nachlässigkeiten und Verantwortlichkeiten der Bank einschießen, ohne die Ergebnisse der laufenden Untersuchungen abzuwarten, konzentriert sich die Société Générale auf das Wesentliche: ihre Mitarbeiter. Mitten in diesem medialen Flächenbrand, bei dem Jérôme die Titelseiten von Lima bis Tokio und von Los Angeles bis Moskau beherrscht, organisieren wir ein direktes Gespräch zwischen Daniel und den Mitarbeitern der Bank. Sie dürfen nicht die Nerven verlieren. Wir richten einen Chat ein, bei dem die Beschäftigten in Asien und den Vereinigten Staaten Daniel ihre Fragen direkt stellen können: 38.000 Personen machen mit. Sie unterstützen die Führung:

»Weiter so, Société Générale. Mut, Monsieur Bouton. Wir sind auf Ihrer Seite. Die Société Générale ist unsere Heimat, wir lassen sie nicht fallen. Wir sind stolz, dazuzugehören.«

Ich lasse den kompletten Chat ins Internet stellen. Einige Tageszeitungen übernehmen ihn vollständig auf ihre Internetseiten.

Der Pariser Staatsanwalt erklärt: »Aus Jérôme Kerviels Einlassungen geht hervor, dass er nicht aus unmittelbarem persönlichem Profitstreben gehandelt hat. Er hat als Händler agiert, hat ohne Zweifel Befugnisse überschritten, aber nicht, um die Bank durch betrügerische Transaktionen zu schädigen … Er wollte als Ausnahme-Händler dastehen, als jemand, der Marktentwicklungen vorausahnt.« Kerviels Anwälte übernehmen den Rest: »Andere Händler der Bank haben sich, was das Überschreiten von Befugnissen angeht, genauso verhalten wie er.«

Schnell, innerhalb weniger Tage, ist Jérôme Kerviel zum Liebling der Internetnutzer geworden. Man spricht über seinen Fall, seine »Großtat« fasziniert. Sein beruflicher Weg wird nachgezeichnet: bescheidene Anfänge, dann nach vier Jahren

die Beförderung zum Händler. Ein Satz, den er im Polizeigewahrsam gesagt hat, geistert herum: »Ich wurde als ein Händler zweiter Klasse angesehen, weil ich nur an einer normalen
Universität studiert habe, nicht an einer Elitehochschule.«

Aber im wahren Leben bleibt Jérôme unsichtbar, obwohl die
gesamte Weltpresse ihn jagt. In seinem Heimatdorf erinnert sich
sein ehemaliger Judolehrer an einen ruhigen, bedächtigen, offenen jungen Mann. In Lyon, wo er studiert hat, beschreiben
ihn die Professoren als einen ordentlichen, wenn auch nicht
überragenden Studenten. Ein ehemaliger Händler sagt: »Wir
hielten uns für die Herrscher der Welt.« Seine Tante schildert
Jérôme am Telefon als ehrlichen Menschen. Seine Kollegen finden ihn verschwiegen, geradezu geheimniskrämerisch.

Während die Medien noch versuchen, Jérômes Manipula-
tionen herunterzuspielen und der Bank wegen unzulänglicher
Kontrollsysteme die Schuld zu geben, schwillt die mediale Polemik über Daniels Rücktritt an. Alle Fernsehnachrichten eröffnen mit diesem Thema. Das Zuschauerinteresse ist gewaltig, man will Köpfe rollen sehen. Niemand interessiert sich für
die Zigtausend Mitarbeiter, die Millionen Kunden der Bank.
Der Kapitalismus wird in Frage gestellt, die überbezahlten
Bosse, die Spekulation, die Finanzwelt, die keine Grenzen
mehr kennt, die Macht des Geldes. Jérôme ist auf einmal der
Durchschnittsbürger, in dem sich jeder wiedererkennt, ein
Opfer des Systems.

23 Uhr 00

Daniel ruft mich an:

»Wir betreiben Wertvernichtung in großem Stil. Die Mitarbeiter müssen sich den ganzen Tag von den Kunden beschimpfen lassen. Sagen Sie mir ganz ehrlich: Muss ich zurücktreten?«

Wie alle anderen habe auch ich über diese Frage nachgedacht. Kurzfristig würde das die Probleme nicht lösen, aber wir würden Zeit verlieren, und es würde die geplante Kapitalerhöhung durchkreuzen. Ich antworte ihm direkt:

»Ja … aber nicht jetzt und nicht so!«

Ich spüre Erleichterung am anderen Ende der Leitung und fahre fort:

»Wir sind mittendrin in der Krise. Unser Finanzproblem ist nicht gelöst, der Sturm in den Medien schwillt immer weiter an, es ist nicht der richtige Zeitpunkt.«

»Und wann ist der richtige Zeitpunkt?«

»Man tritt nicht mitten im Kampf zurück, man ficht ihn aus, trägt seine Verantwortung. Erstens, wir bringen diese verdammten fünf Milliarden in die Kasse. Es ist noch ein Haufen Arbeit, bis die Kapitalerhöhung steht. Wenn Sie gehen, werden die institutionellen Investoren nicht mitziehen. Sie vertrauen Ihnen. Zehn Jahre lang waren Sie ein verlässlicher Partner. Zweitens, das Geschäft hält sich einigermaßen ordentlich, es gibt nur an zwei Stellen Probleme: in Asien, wo alles gestoppt wurde, bis die Behörden entschieden haben – sie geben noch ein bisschen heimische Vetternwirtschaft dazu –, und beim Privatkundengeschäft in Frankreich. Das muss nicht so bleiben, aber es ist auch noch nicht zu Ende. Abgesehen davon ist bei den europäischen und amerikanischen Großkunden, in Osteuropa und bei den Finanzdienstleistungen alles in Ordnung: Entweder schätzen sie uns dafür, wie wir eine Krise bewältigt haben, die auch anderswo hätte passieren können, oder sie begreifen gar nicht richtig, was los ist. Jedenfalls besteht da kein Grund zur Eile. Drittens steht die Belegschaft hinter Ihnen, sie kämpft dafür, dass man gemeinsam aus diesem Saustall herauskommt. Also, haben wir ein bisschen Luft.«

»Wann?«

»Machen wir die Kapitalerhöhung, gehen wir im Mai vor die Hauptversammlung, das wird noch einmal hart, und treten Sie dann im Sommer zurück, nach Bekanntgabe der Halbjahreszahlen. Gehen Sie erhobenen Hauptes, nachdem alles geregelt ist.«

»Danke. Ich werde darüber nachdenken.«

MITTWOCH, 30. JANUAR 2008

»Hochrisiko-Sitzung für den Chef der Société Générale«, titeln die Zeitungen, die nicht wissen, dass die Tagesordnung keine Debatte über die Leitung der Bank vorsieht, da das Thema bereits am 23. Januar entschieden wurde. Aber das Augenmerk der Öffentlichkeit konzentriert sich auf die existenzielle Frage, die der Staatspräsident aufgeworfen hat: Wird Daniel von seinen Funktionen zurücktreten, wie alle fordern, die wissen, wer »verantwortlich« ist?

Die Sitzung des Verwaltungsrats findet im Turm von La Défense statt. Auf dem Bürgersteig parken Übertragungswagen, rund hundert Journalisten warten mit ihren Mikrofonen im Anschlag. Die Mitarbeiter, die seit einer Woche von den Medien bedrängt werden, nehmen, als sie eintreffen kein Blatt vor den Mund. Die Gewerkschaften machen sich Sorgen um die Zukunft der Bank und hoffen, dass die Kapitalerhöhung ein Erfolg wird. Die Angestellten strömen aus ihren Büros auf den Platz von La Défense. Sie haben auf ihren Computern Logos gebastelt und improvisierte Plakate gedruckt. Es sind über viertausend, die sagen, dass sie genug von diesem Händler haben, dass sie normale Menschen sind, die arbeiten wie alle anderen, dass ihre Bank weiter funktioniert und ihre Motivation ungebrochen ist. Die Bilder von dieser Menge, die auf allen Fernsehsendern laufen, zeigen, dass hier nicht der böse Daniel gegen den netten Jérôme kämpft, sondern 160.000 Arbeitnehmer um ihre Arbeitsplätze kämpfen!

Die Gewerkschaften mischen sich ein: »Ein Chef von außen würde nur die Société Générale zerschlagen wollen.« »Die Beschäftigten machen sich Sorgen, sie wollen nicht am Ende die Dummen sein.« Eine Angestellte sagt, der Staatspräsident hätte vor seiner Äußerung »abwarten sollen, was bei der Untersuchung der Finanzmarktaufsicht, der Bankenkommission und den polizeilichen Ermittlungen herauskommt«. Andere meinen: »Das ist nicht Sache der Politiker.« Mehrere äußern sich über Daniel: »Wir unterstützen unseren Chef, wir wollen nicht, dass er zurücktritt.« »Wir wissen, was er kann, wir haben Vertrauen.« Über Jérôme sagen sie: »Er hat nur an sich gedacht. Er hätte auch an die anderen denken sollen.«

Ich gehe in den 35. Stock hinauf und lese die Presseerklärung noch einmal durch, die wir nach der Verwaltungsratssitzung herausgeben werden. Nicht ein Satz steht darin, dass Daniel bleibt. Ich frage die Verwaltungsräte danach, sie bestätigen mir, dass das Thema nicht angesprochen wurde und deshalb im Protokoll nicht vorkommt. Ich dränge den Nominierungsausschuss, eine offizielle Erklärung dazu vor den Medien abzugeben. Der Vorsitzende des Ausschusses liest meinen Entwurf und korrigiert ihn: »Zu Beginn der Krise hat Daniel die Verantwortung übernommen und seinen Rücktritt erklärt. Der Verwaltungsrat hat ebenfalls seine Verantwortung übernommen und ihn gebeten, im Amt zu bleiben und sich um die Bewältigung der Krise zu kümmern.« Ich versuche zu korrigieren:

»Zweimal das Wort Verantwortung ist aggressiv gegenüber Sarkozy, der das Wort auch verwendet hat, aber mit entgegengesetzter Stoßrichtung.«

»Das stimmt, aber ich entscheide, wie wir es formulieren.«

»Ich kann Ihnen wirklich nur raten, Ihre Wortwahl abzumildern.«

»Ich bin ein unabhängiger Verwaltungsrat, ich bin frei.«

»Sie sollten aber den Präsidenten der Republik nicht zu direkt angreifen.«

Er geht zu den Journalisten und liest seine Erklärung vor, unverändert bis aufs Komma: Der Verwaltungsrat der Bank bestätigt Daniel in seinen Funktionen, einstimmig! Der Gewerkschaftsvertreter, der die meisten Beschäftigten vertritt, sagt: »Der Versuch, unseren Vorstandsvorsitzenden zu destabilisieren, ist gescheitert: Die Société Générale steht wie ein Mann hinter ihrem Chef.« Ein weiterer Gewerkschafter legt nach: »Er ist der Fähigste, um die Kapitalerhöhung durchzuführen.«

Am Nachmittag teilt der Präsident der Finanzmarktaufsicht mit, Daniel habe im Krisenmanagement »gut agiert«. Beim Thema Insiderhandel ist die Luft raus: Die Staatsanwaltschaft teilt mit, dass sie keine strafrechtlichen Ermittlungen wegen Insiderhandels aufnehmen werde.

Auf einmal sieht alles anders aus, die Kräfteverhältnisse haben sich verschoben.

Dafür tauchen andere Probleme auf, vor ein paar Stunden hat AFP gemeldet: »Einem nicht genannten unabhängigen Verwaltungsrat zufolge soll der Verwaltungsrat der Société Générale das Thema einer Annäherung an die BNP erörtert haben.« Ich wende mich umgehend an den Generalsekretär, der förmlich dementiert, dass das Thema erörtert wurde. Daraufhin rufe ich bei AFP an, dort lässt man sich Zeit, mein Dementi zu veröffentlichen. Ich melde mich noch einmal bei ihnen, sie sagen, sie würden den Punkt überprüfen. Ich verstehe das nicht. Ein Dementi aus dem Mund des Kommunikationschefs ist eine Information aus Beton. Ich mache Druck, aber weil die Meldung nicht kommt, versuche ich es bei Reuters. Schließlich bringt AFP die Meldung, eine Viertelstunde später. Ich gehe in den 35. Stock.

Daniel fragt mich:

»Wer hatte diese Information rausgegeben?«

Da begreife ich, dass tatsächlich über das Thema gesprochen worden war. Ich habe mich vom Generalsekretär manipulieren lassen, so etwas hat Daniel nie gemacht. Später erfahre ich, dass Philippe regelmäßig mit einer Handvoll Journalisten über die Themen gesprochen hat, die im Verwaltungsrat erörtert wurden.

Mit Daniel Bouton an der Spitze herrschten vollkommen transparente Verhältnisse, absolutes Vertrauen. Das war eine meiner Bedingungen, als ich 1999 dazukam. Er sagte zu mir: »Zu einem Kommunikationschef hat man entweder hundert Prozent Vertrauen, und man sagt ihm alles, oder man feuert ihn.« Daniel hat mich nie angelogen, und ich habe nie ein Geheimnis ausgeplaudert. Wenn ich fast drei Jahre nach dieser unglaublichen Affäre bestimmte Dialoge und viele Informationen im Zusammenhang mit der Krise niederschreibe, dann deshalb, weil der Fall mit Abschluss des Prozesses in die Geschichte eingegangen ist. Ich konzentriere mich auf die Affäre Kerviel und äußere mich zu keinem anderen strategischen Thema, das im Verwaltungsrat verhandelt wurde oder Personen betrifft, die heute noch im Amt sind.

PHASE DREI

DIE MEUTE

DONNERSTAG, 31. JANUAR 2008

Die Agenturmeldung trifft am Morgen ein: BNP Paribas »denkt über ein Übernahmeangebot für die Société Générale nach«.

Wenige Minuten später heißt es auf der Website von *Échos* genauer, dass sich die BNP »nach einer ihr nahestehenden Quelle« seit einer Woche aktiv mit dem Thema beschäftige und Berater zugezogen habe.

Im Klartext: Ein Sprecher der Bank hat die inoffizielle Nachricht bestätigt. Auch heißt es in dem Artikel, dass »der Verwaltungsratschef der BNP jüngst den Élysée-Palast aufgesucht hat. Er wurde dort in der Sache vom Generalsekretär und dem Wirtschaftsberater empfangen«.

Wie jeder weiß, unterhält die BNP Paribas seit der fehlgeschlagenen Offensive von 1999 ein ständiges Dossier zur Société Générale und wird bei der erstbesten Gelegenheit versuchen ihre Ziele zu erreichen. Jetzt hat sich ihr unverhofft ein Zeitfenster geöffnet: Noch nie war die Société Générale so geschwächt. Der Ruf ihrer Führung ist ruiniert, ihr Börsenwert ist eingebrochen. Ihre Kunden sind verunsichert und ihre Mitarbeiter schwer getroffen. Und als Krönung steht Michel Pébereau, der Verwaltungsratschef der BNP Paribas, dem Élysée nahe. Er hat eine offizielle Mission in Sachen öffentliche Verschuldung bravourös gemeistert – vor der Krise, zu einer Zeit, da die Bilanz unserer Regierungen seit 1973 bereits niederschmetternd war. Im Februar 2007 wurde Pébereau vom Ministerium für Wirtschaft, Finanzen und Arbeit zum Verwaltungsratsmitglied von EADS ernannt, Frankreichs wichtigstem Rüstungsunternehmen. Und jetzt sind in drei Monaten Kommunalwahlen: Vor Urnengängen versuchen die Regierungen immer, einen politischen Coup zu landen.

Als ich die Agenturmeldung lese, gerät mein Blut in Wallung: Wir müssen diese Entwicklung aufhalten, ehe sie außer Kontrolle gerät. Wenn sie einmal mit Rückendeckung des Élysée in Gang gekommen ist, lässt sie sich kaum noch stoppen. Diese Erfahrung habe ich vor neun Jahren schon einmal machen müssen. Damals waren wir nach sechs Monaten erbitterter Übernahmeschlacht dem Kaufangebot mit knapper Not entgangen. Heute ist die Bank angeschlagen. Angesichts der Kräfteverhältnisse haben wir weder die Energie noch das Vertrauen der Anleger, um uns auf so einen Kampf einzulassen. Unsere Kräfte sind beträchtlich geschrumpft. Hinter der Fassade ist die Stimmung im Keller. Ich spüre, dass viele bereit sind, bei der ersten Attacke das Handtuch zu werfen.

Allerdings steht eine heiße Kommunalwahl bevor: In den Umfragen schneidet die Präsidentenpartei UMP schlecht ab. Die Sozialpartner der Bank sind gegen diesen Schritt, weil er Arbeitsplätze vernichten würde. Die Demonstration zu Daniels Unterstützung hat die Öffentlichkeit überrascht. Diese Karte werde ich ausspielen: Es geht um achttausend Stellen, die im Fall einer Fusion den »Synergieeffekten« und »Größenvorteilen« geopfert würden. Das dürfte die Gewerkschaften und die Arbeitnehmervertretungen mobilisieren. Gemeinsam können wir uns an die Parlamentarier (Abgeordnete und Senatoren) wenden und ihnen die Besorgnis der Angestellten und Kunden mit Blick auf Beschäftigung, Schließung von Niederlassungen etc. vermitteln. In der nächsten Woche werden diese Besorgnisse in den Fraktionssitzungen von UMP und PS Resonanz finden – mit einer Befragung der Minister, einer aktuellen Stunde etc.

Wenn das Ministerium für Wirtschaft, Finanzen und Arbeit, der Premierminister und der Staatspräsident einige Hundert Briefe erhalten, werden sie sich die Sache nochmals überlegen: Ein Präzedenzfall wie aus dem Lehrbuch war 2006 die Reform der lokalen Zollbehörden. Wie sensibel die Führungsfiguren auf ein paar Schreiben reagieren, hat mich schon immer überrascht. Ab einer gewissen Anzahl betrachten sie sie als ein Massenphänomen, das alle Gemüter in Frankreich erregt. Und diese Anzahl liegt zwischen fünfhundert und tausend. Eine solche Aktion ist einfach zu koordinieren, vielleicht reichen schon die Familien und Freunde einiger Mitarbeiter. Diese Strategie des »Frankreich von unten« ist nicht sehr subtil, kann sich aber als schlagkräftig erweisen und der Lobbyarbeit des »Frankreich von oben« entgegenwirken, in der Michel Pébereau wahrscheinlich glänzen wird.

Ihre Umsetzung braucht allerdings einige Zeit.

Und mir bleiben für eine Reaktion nur wenige Stunden. Ich muss sofort handeln, sonst sind wir erledigt. BNP Paribas hat auch ein Zeitfenster, aber es ist größer als meines: Ohne das Für und Wider lange abzuwägen, beschließe ich, allein ins kalte Wasser zu springen. Wenn ich Daniel einweihe, würde er meiner Initiative die Zustimmung verweigern. Er ist von der Verwaltung und vom Staatsdienst geprägt. Ein Kräftemessen mit Politikern ist nicht seine Sache.

Ich rufe einen Mann an, der abends im Élysée verkehrt und den ich regelmäßig treffe. Ich sage ihm, dass wir uns rasch sehen müssten. Ich hätte ihm »etwas sehr Wichtiges« mitzuteilen.

Er lässt sich zum Mittagessen ins *Chez Laurent* einladen. Das Restaurant liegt in der Nähe des Präsidentenpalasts. Er ist ein Fan von exklusiven Lokalen, in denen die Crème de la Crème speist. Er liebt es, in bedeutenden Pariser Restaurants von Empfangsdamen, Kellnern und Küchenchefs hofiert zu werden. Der ehemalige Jagdpavillon Ludwigs XIV. trumpft mit einer Speisekarte von Joël Robuchon auf. Als ich eintreffe, nippt mein Gesprächspartner an einem Glas Weißwein und verkündet mir stolz: »Sieh mal einer an: Der ganze CAC 40 ist versammelt«. Ich verkneife mir den Kommentar, dass mir das völlig schnuppe ist.

Sein Gerede langweilt mich. Ich sitze wie auf Kohlen, höre aber zwanghaft aufmerksam zu und lasse mir nichts anmerken. Er nimmt einen ganzen Hummer im Salat (93 €, wie ich schluckend entdecke) und ich einen Petersfisch, leicht in Algenbutter »Purgatorio« geschmort, mit Meerfenchel und Messermuscheln in Schnittlauchöl (65 €). Nach der halben Stunde Vorgeplänkel und 45 Minuten Gespräch über den Pariser Politklatsch (hier können wir uns gegenseitig zeigen, dass wir über die richtigen Insiderinformationen verfügen) komme ich endlich zur Sache. Ich versuche es mit einem dreisten Bluff. Ich blicke ihm tief in die Augen und sage ihm ernst, ruhig und entschlossen:

»Ich zettle in sämtlichen zweitausendzweihundert Zweigstellen der Bank in siebenhundert Städten Frankreichs hinter den Kulissen einen Riesenwirbel an. Dann stehen hundertsechzigtausend Mitarbeiter bereit, um auf die Barrikaden zu steigen, sobald das offizielle Übernahmeangebot vorgelegt wird. Die Sozialpartner und die gesamte Linke machen gegen das Projekt mobil. Falls der Élysée-Palast dieses Scheißprojekt einer Übernahme nicht sofort blockiert, lasse ich diese Bombe zwei Wochen vor den Kommunalwahlen hochgehen. Sag mir, wenn ich hier den Fuß vom Gaspedal nehmen soll. Falls nicht, weißt du, wo die Reise hingeht.«

Diese wenigen Sätze für meinen Plan habe ich mir am

Morgen mehrfach vorgesagt. Jetzt sind sie ausgesprochen, und sie sitzen: Mein Gegenüber schluckt, wippt nervös mit dem Stuhl, steht auf, sieht sein volles Glas, setzt sich erneut, stürzt seinen Wein hinunter und bricht unser Essen ab. Er eilt in den Élysée-Palast.

Ich bleibe einige Minuten reglos am vereinsamten Tisch sitzen und traue mich kaum, meinen Fisch zu verzehren: Jeder Bissen kostet ein Vermögen.

Ein Ergebnis erreicht mich am frühen Nachmittag in meinem Büro in Form einer Meldung der AFP:

14 Uhr 54. Der Sprecher des Élysée verkündet, dass ein Aufkauf der Société Générale »nicht aktuell« sei. Und er fügt den Satz hinzu, den ich meinem Gesprächspartner souffliert habe, falls er guten Willen zeigen möchte:

»Unseres Wissens ist die Société Générale nicht gezwungen, sich einen starken Partner zu suchen.«

Eine Stunde später macht die BNP einen Rückzieher, wie ihr Sprecher verkündet:

»Wir denken nur nach, weil ganz Europa nachdenkt.«

Die fast zeitgleiche Veröffentlichung beider Kommuniqués bestärkt mich in meiner Analyse: Hinter diesen Übernahmebestrebungen steckt tatsächlich der Élysée. Allerdings verrät der Ausdruck »ganz Europa denkt nach« auch seine Strategie: Mit ihm wird nicht nur der vorübergehende Rückzug verkündet, sondern zugleich das Terrain abgesteckt, auf dem ein späterer Angriff geplant ist. Bald wird das Gerücht von einem gierigen ausländischen Kaufinteressenten umgehen – so wie 1996, als Axa den Versicherungskonzern UAP schluckte, oder wie 1999, als sich die BNP die Société Générale einzuverleiben versuchte. Der Satz heißt so zugleich: »Wir sind nicht Angreifer, sondern Retter der Bank, die doch in französischer Hand bleiben soll.« Mir ist bewusst, dass sie in ein paar Tagen das Gerückt in Umlauf bringen werden, wonach wir mit Ausländern im Gespräch seien. Aber jetzt haben wir eine Atempause. Für den Augenblick vertreten die Medien einhellig die Überzeugung, das Projekt des Übernahmeangebots sei vertagt.

Ich habe zwei Wochen gewonnen. Bis zu den Kommunalwahlen. Und so viel Zeit benötigen wir auch. Die Kapitalerhöhung muss gelingen, und dafür braucht die Bank Daniel.

Meine Erleichterung ist von kurzer Dauer.

Am Abend gibt es auf der Sitzung des Krisenstabs immer mehr Kröten zu schlucken. In Frankreich läuft das Geschäft schlecht, in Asien schleppend. Die amerikanische Regulierungsbehörde will Daniel sehen. Die britische Bankenaufsicht FSA verlangt eine komplette Buchprüfung der Zweigstellen in London. Fünf weitere Manager der Bank werden vom Richter vernommen. Der Finanzausschuss des Senats lädt Daniel zu einer öffentlichen Anhörung vor. Der Gouverneur der französischen Zentralbank kündigt einen harschen Bericht an. Eine Vereinigung von Minderheitsaktionären verlangt eine neuerliche Untersuchung durch die französische Finanzaufsicht. Und Geierfonds melden sich mit Briefen voller Beschimpfungen zu Wort.

Aber das Schlimmste trifft am Abend von anderer Stelle ein. Die Wirtschaftsprüfer verweigern ihre Unterschrift unter den Abschluss der Bank – eine dramatische Nachricht.

Unter diesen Umständen ist die Kapitalerhöhung unmöglich zu bewerkstelligen. JPM und Morgan Stanley garantieren dafür nur nach Abschluss zahlreicher Überprüfungen und Bewertungen. Diese berüchtigten *due diligences*, die von Wirtschaftsanwälten begleitet werden, stecken an verschiedenen Punkten fest: in der Buchhaltung, in Steuerfragen und bei der strafrechtlichen Verfolgung. Jedes neue Problem kann die Banken zum Aussteigen bewegen.

Mehrere strittige Punkte sind noch zu klären. Alle versuchen sich juristisch abzusichern. Taktisch nutzen die beiden Banken dies auch zu dem Versuch, ihre Provisionen neu auszuhandeln. Insgesamt sollen sie sich auf 140 Millionen Euro belaufen! Dies ist der Preis für die Beschaffung von 5,5 Milliarden Euro und dafür, dass sie für das Kapital garantieren. Das bedeutet, wenn Investoren ausfallen, schießen die beiden amerikanischen Banken die Differenz zwischen den 5,5 Milliarden und dem Beitrag vor, den die Märkte hergeben.

Diese Ungewissheit lässt den Druck weiter steigen. Nichts läuft wie geplant. Erneut verdüstert sich die Stimmung. Wieder blicke ich in die verstörten Gesichter vom 20. Januar. Mehrere Manager haben den Glauben an das Projekt Kapitalerhöhung verloren, viele sind entmutigt. Wenn die Kapitalerhöhung abgesagt wird, muss sich die Bank unter dramatischen Umständen und Zeitdruck nach einem Partner umschauen. Für Staatsfonds ist es zu spät. Die Sache würde zu einem verlustreichen Rückzugsgefecht.

Daniel denkt nicht daran, das Handtuch zu werfen. Er wird den Prozess weiterverfolgen. Hartnäckig bietet er den Gegnern die Stirn.

FREITAG, 1. FEBRUAR 2008

Die bösen Überraschungen halten an. Auf der *Roadshow* in Frankfurt bereiten die Anleger Frédéric Oudéa einen »besonderen« Empfang: Die Damen in der Vorhalle wollen ihn nicht nach oben lassen. Die Geschäftsführer bemühen sich zu ihm hinunter und teilen ihm schlicht mit:

»Wir möchten Ihnen ganz direkt sagen, dass wir unser Kapital abziehen.«

Er hatte sich herbemüht, um sie zu überzeugen, der Kapitalerhöhung zuzustimmen. »Au revoir«, sagen sie kühl zum Abschied.

Nicht einmal die Hand wollen sie ihm geben. Es ist demütigend. Frédéric hat umsonst einen kostbaren Tag investiert.

In Frankreich setzen sich die schlechten Nachrichten fort.

Die Anzahl der internen Bewerbungen auf den Websites mit Stellenausschreibungen ist in zehn Tagen auf ein Viertel zusammengeschrumpft! In einigen Städten werden Ärzte als Beistände für die Kundenbetreuer in den Zweigstellen angeheuert. Grobheiten sind an der Tagesordnung. Die Mitarbeiter sind niedergeschlagen. Seit zehn Tagen müssen sie sich von den Kunden Beschimpfungen gefallen lassen. Langsam wird es unerträglich.

Sie stecken es auch deshalb so schlecht weg, weil sich der Betrugsfall nicht in ihrem Geschäftsbereich, sondern in der Investmentbank ereignet hat. Und dort fließen die gewaltigen Boni. In der Privatkundenbank, wo regelmäßig mit Bargeld umgegangen wird, ist die Betrugsbekämpfung gut entwickelt. Die Kontrolleure verfeinern beständig ihre Methoden. Das macht das Unverständnis umso größer. Gewaltige Anstrengungen sind notwendig, um ein Mindestmaß an innerem Zusammenhalt aufrechtzuerhalten. Die Manager der Privatkundenbank sind ständig vor Ort, um ihre Truppen wieder zu motivieren. Jeden Morgen um 7 Uhr 30 findet eine Telefonkonferenz mit den Regionaldirektoren statt. Eine halbe Stunde später konferieren diese mit den Direktoren der Filialgruppen, die dann ihrerseits ihre achtzig Zweigstellendirektoren ansprechen. Anschließend reisen sie durch Frankreich zu Treffen mit Belegschaften und Firmenkunden. Jeden Morgen gibt es eine Zwischenbilanz zu den Punkten, die wir am Vorabend auf der Sitzung des Krisenstabs besprochen haben. So erreichen wir zehn Millionen Bankkunden in Frankreich. Hinzukommen E-Mails, Schreiben und die Informationen auf unseren Internet-Seiten, die pro Monat von drei Millionen Kunden besucht werden. Obwohl dieses System effizient funktioniert, flacht seine Wirkung wegen der langen Dauer dieses Sturms allmählich deutlich ab.

Unsere Call-Center sind überlastet und die Telefonberater überfordert. Sie verbringen schreckliche Tage.

14 Uhr 00

Ich spüre das Blut in meinen Adern pochen. Mein Arm tut weh, und ich habe Kopfschmerzen hinter den Schläfen. Meine Stimmung fährt Achterbahn. Ich bekomme meine Gefühle kaum unter Kontrolle. Eine kleine positive Nachricht löst Euphorie in mir aus, auf die sofort wieder Niedergeschlagenheit folgt. Ich schlafe immer gleich schlecht, habe sieben Kilo Gewicht verloren, ertrinke in meinen Anzügen und muss den Gürtel um zwei Löcher enger schnallen. Ich bin sehr erschöpft.

Ich begegne dem Chef einer Auslandsniederlassung der Bank, den ich lange nicht gesehen habe. Wir grüßen uns. Ich ertappe ihn bei einem erschreckten Blick auf mein Gesicht. Es ist, als sei er in das Zimmer eines Kranken getreten, den das Leiden entstellt hat. Ich sehe ein, dass ich nicht mehr lange durchhalte, und gehe zur Ärztin im zweiten Stock des Turms. Martine hat den Betrüger in der Nacht des 19. Januar zurückbegleitet. Ich stelle ihr zu Kerviel keine Fragen, sie würde mir ja doch nichts sagen. Sie fragt mich, ob ich zu Mittag gegessen hätte. Ich verneine. Sie fragt weiter:

»Was haben Sie zum Frühstück gegessen?«

Ich denke nach, lasse den Tag Revue passieren und antworte:

»Nichts.«

»Was haben Sie seit heute morgen getrunken?«

Ich denke vergeblich nach:

»Nichts.«

Sie misst meinen Blutdruck: 170. Sie gibt mir eine halbe Tablette des Beruhigungsmittels Temesta, verschreibt mir für die Nacht Schlafmittel und stressabbauende kleine braune Pillen auf Pflanzenbasis: »Sie können mehrmals täglich drei nehmen, sobald Sie einen Druck im Magen spüren.« Dann sagt sie mir:

»Sie hätten schon viel früher kommen sollen. Die anderen Mitglieder des Comex sind seit Beginn in Behandlung.«

»Ich dachte, ich hätte das nicht nötig.«

»Ich hätte Sie herbestellen sollen wie die anderen. Aber Sie sind jünger. Ich dachte, Sie stünden weniger in der Schusslinie ...«

Ich muss mich auf einer Krankenliege ausstrecken. Sie legt mir die Hand auf den Bauch und sorgt dafür, dass ich mich entspanne, während sie über ihr eigenes Leben, über die Hoch- und Tiefpunkte redet. Ich denke an etwas anderes. Das Beruhigungsmittel tut seine Wirkung. Ich schlafe zwei Stunden lang.

19 Uhr 00

Daniel ist in New York, um den Regulierer zu treffen und seinen amerikanischen Eignern, den Pensionsfonds, Versicherern, Investoren und anderen institutionellen Kunden zu erläutern, was es mit dem Betrug auf sich hat. Er ruft mich an:

»Wie ist die Presse heute?«

»Die Scheiße fliegt uns nur so um die Ohren. Wir haben wenig Unterstützer.«

»*Paris Match?*«

»Das Interview ist gut. Wir haben es gegengelesen. Aber die Fotos sind verheerend. Die Zeitung ist vor der Sitzung des Verwaltungsrats, aber nach Sarkozys Vorwürfen gedruckt wor-

den. Auf einer Doppelseite vor dem Artikel wirken Sie angewidert und bestürzt, vergraben das Gesicht in beiden Händen.
Ein anderes Foto zeigt Sie von hinten, gebeugt auf dem Weg
zum Ausgang. Das Foto des tagenden Krisenstabs ist winzig.«

»Was soll diese Aufmachung?«

»Sie haben erwartet, dass Sie bei der Drucklegung schon
gefeuert wären. Außerdem hat sich *Paris Match* damals mit dem
Foto von Sarkozys Ex-Frau mit ihrem Geliebten in New York
auf der Titelseite seinen nachhaltigen Zorn zugezogen. Deshalb steht die Redaktion jetzt vor ihm stramm.«

»Was noch?«

»Gestern waren wir auf den Titelseiten sämtlicher Wo-
chenblätter. *Le Point* erklärt, die These vom Einzeltäter passe
dem Generalstab gut in den Kram, sei aber wenig glaubwürdig. Angeblich habe die Société Générale, die in der Subprime-
Krise feststeckte, einen willkommenen Sündenbock gefunden.
Le Point hebt hervor, dass Sie als Chef keinerlei Schuld treffe.
Trotzdem seien Sie schon verurteilt: zu reich, zu arrogant und
ein Klugscheißer: Sie sind der Mann, der für alle laufenden
Skandale bezahlen soll, so will es Frankreich. Ihr größter Fehler soll nach dem Journalisten Ihre Ankündigung gewesen
sein, bis Ende Juni auf Ihre Boni und Vergütungen zu verzichten. Sie hätten wegen schwerer Verfehlungen entlassen werden müssen.«

»Das mit den Vergütungen war eine Idee der Investmentbanker, um die Erfolgschancen für die Kapitalerhöhung zu
steigern. Die angelsächsischen Investoren legen Wert auf so
etwas. Das ist sogar der einzige Grund, warum manche hier
bereit sind, mich noch zu empfangen. Erinnern Sie die Journalisten daran, dass wir versuchen, auf den Märkten in knapp
drei Wochen fünf Milliarden Euro aufzutreiben!«

»Ich weiß. Der *Nouvel Observateur* befasst sich auf acht Seiten mit der Affäre. Ein Titel lautet: ›Der Mann, der die Banken erzittern ließ – ein zu perfekter Täter?‹ Ich fasse zusammen: In der als unverwundbar geltenden Société Générale, die Daniel Bouton mit eiserner Hand führte, haben sich über die Jahre alle Elemente eines weltweiten Skandals angehäuft: Arroganz der Führung, Ineffizienz der Kontrollen, Egozentrik und Gier der Händler und sogar eine Komplizenschaft. Mit Blick auf Sie reden sie vom »Sturz einer Ikone«, deren gesamte Laufbahn eine Serie schulischer und beruflicher Erfolge gewesen sei. Die Bank habe in acht Monaten Börsenkrise die Hälfte ihres Wertes verloren und stehe heute als Übernahmekandidat da. Jetzt müssten Sie es bereuen, dass Sie nicht von sich aus nach einem europäischen Partner gesucht haben, als Sie in einer Position der Stärke gewesen seien. Dazu habe Sie Ihre Nummer zwei, Philippe, doch gedrängt ...«

»Wie kommt das Blatt auf Philippe?«

»Weil er es vor der Redaktion im Mai 2007 so dargestellt hat! *Challenges* nimmt Sie aufs Korn: Während alle französischen Banker arbeiteten, trieben Sie sich auf dem Golfplatz herum. Und für Jérômes Betrügereien seien Sie mitverantwortlich. Ganz zu schweigen vom Verdacht des Insiderhandels.«

»Der Golfplatz! Auf dem stehe ich seit Jahren nur noch einmal im Monat: Woher stammt dieser Blödsinn?«

»Aus Philippes Interview in *Le Point* vom Juni 2006. Damals hat er die Rollenverteilung zwischen Ihnen beiden angesprochen: Er halte das Geschäft am Laufen, während Sie Golf spielen würden.«

»Ich hatte ihn metaphorisch verstanden.«

»Die Journalisten nicht. In einer Rubrik ›Vertraulich‹ weist *Challenges* darauf hin, dass Nicolas Sarkozy sich für die Société Générale auch deshalb so sehr interessiere, weil er seit jeher ihr Kunde sei ...«

»Das stimmt.«

»*L' Express* setzt die Affäre der Société Générale als einzige Wochenzeitschrift nicht aufs Titelblatt.«

»Wenigstens etwas. Und was ist mit der BNP?«

»Haben Sie ihr Kommuniqué gestern im Anschluss an das des Élysée gelesen?«

»Ja.«

»Aber hinter den Kulissen lässt der Druck nicht nach. Sie berieseln die Presse noch immer mit Informationen: *Le Monde* verkündet, BNP Paribas denke nach wie vor über ein Kaufangebot für die Société Générale nach. Angeblich soll das Thema bei einem Treffen am 25. Januar zwischen Michel Pébereau und dem Generalsekretär des Élysée angeschnitten worden sein. Wie die Zeitung allerdings betont, soll ›zwischen BNP Paribas und dem Präsidenten der Republik an diesem Tag keine offizielle Diskussion über eine mögliche Annäherung stattgefunden‹ haben.«

»So ein Treffen wundert mich nicht. Michel Pébereau geht bei Politikern ein und aus.«

»Die Presse hebt hervor, dass es sich für die BNP um ein ›ideales Szenario‹ handle: ›Die Société Générale ist an der Börse inzwischen nur noch halb so viel wert wie BNP Paribas. Die Regierung setzt sich dafür ein, dass die Société Générale französisch bleibt und die Stellen erhalten werden.‹«

»So ein Quatsch. Wir machen Gewinn, und unsere Aktivitäten sind solide. Es geht um einen Betrugsfall! Und was den Börsenwert betrifft, so hat die BNP nur den Rückstand seit 1999 aufgeholt.«

»Deswegen müssen sie sich jetzt beeilen! Die Journalistin hebt die positiven Aspekte dieses Szenarios hervor, das nach ihrer Meinung ›Sinn macht‹: ›Die Teams von BNP Paribas gehen davon aus, dass die Eingliederung der Bank nicht auf das häufig beschworene *soziale Blutvergießen* … in einem Konkurrenzunternehmen hinausläuft. Die Größe der beiden Filialnetze zusammen (ungefähr 5100 Niederlassungen) würde nur ein Drittel dessen ausmachen, was Crédit Agricole und LCL zusammen ergeben … Auf internationaler Ebene fällt die Analyse ebenfalls positiv aus. Dem neuen Konzern würde sich eine starke Position in den Ländern des Maghreb und in Osteuropa eröffnen.‹«

»Im Juni, als das Gerücht eines Übernahmeangebots der Société Générale für die BNP umging, haben die Idioten noch das Gegenteil behauptet.«

»Ich mache mit AFP weiter: ›Der Staat sieht diese Lösung eher wohlwollend: In den letzten Tagen wurden Stimmen laut, wonach die Société Générale unbedingt französisch bleiben müsse. Dies lässt eine Verständigung mit BNP Paribas glaubwürdiger erscheinen. Mit ihr bliebe es einer der wichtigsten Banken Frankreichs erspart, in ausländische Hände zu kommen. Zudem entstünde ein nationaler Champion, der in Europa den zweiten Platz besetzen würde. Heute hat der Wirtschaftsberater des Élysée erneut versichert, dass der Staat keiner Entwicklung, die das Schicksal der Société Générale berührt, untätig und gleichgültig zusehen werde. Man werde das Unternehmen nicht irgendeinem Hai überlassen.‹«

»Das Manöver ist ziemlich durchsichtig: Man lanciert eine perfekte Tatarenmeldung, und schon mutiert der böse Wolf zum guten Bernhardiner.«

»Brüssel hat die französische Regierung gestern an ihre Neutralitätspflicht erinnert, sollte es zu Übernahmeangeboten kommen. Der Präsident der Eurogruppe fragt sich: ›Wenn jemand in Freundschaft kommt und ein gutes Wirtschaftsprojekt anzubieten hat, warum es dann zurückweisen? Nur weil es nicht französisch ist?‹ Nach ihm ist diese Haltung ›unzeitgemäß‹. Der Élysée hat darauf geantwortet, dass ›der Staat dann interveniert, wenn er es für notwendig erachtet‹. Frank-reich werde das tun, ›was alle Regierungen Europas‹ im Fall eines ›Angriffs auf ihr Bankensystem‹ tun würden.«

»Und die anderen Tageszeitungen?«

»*Les Échos* titeln: ›Der Widerstand der Société Générale lässt die BNP Paribas zögern.‹ Sie sollen zur Unterstützung zwei Beraterbanken gewählt haben, darunter Goldman. BNP Paribas versichert, dass beide Filialnetze erhalten blieben und keine Entlassungen vorgenommen würden. Die Intervention des Staatschefs komme schlecht an: ›Es ist Sache des Verwal-tungsrats der Bank zu entscheiden, was für das Unternehmen gut oder schlecht ist.‹«

»Was gibt es sonst noch?«

»*Les Échos* zufolge denkt Crédit Agricole ebenfalls über ein Übernahmeangebot für die Société Générale nach. Die Bank soll sich an zwei Beraterbanken gewandt haben, um sie bei der Prüfung der Akten zu unterstützen. Im Leitartikel urteilt *La Tribune,* die Société Générale sei zwar getroffen, aber noch nicht untergegangen. Eine Übernahme oder eine Fusion seien nicht die einzig verfügbaren Optionen. Die Verbundenheit der Angestellten der Société Générale mit ihrem Unternehmen sei offenkundig. ›Sie sind empört angesichts der Gefahr eines feindlichen Übernahmeangebots‹, merkt die Zeitung an. Das ist in diesem ganzen Chaos das Einzige, was einem Zuversicht einflößen kann.«

»Ist das alles?«

»Nein. In einer Umfrage von *OpinionWay* hebt eine starke Mehrheit der Franzosen die Verantwortung des Chefs der So-ciété Générale hervor und entlastet so Jérôme Kerviel. 50 Pro-zent der Befragten wollen Ihre Entlassung, ein Wunsch, der bei der Rechten ausgeprägter ist als bei der Linken. Verschwie-gen wird allerdings, dass die Umfrage im Internet und mit einem unrepräsentativen Sample von nur 600 Teilnehmern durchgeführt wurde. Die Meinungsforscher sagten mir immer: ›Nenn mir die Antwort, die du haben willst, und ich sage dir, welche Fragen du stellen musst.‹«

»Und die juristische Seite?«

»Bei der Leibesvisitation von Jérôme Kerviel hat die Finanzpolizei in seiner Tasche zwei geschäftliche Visitenkarten von Angestellten der BNP Paribas sichergestellt. So steht es im Protokoll. Diese Visitenkarten sind auf Englisch und gehören zwei bedeutenden Führungskräften der Bank: dem Chef des Geschäfts mit börsengehandelten Finanzprodukten und dem Chef für quantitative Investmentstrategie weltweit.«

»Das sind hochkarätige Kontakte für so einen kleinen Händler.«

»Ein Vertreter der Pariser Staatsanwaltschaft hat im Fernsehen Stellung bezogen. Ihm zufolge ist es ›noch zu früh‹, um festzustellen, ob Jérôme von einer ›Komplizenschaft‹ profitiert hat. Er hat daran erinnert, dass die Bank in dieser Affäre ein ›Opfer‹ sei. ›Komplizenschaft erfordert eine tatsächliche Handlung, das heißt, um Komplize zu sein, muss man die Fälschungen unterstützt haben‹, hat er erklärt. ›Davon ist man weit entfernt.‹ Eine ›zentrale Achse der Untersuchung [sei] herauszubekommen, unter welchen Bedingungen die Kontrollsysteme funktioniert oder versagt haben‹, fügte er hinzu. Seiner Ansicht nach müssten die ermittelnden Untersuchungsrichter dazu gebracht werden, Sie zu vernehmen. Im Übrigen wird sich das Pariser Berufungsgericht am 8. Februar mit dem Einspruch der Staatsanwaltschaft gegen den Beschluss befassen, Jérôme auf freien Fuß zu setzen.«

»Was ändert das?«

»Immer, wenn wir die erste Meldung in den TV-Nachrichten sind, lösen Kunden ihre Konten auf oder stornieren laufende Geschäfte. Unsere Berater müssen sich beschimpfen lassen. Ihre Stimmung ist gedrückt. Im Übrigen wird Jérôme als ›Held unserer Zeit‹ dargestellt. Er ist zu einer ›weltweiten Ikone‹ geworden, zu einem ›Che Guevara der Finanzen‹ und sogar zu einem ›Bin Laden der Börse‹. Wir haben Interesse daran, dass diese übertriebene Medienpräsenz allmählich nachlässt. Wenn Kerviel ins Gefängnis wandert, gilt er in der Öffentlichkeit als schuldig. Dann halten die Feuilletonisten einen Augenblick inne. Das brauchen wir. In zehn Tagen ist die Motivation unserer Mitarbeiter zerbrochen, unsere Geschäftstätigkeit ist zurückgegangen, und Verunsicherung hat sich breit gemacht. Je länger diese Situation anhält, desto schwieriger wird es, da wieder herauszukommen.«

»Warum haben Sie mich vorgestern Abend zu France 2 geschickt?«

»Damit Sie von Angesicht zu Angesicht mit Ihren Mitarbeitern reden und ihnen sagen, dass die Bank die Mittel hat, um weiterzumachen. Und damit Sie den Kunden in die Augen blicken und ihnen mitteilen, dass sich für sie nichts ändert. Dieses Ziel ist erreicht worden. Sie waren überzeugend. Sie haben die Fernsehzuschauer zu Zeugen gemacht. Der Sender hat uns unterstützt. Er hat Bilder von ›Angestellten‹ verbreitet, ›die uns engagiert unterstützt‹, und von anderen, die ›gelassen ihre Arbeit erledigt haben‹. Das war ein absolutes Muss. Unsere Konkurrenten stürzen sich wie Aasgeier auf uns, und die Politiker gießen Öl ins Feuer. Wir mussten beruhigen und dafür sorgen, dass keine Panik aufkommt. Dazu mussten Sie ins Rampenlicht treten, auch wenn das unsere Medienpräsenz weiter verstärkt.«

»Was macht Philippe?«

»Ich weiß es nicht. Er sieht niemanden in der Bank. Sein Terminkalender ist leer. Außer nachts ist er kaum im Büro.«

Ich hänge ein. So ein Telefonat ist nicht angenehm. Daniel ist weit weg. Er braucht seine ganze Kraft, um zu überzeugen. Trotzdem kann ich ihn nicht in Watte packen. Er muss alles wissen, ungeschminkt und ungefiltert.

SONNTAG, 3. FEBRUAR 2008

Den Sonntagvormittag verbringe ich mit meiner Familie. Obwohl ich kaum an anderes denken kann, bereite ich mit meinen Töchtern das Mittagessen vor. Am frühen Nachmittag gehe ich in mein Büro in La Défense, um nachzudenken und einiges aufzuschreiben. Ich möchte mich auf die Krisensitzung am Spätnachmittag vorbereiten. Um Ereignisse zu analysieren, zu verarbeiten und zu verstehen, musste ich sie schon immer aufschreiben. Es hilft meinem Gedächtnis auf die Sprünge, stellt die Dinge in den richtigen Zusammenhang, dokumentiert sie und schafft schrittweise eine klarere Sicht der Lage und des Zusammenhangs zwischen den Ereignissen.

Es klopft an meiner Bürotür: Séverin. Die Kapitalerhöhung gerät in Gefahr: Da Jérôme Kerviel freigelassen wurde, herrscht in den Köpfen wieder die Vorstellung, die Bank habe sich schuldhaft verhalten. Das verunsichert die Anleger. Zudem wissen die Wirtschaftsprüfer nicht, ob sie die diesjährigen Bilanzen absegnen können. Sie können sich mit dem Finanzministerium und der Finanzmarktaufsicht AMF nicht darüber einigen, ob die Verluste korrekt gebucht sind und welche steuerlichen Konsequenzen daraus erwachsen. Die AMF wird zu einem echten Hindernis.

Ich sage zu Séverin:

»Weißt du eigentlich, dass zwei Vertreter der BNP einen Sitz im Rat der AMF haben? Ein Mitglied des Verwaltungsrats und ein Mitarbeiter.«

»Das war mir nicht bekannt. Und wie werden die anderen Mitglieder ernannt?«

»Durch Politiker!«

»Verdammt.«

»Ohne Zustimmung der AMF kein Genehmigungsvermerk für die Operation.«

»Ohne Vermerk keine Kapitalerhöhung.«

»Und ohne Kapitalerhöhung keine Zukunft.«

MONTAG, 4. FEBRUAR 2008

Montag. Vorstandssitzung. Daniel ist zurück. Er informiert uns über seine Besuche bei den Anlegern in New York und Boston. Das Management der Société Générale war ständig mit Dutzenden von Gesprächspartnern pro Institution konfrontiert, unter anderem mit Verantwortlichen für den Börsenhandel und Risikomanagern, die zu verhindern versuchen, dass sich Ähnliches bei ihnen wiederholt. Statt der anfangs geplanten Vieraugengespräche hat er Treffen mit mehreren und dann mit sehr vielen Teilnehmern absolviert. Er redet noch langsamer als sonst. Manchmal ringt er um Worte. Er wirkt ungewohnt unsicher:

»Wir haben 50 Prozent unserer Zeit mit der Aufarbeitung des Betrugs verbracht. Damit können wir noch Monate zubringen. Das Thema Subprime-Krise hat 25 Prozent der Zeit eingenommen. Damit waren wir zu 75 Prozent in der Defensive. Die übrige Zeit ging es um die Wiederankurbelung der Geschäftstätigkeit und eventuelle Partnerschaften.«

»Was halten sie von den Fusionsgerüchten?«

»Sie warnen uns davor, die Bank zu verschleudern. In dem Punkt bin ich sehr standhaft. Dieser Preis ist völlig unangemessen.«

»Werden sie der Kapitalerhöhung zustimmen?«

»Sie stellen sich Fragen zur künftigen Rentabilität der Investmentbank, erkennen aber, dass der Betrug nicht aus unseren mathematischen Modellen entstanden ist. Sie wissen, dass Jérôme ganz an der Basis, am Rand unserer Geschäftstätigkeit gearbeitet hat. Die Fragen zielen auf das Kostenmanagement. In dem Punkt stehen wir im Verdacht, dass wir allgemein zu lax gewesen seien. Das habe zu den undurchsichtigen Machenschaften geführt. Wir müssen unsere Verhaltensweisen, unsere Organisation und Philosophie verändern. Wir haben zu viel Kollegialität und zu wenig feste Regeln. Wir müssen mehr Geld investieren, um eine möglichst umfassende Kultur der Kontrolle zu entwickeln. Das wird während der Umsetzung auch unsere Einnahmen schmälern. Zu diesen Bedingungen dürften zwei Drittel zustimmen, insbesondere angesichts des Preises. Die anderen werden ihre Bezugsrechte veräußern.«

»Verlangen sie, dass Sie Ihren Hut nehmen?«

»Manche schon«, räumt Daniel unbehaglich ein. »Aber die meisten fragen sich, ob das amerikanische System des sofortigen Rücktritts klug ist. Citigroup hat sechs Monate nach Ausbruch einer Krise, die sie Zigmilliarden gekostet hat, ihren neuen CEO noch immer nicht gesehen. Und der hat von ihren Geschäften noch immer nicht alles durchschaut. Derweil bricht seine Bank stückweise zusammen.«

Mir fällt auf, dass Daniel irgendwie abwesend, erschöpft wirkt. Der Kampfgeist scheint ihn zu verlassen. Irgendwie kommt er nicht in die Gänge.

DIENSTAG, 5. FEBRUAR 2008

Die Agenturmeldung von AFP trifft ein. Jérôme, frisch rasiert, im weißen Hemd mit feinen Karos, offenem Kragen und coolen Jeans posiert lächelnd für die nationale Presseagentur: »Ich werde für die Société Générale nicht den Sündenbock machen«, verkündet er. Ein Fotograf der Agentur schießt die Aufnahmen. Entspannt und in Begleitung seiner Anwältin zeigt er sich so, wie er es mit seinem vom Himmel gefallenen Imageberater einstudiert hat.

Der heißt Christophe Reille. Sein Ruf ist mir bekannt. Mit allen Wassern gewaschen, lässt er sich für seine Leistungen gut bezahlen. Häufig spielt er Feuerwehr für große Arbeitgeber, denen die Justiz auf den Pelz rückt. Christophe steht einer besonders erfolgreichen Pariser PR-Agentur namens DGM sehr nahe. Seine Frau und er haben im Ministerium von Gérard Longuet gearbeitet, einem Ehemaligen der »Bande à Léo«, des Kreises um den bürgerlich-liberalen Politiker François Léotard. Sie hatten während Mitterrands Regierungszeit unter den Rechten großen Einfluss. Longuet, heute Fraktionsvorsitzender der UMP im Senat, war zwischen 1993 und 1994 Industrieminister. Sein damaliger Imageberater ist der wichtigste Teilhaber der DGM. Die Ehemaligen seines Ministeriums treffen sich regelmäßig zu Gedenkabendessen.

Gérard Longuet ist zudem der Schwager des wichtigsten Kunden der PR-Agentur DGM, Vincent Bolloré. Dieser »kleine Prinz des Cashflow« war der Firmenchef, der Nicolas Sarkozy nach dem Wahlerfolg seinen Jet und seine Jacht für eine Ferienwoche in den Buchten Maltas überließ – ein Auftritt für das Showbusiness mit Ray-Ban-Sonnenbrille und Paparazzi. Zu ihren Kunden zählt DGM schließlich auch den Konzern Moët Hennessy – Louis Vuitton, die Nummer eins unter den französischen Luxusmarken. Christoph Reilles Verlag Éditions du Carquois brachte ein vernichtendes Buch über François Pinault heraus, den geschworenen Feind und wichtigsten Konkurrenten von Bernard Arnault, dem reichsten Mann Frankreichs.

Ich weiß, dass der Leiter der Abteilung Öffentlichkeitsarbeit der BNP Paribas, Antoine Sire, ebenfalls in dieser Agentur ausgebildet wurde. Vor allem weiß ich, dass DGM von jeher Claude Bébéar, ehemals Vorstandsvorsitzender von Axa, seit 2000 Aufsichtsratsvorsitzender, bei allen seinen spektakulären Coups unterstützt hat. Neben seinen achtbaren Aufgaben bei Axa ist Bébéar Mitglied des Verwaltungsrats einiger Großunternehmen, darunter BNP Paribas. Er ist Präsident des Institut Montaigne, dem zahlreiche Intellektuelle, Politiker, Geschäftsleute, Forscher, Professoren, Chefredakteure, Künstler und all diejenigen angehören, die die »öffentliche Meinung« Frankreichs repräsentieren oder dies zumindest von sich behaupten.

Claude Bébéar, der der ultraliberalen Rechten (noch immer derselbe Schmelztiegel) nahesteht, hat als Unternehmenskapitän vor zwölf Jahren Profil gewonnen, als er als Erstes den Versicherungskonzern UAP geschluckt hat, wobei er sich von den Husarenstreichen an der Wall Street inspirieren ließ. Dieses Geschäft war *der* Vorläufer für sämtliche Coups in den kommenden Jahren. Sie ebneten den Weg für Vincent Bolloré, Bernard Arnault und Michel Pébereau, die drei »Paten« des französischen Kapitalismus, die ihren Platz an der Spitze der Macht errangen, indem sie mit Claude Bébéar von den diskreten Verhandlungen nach Art der Fünften Republik in den Boxring der Übernahmen im Stil der Wall Street überwechselten. Bébéars grobe Methoden unterstrichen sein Image als Eroberer. Mit den breiten Schultern, dem vorspringenden Unterkiefer und den tiefblauen Augen wirkt er wie ein bretonischer Fischer, ein zupackender Mann mit Schwielen an den Händen. Er hat das Gesicht eines Engels und das Gehirn eines *business killers.*

Ich erinnere mich an meine ersten Kontakte zu DGM und

Claude Bébéars Mitarbeitern. 1996 habe ich mit ihnen zusammengearbeitet. Ich war in den Büros des Axa-Konzerns als PR-Mann an der Vorbereitung des Übernahmeangebots für UAP beteiligt. Ich hatte die Mitteilung für die Aktionäre vorzubereiten, während sich die DGM auf die Presse konzentrierte. Wir begannen die Arbeit unter größter Geheimhaltung drei Wochen vor der Offensive. Als alles fertig war, sprach Bébéar im Élysée vor und besuchte anschließend den UAP-Chef Jacques Friedman. An diesem Tag vor einem Wochenende, das durch einen Feiertag verlängert wurde, verkündete er ihm: »Ich gebe das Übernahmeangebot am Dienstag bekannt: Sie haben drei Tage, um mir zu sagen, ob es freundlich oder feindlich ist!« Er setzte ihnen das Messer an die Kehle.

Damals durfte ich miterleben, welche Rolle die DGM bei der Demontage und Zerstörung des Rufs des UAP-Chefs spielte. Die Agentur hob ab auf sein angeblich unzulängliches Management, seine Unfähigkeit zu Entscheidungen, sein technokratisches Auftreten und seine katastrophalen Leistungen. Sie baute ein Szenario auf, das eine Vielzahl für ihn negativer Vergleiche mit Kollegen versammelte. Positive Seiten wurden systematisch verschleiert, ja sogar der Vergleich der Börsenkurse manipuliert, indem man nur die ungünstigen Perioden heranzog. Um ihre Zielperson lächerlich zu machen, nannten sie Friedman spöttisch das »Küken«. Den Medien wurde dann weisgemacht, die Mitarbeiter von UAP hätten ihm diesen Namen verpasst!

Ich kenne auch Claude Bébéars feindselige Haltung gegenüber Daniel. Mit ihr wurden wir 1999 konfrontiert, als er das Übernahmeangebot der BNP für Paribas und die Société Général inszenierte. Ich kenne seine Methoden durch und durch. Bevor er zum tödlichen Schlag ausholt, geht er mit seiner Beute bei einer persönlichen Begegnung zunächst taktisch geschickt ganz »freundschaftlich« um. Er sorgt dafür, dass Zeit und Ort dieser Begegnung bekannt werden. Diesen Moment der Annäherung nutzt Doktor Hyde dann dazu, sein argloses Jagdwild zu begutachten, sein Vertrauen zu gewinnen und es unbemerkt seine Schwächen offenbaren zu lassen. Daraufhin wählen er und DGM den geeigneten Angriffspunkt und starten ihr Trommelfeuer. Bei Daniel Bouton suchten sie sich die Themen Arroganz und überlegenes Gehirn aus, die ihn angeblich für unkontrollierte Ausrutscher anfälliger machten. Die vorgefertigten Bilder für die Journalisten standen bereit: »ein Formel-1-Wagen, der von der Straße abkommt, ein Ferrari mit den Bremsen einer Ente« etc. Da sie wussten, dass er gerne Golf spielt, degradierten sie ihn zum Dilettanten. Claude Bébéar aktivierte alle seine Netzwerke, um dann zur passenden Zeit kleine böswillige Bemerkungen fallen zu lassen, aber natürlich mit dem Hinweis, der Gesprächspartner müsse das Gesagte unbedingt vertraulich behandeln …

So kommen in Paris Gerüchte auf, die Reputationen entstehen und vergehen lassen.

Das System Bébéar beruht auf der Pflege von Netzwerken, die seinen Kampagnen Resonanz verschaffen: Ehemalige der Elitehochschulen, exklusive Denkfabriken von Firmenchefs wie Entreprise et Cité oder der Club der 100, Mitarbeiter von Finanzdienstleistern oder Anwälte, die er ständig für sich arbeiten lässt – sie alle streuen seine Gerüchte aus, plaudern munter bei festlichen Abendessen und können ihre Zungen nicht im Zaum halten. Ergänzt wird dieser Areopag durch einflussreiche Journalisten, die seine Einladungen auf sein Schloss in der Sologne schätzen – der Park ist Plänen des Gartenbaumeisters André Le Nôtre nachempfunden –, von Politikern, Ökonomen, Gewerkschaftern, parlamentarischen Attachés, Mitarbeitern aus Ministerien und von potenziellen »Überfliegern« aus den verschiedensten Bereichen. Alle lassen sich von seiner Aura blenden. Claude Bébéar versorgt die größten Klatschmäuler von Paris gezielt mit Informationen. Im vertraulichen Zwiegespräch aktiviert er seine Kontakte auf die jeweils richtige Art, damit sie ein bestimmtes Gerücht verbreiten: bei Treffen, Essen und Telefonaten, bei denen er scheinbar harmlose beiläufige Bemerkungen fallen lässt.

Vorne in der amerikanischen Wochenzeitschrift *The New Yorker* steht die bekannte Rubrik: »Die Neuigkeiten aus der Stadt«. Paris ist ein kleines Machtzentrum, bestehend aus drei oder vier Arrondissements (plus Neuilly), ein Tummelplatz der Eliten, die sich kennen, miteinander verkehren, sich gegenseitig besuchen und sich beneiden. Wenn alle »Neuigkeiten aus der Stadt« in dieselbe Richtung weisen, wenn das Gerücht, das von drei oder vier strategischen Punkten aus lanciert wird, sich verbreitet und zum Selbstläufer wird, verfängt es am Ende immer. Die frei erfundene Information, die von den Quellen übereinstimmend bestätigt wird, wird umso glaubwürdiger, als Ort und Zeit der ursprünglichen kurzen Begegnung bekannt gemacht werden. Zum Finish bestätigen Bébéars Pressestellen gegenüber den Journalisten die durchgesickerten Nachrichten und boshaften Bemerkungen, aber nie öffentlich, sondern immer hinter vorgehaltener Hand.

Mit seinen Methoden erschütterte Claude Bébéar mehr als nur die Selbstsicherheit seiner Gegner. Auf merkwürdige Art gelang es ihm, auch weit außerhalb seines Metiers Köpfe rollen zu lassen, nur weil ihre Besitzer in seinen Augen dem Ruf des Finanzplatzes Paris schadeten oder weil ihr Unternehmen auf diese Weise vor – zumeist imaginären – »ausländischen Haien« gerettet werden musste.

Die Stärke seines Systems beruht auf seiner Überzeugungskraft. Angesichts seiner blauen Augen und seines kraftvollen Händedrucks wagt kein Gesprächspartner, seine Darstellung von Gesprächen und die herausdestillierten Informationen in Zweifel zu ziehen. Schließlich tauchen seine Bemerkungen in der Presse in Rubriken auf, die mit »vertraulich« überschrieben sind. Um die Wirkung und Glaubwürdigkeit des Gerüchts zu verstärken, treibt er es so weit, die ihm zugeschriebenen Äußerungen in Abrede zu stellen: Das Dementi bringt die Maschinerie erneut in Gang. Auf diese Weise speist er das rufschädigende Feuilleton und zerstört die Reputation seiner Zielpersonen, indem er wiederholt oder sporadisch nachlegt. Indem er beschmutzt und diskreditiert, bereitet er das Jagdterrain vor, auf dem er sie zur Strecke bringt. Jeder weiß: Wo Rauch ist, ist auch Feuer!

Michel Pébereau hat Claude Bébéars Methoden 1999 erlebt, als dieser ihn dazu trieb, die beiden Übernahmeangebote für Paribas und die Société Générale zu lancieren, von denen nur eines Erfolg hatte. Seither erfüllt Pébereau perfekt seine neue Rolle als ein Pate der Geschäftswelt, der kaltschnäuzig und überlegt gute und schlechte Noten verteilt. Mithilfe seines Kommunikationschefs, der die Schule der DGM durchlaufen hat, erschafft und zerstört auch er Reputationen.

Michel Pébereau ist ein hoher Staatsdiener, brillant, rational und zynisch. Claude Bébéars Netzwerke ergänzt er durch die wichtigsten Kunden seiner Bank, die Mitglieder der Denkfabrik Institut de l'entreprise, des französischen Aspen-Instituts und natürlich des Unternehmerverbands MEDEF. Während sein Gehirn von der École polytechnique geprägt ist, schlägt sein Herz für die Finanzinspektion, woher er sich alljährlich die neuen Mitarbeiter holt. Dreißig Finanzinspektoren hat er für seine Bank rekrutiert – die größte Truppe in Frankreich. Nach außen wirkt er wie der Mann von der Straße und ist »am

Boden geblieben«. Trotz der gewaltigen Summen, die ihm in Form von Aktienoptionen über die Jahre zugeflossen sind, hat er seinen Lebensstil weitgehend beibehalten. Selbst die höchsten Chargen der BNP Paribas gerieten aus der Fassung, als sie von der beispiellosen Höhe seiner angehäuften Vermögenswerte erfuhren. Dennoch trägt Michel Pébereau Demut zur Schau und bezeichnet sich selbst – höchst bildhaft zu verstehen – als Durchschnittsfranzosen. Er gibt sich zuckersüß, beglückwünscht jeden Journalisten, der ein Buch veröffentlicht, so mittelmäßig es auch sein mag. Er kann schmeicheln und andere zum Lachen bringen, am besten auf anderer Leute Kosten. Physisch fehlt ihm jedes Charisma. Nur das Timbre seiner Bassstimme fällt aus dem Rahmen. Seine Autorität erwächst aus seinen brillanten Analysen, seiner Bildung und seiner Intelligenz, aber auch aus seiner Distanziertheit gegenüber jedem Gesprächspartner – das einzige, was er mit dem acht Jahre jüngeren Daniel Bouton gemein hat.

Vor diesem Hintergrund löst das Auftauchen Christophe Reilles, des »ehrenamtlichen« PR-Feuerwehrmanns für Jérôme Kerviel, in mir eine Paranoia aus. Ich wähne dahinter das Trio Claude Bébéar-DGM-Michel Pébereau, auch wenn ich nicht nachweisen kann, dass Reille über sie an den Fall gekommen ist. Ich muss mit dem Schlimmsten rechnen und darf nicht auf den Zufall hoffen. Dass Reille hier aufkreuzt, dürfte bedeuten, dass er den Boden für das Übernahmeangebot der BNP bereiten soll: die Société Générale zusätzlich destabilisieren, indem man den Betrüger zum Opfer stilisiert. Denn wenn Jérôme Kerviel ein Opfer ist, sind die Bank und ihr Management Täter! *Quod erat demonstrandum.*

Die Operation gelingt tadellos. Der hübsche Jüngling Jérôme Kerviel erscheint auf sämtlichen Fernsehschirmen und den Websites der ganzen Welt in Endlosschleife: Dreist beklagt er »den wirklich beklemmenden Medienrummel«! Warum lösen fünf Milliarden Verluste einen solchen Aufruhr aus? Eines stellt er klar: »Ich bin weder selbstmordgefährdet noch depressiv.« Damit will er die SMS vergessen machen, die er seinen Chefs am 19. Januar geschickt hat: »Ich werde mich eher vor den Zug werfen als zurückkommen.« Er versichert, dass er »in dieser Angelegenheit niemals eigennützig gehandelt« habe. »Das Ziel war, für die Bank Geld zu verdienen.«

Wenige Minuten nach Veröffentlichung der AFP-Meldung greife ich zum Telefon und rufe einen Vertrauten an, den Chefredakteur der großen Tageszeitung *La Tribune*. Auch er staunt darüber, dass Christophe Reille an der Seite eines *rogue traders* ohne Geld und Beziehungen auftaucht. Er hat ihn in seiner Zeit als Journalist beim *Nouvel Économiste* kennengelernt. Das sieht Reille nicht ähnlich. Er beschließt, ihn anzurufen. Nach dem üblichen Vorgeplänkel fragt er ihn:

»Was hast du eigentlich mit diesem Fall Kerviel zu tun? Das führt doch zu nichts.«

»Ich bin über Freunde von Freunden der Anwälte dazu gekommen«, antwortet ihm Christophe mechanisch.

»Wer bezahlt dich?«, hakt der Redakteur hartnäckig nach.

»Ich ... ich mache das unentgeltlich ...« Er zögert.

»Warum?«

»Die Société Générale hat vier Tage gebraucht, um die Justiz zu informieren. Das ist ein Skandal. Die verarschen die Leute doch.«

»Hör auf mit dem Quatsch. Worum geht's bei deinem Feldzug?«

»Die Société Générale muss geschluckt werden. Sie haben

keinen Grund, selbstständig zu bleiben. Die BNP muss sie schlucken.«

Er ruft mich zurück und berichtet von seinem Gespräch. Er ist ziemlich aufgebracht.

»Sie stützen sich auch auf Stéphane Fouks von Euro RSCG, ihrer offiziellen PR-Agentur. Und dabei gehen sie nicht zimperlich vor. Stéphane ist ein Ex-Kollege von mir. Ich kenne ihn gut: Er legt jeden Tag drei wunde Punkte als Themen fest, entsprechend bearbeiten seine Schergen per Telefon, in vertraulichen Mitteilungen, bei Treffen und über Expertenhinweise die Presse: Sie setzen die Journalisten auf Schwachstellen in den Kontrollsystemen an und organisieren dazu Telefonkonferenzen mit den Händlern der Banken.«

MITTWOCH, 6. FEBRUAR 2008

Spät am Abend erfahre ich von mehreren Journalisten, dass Michel Pébereau erneut im Élysée aufgetaucht ist. Diesmal soll er direkt bei Nicolas Sarkozy vorgesprochen haben. Ich bin deprimiert.

Mit den Füßen auf dem flachen Tisch sacke ich verstört auf dem Sofa im Wohnzimmer zusammen. Meine elfjährige Tochter kuschelt sich im Nachthemd an mich. Sie ist aus dem Bett geschlüpft. Ich küsse sie. Sie ist noch ganz warm vom Federbett. Ich frage sie:

»Warum schläfst du nicht?«

»Ich kann nicht.«

»Warum nicht?«

»Du kommst immer so spät nach Hause. Morgens bist du nicht da. Und alle Wochenenden gehst du weg …«

»Das ist bald vorbei. Dann bin ich wieder bei dir.«

»Ist das wegen Jérôme Kerviel?«

»Ja.«

»Aber im Fernsehen sagen sie doch, dass die Bank eine Dummheit gemacht hat.«

»Ich weiß. Sie erzählen die Geschichte auf ihre Art, wie einen Roman, mit neuen Kapiteln, unerwarteten Wendungen und Helden: ein verirrter junger Mann und ein allmächtiger Banker, der immer nur ans Geldverdienen denkt und ihn benutzt hat ... wie in einem spannenden Krimi, weißt du.«

»Sie sagen, er wollte bloß für die Bank Geld verdienen.«

»Er hat aber viel Geld verspielt.«

»Im Fernsehen sagen sie, dass seine Mama Friseuse war und dass er nett ist.«

»Gegenüber seinen Kollegen und sogar seinen Anwälten kann er sehr böse sein, auch wenn er im Fernsehen den Netten spielt. Weißt du, bloß weil er ein hübsches Gesicht hat, muss er noch nicht unschuldig sein.«

»Papa, ich kann nicht schlafen.«

Schließlich schlafen wir beide ein: sie mit Gedanken an eine Bank, eine Friseuse, an viel Geld und einen immer abwesenden Papa. Und mich verfolgen andere Schimären, die wahrscheinlich ebenso irreal sind.

FREITAG, 8. FEBRUAR 2008

Die zuständige Kammer des Pariser Berufungsgerichts ordnet an, Jérôme Kerviel in Haft zu nehmen. Ich erfahre die Neuigkeit direkt aus der nicht öffentlichen Verhandlung per SMS von einem unserer Anwälte. Der Betrüger wird ins Gefängnis La Santé überführt. Das Gericht sieht Verdunkelungsgefahr und will verhindern, dass er sich mit eventuellen Komplizen abstimmt. Die Nachricht bereitet mir keine Freude, aber sie ist mit Blick auf die Medien sehr wichtig: Sie führt der Öffentlichkeit vor

Augen, dass seine Selbstdarstellung als Opfer ein Täuschungsmanöver ist. Ich denke, Kerviel wäre die Haft vielleicht erspart
geblieben, wenn er etwas demütiger aufgetreten wäre.

Aber die Bank ist anderweitig beschäftigt.

Die Teams von Frédéric Oudéa haben es geschafft, während der Woche alle technischen und finanziellen Fragen abzuarbeiten. Sie sind Tag und Nacht drangeblieben. Die Bücher
sind geprüft, ebenso die steuerlichen Aspekte, mit Rückendeckung des Finanzministeriums. Die Revisoren der Bank haben
seit der Veröffentlichung der »Erläuterungen« für die Zentralbank nichts mehr entdeckt. Das Vorhaben kann über die Bühne gehen.

Philippe Citerne versucht Daniel auszureden, den Entwurf
für den Börsenprospekt abzuzeichnen. Er bearbeitet ihn seit
über fünf Stunden, hebt die Risiken hervor und sagt ihm, dass
es unmöglich klappen könne. Mit den Dokumenten gehe man
zu viele unhaltbare Verpflichtungen ein. Wenn Daniel unter-
schreibe, riskiere er eine Strafverfolgung. Philippe versucht das
Vorhaben zu blockieren. Trotz seines erbitterten Widerstands
unterzeichnet Daniel.

Der Prospekt für die Kapitalerhöhung ist der Finanzaufsicht
zugeleitet worden, eine Antwort bislang aber ausgeblieben.

Die Stunden vergehen.

Die Behörde nimmt sich Zeit, die Unterlagen gründlich zu
prüfen. Alles steht und fällt mit ihrem Stempel. Die Unterschrift der Finanzmarktaufsicht ermöglicht es, auf die Anleger
zuzugehen, das Orderbuch zu füllen und die Kassen der Bank
mit dem notwendigen frischen Geld auszustatten. Ohne diesen Stempel platzt der Überlebensplan der Bank. Dann sind
entweder sofortige Gespräche mit BNP Paribas oder eine ver-
zweifelte Suche nach Staatsfonds in den Golfstaaten angesagt.
Die letzte Möglichkeit scheidet inzwischen aus. Sie hätte nur

in der Notlage der ersten Woche funktioniert. Wenn die Genehmigung ausbleibt, werden auch den Staatsfonds Zweifel kommen.

Unsere Investmentbanker stehen stark unter Druck.

SAMSTAG, 9. FEBRUAR 2008

Das Projekt Kapitalerhöhung muss am Montag starten. Die Genehmigung muss im Tagesverlauf eintreffen. Am Abend um 19 Uhr haben wir trotz unserer Nachfragen noch immer keine Nachricht. Wir bekommen zur Antwort, die Sache gehe ihren Gang. Die Journalisten rufen mich an und wollen wissen, ob wir die Genehmigung haben. Ich beruhige sie mit Blick auf den Verlauf des Verfahrens, kann aber keine positive Nachricht geben.

Der Druck steigt weiter.

SONNTAG, 10. FEBRUAR 2008

Am Morgen nichts. Die Uhr tickt. Der Tag zieht sich quälend in die Länge. Wir erfahren nichts Neues.

Gegen 17 Uhr treffen wir uns mit Daniel. Die Genehmigung ist noch immer nicht da. Das Kommuniqué zur Kapitalerhöhung für den nächsten Morgen vor Börseneröffnung ist fertig. Ein Teil meines Pressestabs ist vor Ort, um die Journalisten zu informieren, sobald wir die Genehmigung haben. Dann können wir den Terminplan und die Bedingungen für die Zeichnung bekanntgeben.

Um 19 Uhr noch immer nichts. Wir warten ab. Alles steht bereit. Daniel geht auf und ab. Philippe ist höchst angespannt.

20 Uhr. Ich fahre mit einer Pressereferentin zum Abendessen in den 36. Stock hinauf. Das kalte Büffet bleibt für die

Mitarbeiter und Berater, die an dem Projekt Kapitalerhöhung arbeiten, jeden Abend bis 23 Uhr aufgebaut. Die Gesichter sind verschlossen. Die Gespräche drehen sich um Rettungspläne, falls die Genehmigung nicht erteilt wird. Daniel hat sich zu uns gesetzt, aber er hält es nicht lange aus und kehrt bald in sein Büro zurück. Dann kommt er wieder und liefert sich mit Philippe einen harschen Wortwechsel. Die Pressereferentin fragt mich, ob sie gehen solle. Ich verneine und weise darauf hin, dass bei allen die Nerven blank liegen. Das quälende Warten dauert bis 22 Uhr, inzwischen ist die Stimmung auf dem Nullpunkt. Um die Bank und ihre Unabhängigkeit zu retten, haben wir alle Angriffe abgewehrt, die politischen, medialen, finanziellen und juristischen. Wir führen seit drei Wochen Grabenkämpfe und sitzen nun enttäuscht in einem umzingelten Blockhaus. Und jetzt sind wir von einer Unterschrift, einem Stempel auf einem Prospekt abhängig ...

22 Uhr 05

Der Assistent des Finanzchefs stürmt herein und schreit: »Ich habe die Genehmigung!« Die Erleichterung ist gewaltig. Endlich können wir die Kapitalerhöhung starten. Auf den *Roadshows* in den vorangegangenen Wochen konnten wir den Markt sondieren. Die Bank hat seit ihrer Privatisierung stets loyal und aufrichtig agiert und gute Ergebnisse erzielt. Der Betrug wird als ein schrecklicher Betriebsunfall wahrgenommen, dessen Opfer die Bank ist. Wir sind zuversichtlich, dass der Markt auf die Kapitalerhöhung positiv reagiern wird.

An diesem Abend wissen wir, dass wir gerettet sind.

Von diesem Moment an lässt der Druck schrittweise nach. Wir sind der BNP zuvorgekommen, die ein Übernahmeangebot jetzt nicht mehr als Notwendigkeit darstellen kann.

Daniel ist völlig erschöpft. Zuweilen bleibt er mitten im

Satz stecken. An Gespräche, die wir geführt haben, erinnert er sich nicht mehr. Seine Fähigkeit zur Analyse setzt bisweilen aus. Er schwankt zwischen Niedergeschlagenheit und Euphorie. Ich weiß, dass er in Behandlung ist und Tabletten nimmt, um durchzuhalten. Trotzdem mache ich mir Sorgen.

Inzwischen brauchen wir ihn nicht mehr so dringend. Ich fordere ihn auf, ein paar Tage freizunehmen, aufs Land zu fahren und an etwas anderes zu denken. Er antwortet mir:

»Ich kann nicht.«

»Warum nicht?«

»Ich kann an nichts anderes denken. Ich kann nicht schlafen. Ich kann nicht ausspannen.«

»Ein Grund mehr freizunehmen.«

»Ihr wisst nicht alles. Ich kämpfe intern und extern an zu vielen Fronten gleichzeitig. Ich kann nicht einfach verschwinden.«

»Sie sollten trotzdem daran denken …«

»ICH KANN NICHT, HUGUES!«

MITTWOCH, 13. FEBRUAR 2008

Mit großem PR-Aufwand kündigen wir den Erwerb des russischen Geldinstituts Rosbank an. So zeigen wir unsere Zuversicht für die Zukunft. Bis zum Abschluss des Geschäfts soll eine massive Medienkampagne folgen, die unsere wiedergefundene Dynamik demonstriert. Endlich können wir an das Morgen denken.

SONNTAG, 17. FEBRUAR 2008

Claude Bébéar wagt sich in der *New York Times* aus der Deckung.

Er hat sich drei Monate Zeit gelassen, um wieder in Erscheinung zu treten. Er weiß, dass er abwarten, beobachten und sich eine Taktik zurechtlegen muss, so wie er es bei der Löwenjagd in Simbabwe oder bei der Hirschjagd in Wyoming macht. Er bleibt erst in Deckung und pirscht sich manchmal tagelang an. Er weiß, dass mehrere Schritte notwendig sind, damit er Daniel zur Strecke bringen kann. Gekonnt absolviert er seinen ersten Auftritt vor der Presse zu dem Thema und schiebt auf dem Brett einen Bauern vor. In dieser ersten Phase begnügt er sich damit, Probleme hervorzuheben: »*In France, the board does not fire a CEO as easily as in the U.S.*«, sagt Bébéar. »*We think the CEO is responsible, but to suddenly fire the CEO is not the best way to improve things. The CEO of a French company is more of a monarch than in the United States.*«

So lässt er durchblicken, dass Daniel in einem angelsächsischen Land auf der Stelle gefeuert worden wäre, fordert dies aber nicht. Er bringt einfach nur den Gedanken ins Spiel …

Gleichzeitig zirkulieren vertrauliche Mitteilungen über die Mitglieder des Verwaltungsrats der Société Générale und ihre Beziehungen zu Daniel – zudem Einzelheiten zu seinen Einkünften sowie zu seinen Aktienkäufen und -verkäufen. Kurz gesagt, soll Daniel alle Hebel in Bewegung gesetzt haben, um seine Bezüge zu erhöhen. Er habe den Motor seiner Bank mit überhöhter Drehzahl laufen lassen, um astronomische Boni einzustreichen und den Wert seiner Aktienoptionen in die Höhe zu treiben, und sei dabei Risiken eingegangen, die das gesamte französische Bankensystem in Gefahr hätten bringen können … Das Szenario von Bébéars Kampagne steht. Er wird es allen immer und immer wieder servieren, bis zum Überdruss.

Den zweiten Schuss feuert Claude Bébéar zwei Tage später in der Wochenzeitschrift *Challenges* ab. Er spricht sich gegen den vorzeitigen Abgang des Firmenchefs aus, weist aber auf dessen Verantwortung hin. Gleichzeitig dreschen Mitglieder seiner Netzwerke bei Abendessen in der Stadt auf Daniel ein.

DIENSTAG, 19. FEBRUAR 2008

Die Teams und PR-Agenturen der BNP Paribas prügeln immer noch auf die Société Générale ein. Sie hoffen, die Kapitalerhöhung zu hintertreiben, indem sie bei den Anlegern Zweifel schüren. Sie lassen unter den Journalisten Mitteilungen zirkulieren und vergleichen ihre Leistungen mit denen der Société Générale – auch auf Geschäftsfeldern, auf denen wir uns gar nicht betätigen! Ihre Methoden sind so plump, dass sie bei manchen Journalisten das Gegenteil erreichen. Mehrere sprechen mich darauf an.

Am gleichen Tag, an dem die BNP ihre Ergebnisse veröffentlicht, wagt sich der Chefredakteur von *La Tribune,* der Christophe Reille befragt hat, mit einem Artikel vor: »In Paris tritt Solidarität an die Stelle der Verschwörung«, lautet die Überschrift. Er macht das nicht aus Freundschaft zu mir, obwohl wir auf demselben Journalistenposten bei derselben Zeitung debütiert haben. Vielmehr sind seine Leute und er wie andere Redaktionen vom plumpen Auftreten der BNP Paribas angewidert. Er schreibt:

> »Wenn man den Sprechern der BNP Paribas folgt, konnte ein derartiger Betrug nur bei der Société Générale passieren. ›In Frankreich gehen wir davon aus, dass der oberste Chef zur Verantwortung gezogen werden muss, aber ihn überstürzt hinauszuwerfen, ist nicht unbedingt die beste Art, die Situation in Ordnung zu bringen.‹ Zu dieser klei-

nen Vertraulichkeit ließ sich der Verwaltungsratsvorsitzende von Axa in den Kolumnen der *New York Times* hinreißen. Für deren Redaktion gilt er fortan mehr als ›Königsmacher denn als König‹. Sein Urteil über den Chef der Société Générale erscheint damit unanfechtbar. Einstweilen arbeitet das PR-Team der BNP auf Hochtouren: Bald versuchen sie, die Gerüchte an den Märkten zu zerstreuen, ihr Unternehmen wolle die Lage dazu auszunutzen, die Société Générale, ihre große Konkurrentin, mit Haut und Haaren zu schlucken, bald werfen sie Daniel Bouton und seinem schlagkräftigen Generalstab, der inzwischen ernsthaft geschwächt ist, weitere Knüppel zwischen die Beine. Ihnen zufolge konnte es zu einem so unglaublichen Betrug nur in der Société Générale kommen. Um das zu belegen, bereitet der PR-Dienst für März ein *education event* für die Medien zu den Geschäftsbereichen der Bank, zu Aktien und Derivaten vor. Der Zweck dieser Operation? Die pädagogische Bearbeitung von Journalisten, die sich mit Bankthemen im Allgemeinen und mit der Société Générale im Besonderen befassen. Es würde nicht verwundern, wenn man ihnen bei dieser Gelegenheit eines demonstrierte: dass sich das, was beim Konkurrenten geschehen ist, bei ihnen auf keinen Fall wiederholen könne. Eine Demonstration, zu der auch Jérôme Kerviels Imageberater bereitsteht. Dieser Mann, der behauptet, er vertrete die Interessen des Betreffenden völlig uneigennützig auf Ersuchen ›von Freunden der Anwälte‹, lässt gleichwohl durchblicken, dass seine schöne Geste umso schöner ausfiele, wenn die Gerechtigkeit ihren Lauf nähme und die Société Générale in der BNP Paribas aufginge. Dies deutet darauf hin, dass in Paris eine Verschwörung im Gang ist …«

Am selben Tag gibt sich Baudouin Prot, der geschäftsführende Vorstand der BNP Paribas, auf der Bilanzpressekonferenz seiner Bank ahnungslos. Vor einem Parkett mit Medienvertretern beurteilt er die Lage der Société Générale als »komplex« und lehnt jeden Kommentar über ein eventuelles Interesse an dieser Bank ab, »um die Gerüchteküche nicht mit neuer Nahrung zu versorgen«. Statt selbst das Feuer anzufachen, überlässt er dies seinen Teams. Er hütet sich zu verraten, dass er sich mit dieser Sache befasst, denn damit würde er sich gegenüber der Finanzaufsicht festlegen. Würde er die Frage bejahen, müsste er ein Angebot vorlegen, würde er sie verneinen, könnte er dies für die nächsten sechs Monate nicht mehr tun!

Eine Journalistin fragt Baudouin:

»Finden Sie es eigentlich normal, eine klare Stellungnahme zu verweigern, während Ihre PR-Leute und Ihre Agenturen ihre Zeit damit zubringen, das Management und die Mitarbeiter der Société Générale anzuschwärzen?«

»Davon … also, davon weiß ich nichts …«

MITTWOCH, 20. FEBRUAR 2008

Der Zwischenbericht des Sonderausschusses des Verwaltungsrats wird veröffentlicht – mit den Ergebnissen der unabhängigen Mitglieder. Deren Schlussfolgerungen decken sich mit dem, was wir von Anfang an bekannt gegeben haben. Demnach hat »die Generalinspektion der Bank schon am 24. Januar 2008 den Auftrag zu einer internen Prüfung erhalten. Die Bankenkommission als zuständige Aufsichtsbehörde setzte eine Prüfungskommission ein, die ihre Arbeit am 25. Januar 2008 aufnahm. Am 28. Januar leiteten die Untersuchungsrichter Van Ruymbeke und Desset Ermittlungen ein, die sie der Pariser Finanzpolizei übertrugen. Die Finanzaufsicht hat eine Untersuchung zur Finanzinformation und zum Markt der Socié-té-Générale-Aktie eingeleitet. Die Ministerin für Wirtschaft, Finanzen und Arbeit hat dem Premierminister am 4. Februar 2008 einen Bericht zu diesen Ereignissen übergeben.«

Nach dem Bericht wurde der Umfang des Prüfauftrags verändert und vom Sonderausschuss gebilligt, der die Wirtschaftsprüfungsgesellschaft Price Waterhouse Cooper damit betraute, diese Arbeiten unter die Lupe zu nehmen. Vierzig Prüfer wurden eingesetzt. Die Ergebnisse der internen Revision bestätigen die wesentlichen Merkmale des Betrugs, wie sie von der Führung der Société Générale am 24. Januar 2008 offengelegt wurden. Der Urheber der betrügerischen Machenschaften hat die Befugnisse seiner normalen Arbitrage-Tätigkeit überschritten und auf geregelten Märkten reale »direktionale« Positionen aufgebaut, die er mit fiktiven gegenläufigen Transaktionen verschleiert hat.

DONNERSTAG, 21. FEBRUAR 2008

BFM Radio. Philippe Citerne, der geschäftsführende Vorstand der Société Générale, wird zur Veröffentlichung der Jahresergebnisse seiner Bank befragt. Das Interview findet am Tag nach der regulären Verwaltungsratssitzung statt, auf der neben diesem Thema auch die in Angriff genommene Kapitalerhöhung zur Sprache kam. Sonst nichts, insbesondere nicht das Management, dem mehrfach öffentlich das Vertrauen des Verwaltungsrats ausgesprochen wurde, die dem Markt präsentierte Strategie festzulegen und umzusetzen. Endlich ist es mir gelungen, Philippe aus der Deckung zu holen, nachdem er sich die ganze Zeit vor den Medien versteckt und Daniel Bouton ins Feuer geschickt hatte. Dies ist Philippes erster öffentlicher Auftritt seit fast einem Monat. Nachdem sich das Gewitter verzogen hat, wagt er sich wieder raus. Ich zähle auf ihn, um die Öffentlichkeit von der Solidität der Bank und von der Verlässlichkeit ihres Engagements zu überzeugen. Zudem muss er zeigen, dass das Management geschlossen zu Daniel steht und die Mitarbeiter der Bank motivierter sind denn je, ihre Kunden bestens zu bedienen.

»Lässt der Verwaltungsrat durch Daniel Bouton mitteilen, dass er fest hinter seinem Management steht?«, fragt die Journalistin.

»Äh … Hmm«, scherzt Philippe.

Die Journalistin lacht auf.

»Ja?«

Philippe lacht schallend:

»Ja, sicher.«

»Entschuldigen Sie. Das war nicht sofort erkennbar«, fährt die Journalistin fort.

»Nein, nicht, aber …«

»Na also. Man kann es doch so sagen: Das war nicht deutlich!«

»Ich glaube, ich verstehe Ihre Frage, aber Sie haben auch eine Antwort bekommen«, sagt Philippe und räuspert sich.

»Aber Daniel Bouton hat doch selbst den Gedanken geäußert, dass sein Rücktritt nahe läge und für einen Neuanfang notwendig sein könnte?«

»Hören Sie, ich werde auf solche Überlegungen nicht eingehen und ebenso wenig auf die vertraulichen Beratungen eines Verwaltungsrats.«

Ich schalte das Radio aus. Er macht mich fertig.

MONTAG, 25. FEBRUAR 2008

Daniel hält sich in London auf. Er beendet seine *Roadshows* bei den wichtigsten Eigentümern, den institutionellen Großanlegern. All diese Pensionskassen, Versicherungsgesellschaften, Vermögensverwalter und andere Bankinstitute sind Aktionäre seiner Bank. Er bittet sie um nichts weniger als um 5,5 Milliarden Euro, um das Reservoir wieder aufzufüllen, das Jérôme Kerviel geleert hat. Diese Übung ist demütigend und schwierig. Seit über einen Monat steht er unter ständigem Druck. Er bewahrt Haltung und bemüht sich um Gelassenheit. Er hört sich mit Respekt die Beschimpfungen seiner Gesprächspartner an und gibt ihnen Punkt für Punkt eine Antwort. Dabei bleibt er sicher, wird nicht überheblich und spricht in einem aufklärenden und bewusst ruhigen Tonfall.

Als die Furcht vor der Pleite umging, betrieb er ein millimetergenaues Krisenmanagement im Umgang mit der Zentralbank und sämtlichen Regulierern weltweit, mit den Wirtschaftsprüfern, der Finanzaufsicht, seinen Großkundenberatern und den Wirtschaftsprüfungsdiensten. Dann stellte er sich den Rating-Agenturen, den Medien, der öffentlichen Meinung, Nicolas Sarkozy und seiner hyperaktiven Truppe. Sämtliche Finanzaufsichten der Welt verlangten Erklärungen – in China, Japan, Südkorea, ganz Europa und Amerika. Bescheiden und respektvoll stellte er sich sämtlichen Befragungen und wütenden Angriffen. Mit voller Härte schlug ihm die öffentliche Empörung entgegen. Und überall wurde ein Zerrbild von ihm gezeichnet.

Heute ist Daniel erschöpft. Wenn er die Zeitung aufschlug oder den Fernseher einschaltete, sah er jeden Tag unter den niederschmetternden Schlagzeilen sein eigenes Gesicht. Der Schlafmangel, die vielen Hiobsbotschaften, die Beschuldigungen, die Reisen und Jetlags haben ihn körperlich zermürbt. Obwohl er noch aufrecht steht, ist er innerlich zerbrochen. Seit über einem Monat hat er weder auf seinem Hometrainer gesessen noch einen Fuß auf einen Golfplatz gesetzt. Er ernährt sich schlecht, stopft in Windeseile Kantinenessen in sich hinein und verzichtet auf Alkohol, weil der sich nicht mit den Beruhigungs- und den Schlafmitteln verträgt.

22 Uhr 00

Daniel sitzt mit stierem Blick auf seinem Hotelbett. Seine Schuhe und seine Krawatte liegen auf dem Teppichboden, weil ihm die Kraft fehlt, um sie aufzuheben. Sein Jackett hat er in den Sessel geworfen. Seine Unterlagen liegen ungeordnet im Zimmer verstreut. Ein zerknitterter Terminplan in seiner Jackentasche diktiert ihm den Ablauf des nächsten Tages. Er greift nach seinem Mobiltelefon. Als er es einschaltet, ist der Akku so leer wie sein eigener. Er nimmt den Hörer des Zimmertelefons ab, wählt die Neun für einen Externanruf und tippt wie jeden Abend meine Nummer ein. Seine kraftlose Stimme klingt finster. Die Sprechpausen sind lang:

»Tut mir leid, dass ich so spät noch anrufe …«

Er hält inne, um Atem zu schöpfen, und seufzt:

»Ich habe unser Zeitfenster um 19 Uhr verpasst. Wie … wie ist die Presse denn heute?«

Ich habe ihn noch nie mit einer so kraftlosen Stimme reden hören. Ich drücke den Hörer an mein Ohr, lasse endlos scheinende Pausen verstreichen und bringe das Gespräch wieder in Gang: Ich teile ihm detailliert die Fragen des Tages mit, sage ihm, was ich von den Artikeln für den nächsten Tag erwarte, gebe ihm einen Überblick über die intern besprochenen Themen und informiere ihn über die Stimmung in Paris. Entgegen seiner Gewohnheit unterbricht er mich nicht, sondern lässt mich alle Notizen durchgehen. Ich halte inne und frage ihn:

»Und unsere Anleger?«

»Heute waren sie nett …«

»Nett???«

»Ja … kaum Fragen.«

»Keine neuen Standpunkte, keine Besorgnisse?«

»Ich … ich weiß nicht mehr …«

Ich schlucke am Telefon. Ich überlege mir, ob ich ihn mit einem Witz aufheitern soll, aber Daniel ist nicht der Typ dafür. Nach einer Pause frage ich unseren Chef mit sanfter Stimme:

»Und Sie, Daniel? Wie geht es Ihnen denn?«

»Mir geht's … gut …«

»Sind Sie sicher?«

»Sagen Sie den Journalisten, dass ich topfit bin.«

»Wie fühlen Sie sich, Daniel?«

»Ich lasse mir eine Mahlzeit auf mein Zimmer bringen … und dann schlucke ich meine Pillen.«

»???«

»Und mache ein langes Nickerchen …«

»?!?«

»Morgen bin ich topfit.«

»Gute Nacht, Daniel …«

»Sagen Sie ihnen, ich bin …«

Er schluckt kurz, hält inne und vollendet seinen Satz:

» … topfit.«

Er hängt ein. Für einige Sekunden klebe ich weiter am Telefon. Ich muss mich dem Offensichtlichen stellen: Daniel hat seinen Kopf so lange hingehalten und so viel Druck abbekommen, dass er nicht mehr auf der Höhe ist.

Ich wähle sofort Frédérics Nummer und frage nach:

»Was ist los?«

»Daniel ist nicht mehr er selbst. Er redet zusammenhangloses Zeug. So kann man ihn nicht vor die Anleger schicken.«

»Und die *Roadshow?*«

»Wir machen im Trio mit Jean-Pierre weiter.«

»Fällt das auf?«

»Ja und nein: Wir lassen ihn nur ganz kurz die Einführung machen und beantworten dann alle Fragen.«

»Gefährdet das den Erfolg der Kapitalerhöhung?«

»Ich glaube nicht. Sie haben sämtliche Aspekte des Betrugsfalls begriffen und wissen, dass es ein einmaliges Ereignis ist. Für sie ist das Schnee von gestern. Angesichts der *Equity Story* stimmen sie zu. Unsere Strategie geht glatt durch.«

»Und Daniel? Sie lassen ihn doch nicht allein in London?«

»Er nimmt morgen früh den Eurostar.«

DIENSTAG, 26. FEBRUAR 2008

Angesichts miserabler Umfragewerte stellt sich Nicolas Sarkozy den Lesern von *Le Parisien/Aujourd'hui en France,* der größten und populärsten französischen Tageszeitung. In dem Artikel geißelt er populistisch den amoralischen Kapitalismus. Er prangert kriminelle Arbeitgeber an und verspricht Vollbeschäftigung in den französischen Stahlwerken. Ohne nach Daniel gefragt worden zu sein, brandmarkt er an seinem Beispiel die Spekulation und das Zockerwesen:

»Ebenso ist mir die Sache mit der Société Générale ein Rätsel: Wenn der Leiter eines Unternehmens eine Katastrophe diesen Ausmaßes erlebt und keine Konsequenzen zieht, ist das nicht normal. Dass jemand sieben Millionen Euro pro Jahr verdient, schockiert mich nicht. Unter einer Bedingung: dass er Verantwortung übernimmt. Das ist das ganze Problem bei Daniel Bouton. Ich habe nichts gegen ihn. Aber man kann nicht sieben Millionen Euro pro Jahr verdienen, und wenn es ein Problem gibt, einfach meinen, dass einen das nichts anginge. Nein, das akzeptiere ich nicht.«

Am Abend taucht dann das Gerücht auf, das ich erwartet habe:

Tradingsat.com meldet: »Seit Beginn der Zeichnungsfrist unter Druck.«

Im Einzelnen heißt es:

»Seit Ankündigung der Kapitalerhöhung um 5,5 Milliarden Euro am 21. Februar erwacht die Aktie der Société Générale. Sie springt um vier Prozent auf 67,50 Euro und führt damit die Erfolgsliste der stärksten Anstiege im CAC 40 am Dienstagnachmittag an. Erneute Spekulationen um das Angebot eines Konkurrenten sind die Ursache für dieses plötzlich wiedererwachte Interesse der Anleger. Die Gerüchte kommen aus Spanien, wo in der Presse von einer Art ›Deal‹ zwischen Madrid und Paris die Rede war. Die spanische Tageszeitung *Expansión* formuliert die Hypothese, dass die Genehmigung der spanischen Zentralbank für Crédit Agricole, ihre Beteiligung von 16 auf 24,99 Prozent zu erhöhen, mit einer Gegenleistung verbunden gewesen sein soll: dass ein iberisches Unternehmen ein Angebot für die Société Générale vorlegt.«

Dieses Täuschungsmanöver kommt zu spät. Ich weiß bereits, dass das Orderbuch voll ist und die Kapitalerhöhung zu einem Erfolg wird. Die Zeichnungsfrist endet in einigen Tagen. Sie versuchen noch, die Anleger abzuschrecken, indem sie suggerieren, dass die Aktie am nächsten Tag teurer wird. Gleichzeitig wollen sie damit ihr eigenes Angebot rechtfertigen. Ich werde die Journalisten vor dieser Taktik warnen. Diese »Info« wird keine spürbare Verbreitung finden.

MITTWOCH, 27. FEBRUAR 2008

Nicolas Sarkozy büßt in den Meinungsumfragen weitere vier Prozentpunkte ein.

Jean-Pierre Mustier ist auf *Roadshow* in Deutschland. Am Abend sitzt er allein in seinem Hotel in Frankfurt, greift zu seinem Smartphone und schickt mir folgende Mail:

»Ich versuche dich heute Abend anzurufen. Ich stehe bereit, um in der Sache öffentlich Stellung zu beziehen (Interview in einer Zeitung, offener Brief o. a. im Tenor): Die Angriffe gegen Daniel sind unberechtigt und empörend, egal, woher sie kommen. Daniel stellt sich tapfer seiner Verantwortung. Feige wäre, wenn er es nicht täte. Diejenigen, die mit dem Finger auf ihn zeigen, sollten dies erkennen. Eine gute Unternehmensführung besteht darin, jetzt die Stellung zu halten und die Société Générale zu einer starken Bank zu machen. Die Rücktrittsforderungen an ihn können nur dazu dienen, das Unternehmen zu destabilisieren, um möglichen Haien Vorschub zu leisten. Man täusche sich nicht im Adressaten. Wenn einer verantwortlich ist, dann nicht er, sondern ich. Ich bin für die Geschäftsbereiche zuständig, die wegen der Lage auf dem US-Immobilienmarkt und des Betrugsfalls beträchtliche Verluste gemacht haben. Ich habe bei Daniel meinen Rücktritt eingereicht, aber er hat mich gebeten, zu bleiben. Ich tue dies im Interesse der Société Générale, ihrer Kunden, Angestellten und Aktionäre und lasse meine gesamten Bezüge wohltätigen Organisationen zukommen. Und noch einer ist verantwortlich: Jérôme Kerviel. Er hat keinerlei Reue gezeigt und sich weder bei den Angestellten, Aktionären oder Kunden der Société Générale jemals entschuldigt. Hören wir auf, ihn zu einem modernen Robin Hood zu stilisieren. Wichtig ist heute, die Mitarbeiter der Société Générale in Ruhe zu lassen, damit sie sich um ihre Kunden kümmern können – im Interesse unserer Aktionäre, die bei unserer Kapitalerhöhung ihre volle Unterstützung gezeigt haben. Die Zukunft gehört der Société Générale. Ich werde zurücktreten, um Daniel zu schützen.«

Ich antworte ihm:

»Danke, Jean-Pierre, aber die Lage erscheint mir weniger dramatisch. In den Medien sind wir nicht mehr die erste Meldung. Sogar Nicolas Sarkozys Äußerungen waren nur eine kurze Notiz wert, in einem einzigen TV-Sender. Sicher hast du bemerkt, dass die Redaktion von *Le Parisien* gar keine Frage zur Société Générale gestellt hat. (Sarkozy nutzte vielmehr eine Frage zu Mittal für seine Zwecke.) Du weißt, dass es in Krisenzeiten am schwierigsten ist, mit dem Schweigen umzugehen. Eine Überlegung muss hinter jeder unserer Stellungnahmen stehen: Nützt sie – den Mitarbeitern, Kunden und Aktionären? Die Themen, die du ansprichst, bringen uns in die Defensive. Sie verraten Besorgnis und werden die Belegschaft verunsichern. Daniel hat das Pech, dass er die Bank verkörpert. Heute wird er in mehreren Artikeln für seine Courage gelobt. Dass sich der unpopuläre Sarkozy in der Sache zu Wort meldet, hilft uns sogar in der Öffentlichkeit. Das Risiko eines Übernahmeangebots ist allerdings sehr hoch. Daran würde ein Interview von dir aber nichts ändern. Die Abwehr werden wir auf der *equity story* aufbauen, dem ständigen direkten Dialog mit den Stimmberechtigten (den drei Kategorien der Aktionäre: den Mitarbeitern, privaten und institutionellen) und auf unserer Fähigkeit, Freunde in unserem Kapitalstock zu vereinen. Im Großen und Ganzen müssen wir alle in diesem Grabenkampf solidarisch bleiben und Munition sparen. Was macht das Business? Wir können um acht Uhr oder heute Abend reden, wie es dir passt.«

Jean-Pierre greift nochmals zum Smartphone:

»Bin heute Abend auf dem Sprung zwischen zwei Flügen. Rufe dich später an. Angesichts des Umfelds läuft das Business passabel. Ich meine auch, dass wir unsere Munition nicht sofort verschießen sollten, aber falls die Angriffe anhalten, müssen wir gewappnet sein. Schönen Tag.«

FREITAG, 29. FEBRUAR 2008

Claude Bébéar gibt in *Le Figaro* ein Interview anlässlich seiner Machtübergabe beim Axa-Konzern, aus dem er mit zweiundsiebzig Jahren ausscheidet. Natürlich bleibt die Frage nicht aus:

»Hätte Daniel seinen Hut nehmen sollen, wie ihm der Präsident der Republik nahegelegt hat?«

»Auf die Frage nach dem Rücktritt des Vorstandsvorsitzenden, der klar verantwortlich, aber nicht unbedingt schuldig ist, antwortet der Verwaltungsrat der Société Générale mit einem Nein. Ich glaube an die Verantwortung der Chefs, aber auch an die Notwendigkeit, dass die Verwaltungsräte ihre Entscheidungen gelassen und anhand erwiesener Tatsachen treffen. Wir müssen also die Ergebnisse der laufenden Untersuchungen abwarten.«

»Und soll die Bank ihre Selbstständigkeit verteidigen?«

»Ob sie mit einer anderen Bank fusionieren soll, ist eine andere Frage.«

»Und mit der BNP Paribas?«

»Dort sitze ich im Verwaltungsrat. Also antworte ich darauf nicht ...«

Das sagt er für die schriftliche Version, aber inoffiziell auf den Fluren verkündet er: »Es ist doch ganz klar: Die Bank ist in einem derart desolaten Zustand, dass sie mit den bekannten systemischen Effekten entweder einen missglückten Neustart hinlegt oder von einem Ausländer übernommen und ausgeschlachtet wird, falls man ihr nicht zu Hilfe kommt ...«

Eine Woche später, am 5. März, setzt Claude Bébéar in *Le Parisien* seine Offensive fort, schrittweise wie immer. Er wägt jedes Wort genau ab und fügt mit der erwarteten Vorsicht einen Aspekt hinzu:

»Man muss das Ende der laufenden Untersuchungen abwarten, um zu erfahren, ob es im Kontrollsystem der Bank Ver-
säumnisse gab. Bis dahin gilt: im Zweifel für den Angeklagten.
Sollten sich allerdings tatsächlich Mängel herausstellen, erhebt
sich die Frage nach der Verantwortung des Verwaltungsrats und
nicht nur die nach der des Vorstandsvorsitzenden.«

Auf diese Art bereitet er die Öffentlichkeit ein Stück weiter auf das Vorhaben vor. Sollte Daniel nicht zurücktreten –
was unverantwortlich wäre –, stünde die Glaubwürdigkeit des
gesamten Verwaltungsrats infrage. Er verkündet Führungs-
prinzipien, lässt an Daniels Schuld aber keinerlei Zweifel ...
Und wieder verbreitet er inoffiziell die Auffassung, die Bank
müsse, »bevor es zu spät ist«, mithilfe eines französischen Partners gerettet werden, »um die Arbeitsplätze zu bewahren und
die Entscheidungszentren im Land zu halten«.

SONNTAG, 9. MÄRZ 2008

Die Kapitalerhöhung ist unter Dach und Fach. Sie wurde zu
einem großen Erfolg. Mit Bestellungen in einem Umfang von
10,2 Milliarden Euro ist die Aktie zweifach überzeichnet. Alle
Großanleger haben mitgezogen: Die Bank ist rekapitalisiert
und das gigantische Finanzloch in knapp einem Monat geschlossen worden. Das Kommuniqué wird am Morgen des
11. März veröffentlicht. Das Finanzproblem der Société Générale ist gelöst. BNP Paribas kann fortan nicht mehr in die Welt
setzen, dass wir in Gefahr wären und das Vertrauen der Märkte verloren hätten.

Aber für mich spielt die Aktualität anderswo. Daniel ruft
mich an und redet sehr langsam:

»Sie müssen meine Anhörung im Finanzausschuss der Nationalversammlung morgen Abend absagen ...«

»Wieso? Was ist denn los?«

»Ich bin nicht in Form. Ich kann mich nicht mehr konzentrieren … ich schaffe das nicht.«

Sehr viel später wird mir Daniel verraten, dass er zu der Zeit in Wahrheit in einer Schlafklinik in Behandlung war. Mit einem Psychologen ging er seine ganze Geschichte lang und breit, immer und immer wieder durch. Nach Wochen praktisch ohne Schlaf unter übermäßigem Stress kam der Arzt zu einer klaren Diagnose: ein »Syndrom der Überverantwortlichkeit«. Jeder fühlt sich für andere verantwortlich. Wir denken auch noch nachts an eine Prüfung unserer Kinder, und wenn Angehörige krank sind, merkt man das an unserem Verhalten. Der Chef eines kleinen oder mittelständischen Unternehmens verbringt schlaflose Nächte, wenn seine Geschäftszahlen nicht stimmen, weil er an die Gehälter seiner Mitarbeiter denkt.

Daniel ist ein starker Charakter, der bereits Verantwortung in der Regierung übernommen hatte und jetzt Chef einer Großbank ist. Angesichts dieses Bebens der Stärke sieben hat er sich selbst eine übermäßige und übermenschliche Verantwortung aufgebürdet. Er fühlte sich für alles persönlich verantwortlich: für Kerviels Betrug, für die Zukunft der Mitarbeiter der Société Générale, für die Stabilität der französischen Banken, für die Finanzlage Frankreichs, für die bedrohten Finanzmärkte und für eine Weltwirtschaft, die in den Abgrund hätte gerissen werden können. Es wird sehr lange dauern, bis sich dieser ehemalige Direktor der Abteilung Staatshaushalt im Finanzministerium von allem erholt, ausspannen und wieder im realen Leben Fuß fassen kann; mit der richtigen Distanz. Er hat weitaus mehr als die Verantwortung übernommen, die ihm in Wahrheit zufällt.

Am Abend liegen die Ergebnisse der ersten Runde der

Kommunalwahlen vor: eine verheerende Niederlage für die Regierungspartei.

FREITAG, 14. MÄRZ 2008

Der Verwaltungsrat tritt im Turm der Société Générale in La Défense zusammen, um über Daniels Schicksal zu entscheiden. Alle Mitglieder kennen seine psychische Verfassung. Der Auftrag erscheint klar: Daniel Bouton muss ersetzt werden. Wer ihm kürzlich über den Weg gelaufen ist, weiß, wie es um ihn steht. Unter der Hand werden Namen eines neuen Vorsitzenden gehandelt.

Philippe Citerne kann nichts erwarten: Er hat den Handel überwacht. Zudem ist er psychisch nicht stabiler als Daniel. Da er sich an der Krisenbewältigung nicht beteiligt hat, ist er aus dem Rennen.

Jean-Pierre Mustier, der Chef der Investmentbank, war Jérôme Kerviels oberster Vorgesetzter. Er kann nicht mit einer Beförderung rechnen.

Finanzchef Frédéric Oudéa, der seit Jahren auf der Liste des Verwaltungsrats steht, hat die Nase vorn. Er hat dem Schock der *Roadshows* standgehalten und die Kapitalerhöhung vorangetrieben, die in ihrer Größenordnung perfekt austariert war. Die Bank ist gestärkt daraus hervorgegangen.

Daniel Bouton muss gehen. Unter seiner Führung hat sich das Delikt ereignet. Selbst wenn seine Integrität nicht in Frage steht, wenn die Kontrollsysteme in allen Punkten identisch mit denen anderer Banken und vom Regulierer abgesegnet worden waren, fordert die Öffentlichkeit seinen Kopf. Um eine reibungslose Geschäftstätigkeit zu gewährleisten, muss man ihn opfern.

Hinzu kommen seine Niedergeschlagenheit, seine fehlende Widerstandskraft und seine Unfähigkeit, rasch und überlegt zu reagieren. Man muss den Tatsachen ins Auge sehen: Mit seinen Führungsaufgaben ist er körperlich und seelisch überfordert.

Auf der konstruktiv verlaufenden Sitzung kündigt der Generalsekretär Daniels Ankunft an. Angesichts seiner Verfassung hat keiner mit ihm gerechnet.

Daniel öffnet die Tür ein Stück weit, nimmt zur Kenntnis, dass es schlagartig still wird, und tritt in den Raum. Abgemagert, erschöpft und mit Medikamenten vollgepumpt, begibt er sich langsam an seinen Platz. Tatsächlich ist er noch immer der Sitzungsleiter. Er schaut in die Runde und blickt den Mitgliedern des Verwaltungsrats der Reihe nach tief in die Augen. Sie sind erschüttert.

Dann ergreift er bedächtig das Wort:

»Ich weiß«, sagt er schleppend, »dass Sie ein neues Kapitel aufschlagen wollen. Das ist mehr als legitim. Es nützt der Bank, und sie muss diesen Schritt tun. Ich stimme ihm zu. Ich weiß auch, dass ich nicht auf der Höhe bin. Das erscheint mir normal nach dem Schock, den wir erlebt haben. Ich brauche Zeit, um mich zu erholen. Deswegen teile ich Ihnen mit, dass ich von meinem Posten als Vorstandsvorsitzender zurücktrete.«

Er macht eine lange Pause, lauscht in die Stille und fährt fort:

»Was den Vorsitz angeht, so kenne ich die drei oder vier Personen, an die Sie denken. Die Schwierigkeit der Aufgabe ist Ihnen bekannt. Sie ist riskant. Ich weiß auch, dass keiner unter Ihnen bereit ist, sie zu übernehmen. Das bedaure ich, weil Sie die Erfahrung dafür mitbringen.«

Keiner reagiert.

»Mein Vorschlag ist, die neue Geschäftsführung zu begleiten. Ich schlage Ihnen vor, die Aufgaben des Vorsitzenden des Verwaltungsrats und die des Vorstandsvorsitzenden voneinander zu trennen.«

Die Anwesenden hören aufmerksam zu. In einem zähen Redefluss skizziert Daniel kurz seine Gedanken:

»Jean-Pierre fühlt sich für die Affäre Jérôme Kerviel verantwortlich. Er will nur eines: gehen. Bleibt die Lösung Oudéa. Er ist gemeinsam mit mir als Architekt der Kapitalerhöhung aufgetreten.«

Daniel blickt allen in die Augen. Er sondiert die Stimmung, räuspert sich und fährt fort:

»Ich ziehe mich in einigen Monaten auch vom Vorsitz dieses Hauses zurück. Zuvor werde ich mich noch der Hauptversammlung stellen und die Ergebnisse des ersten Halbjahres präsentieren: Ich werde das Krisenmanagement vollständig zu Ende bringen. Aus meiner Sicht müssen wir mit dieser Affäre unaufgeregt umgehen. Ich werde mich schrittweise von dem Schock erholen. Sie können sich auf den nächsten Sitzungen zu meiner Verfassung äußern ... Ich lasse Sie jetzt beraten und schließe mich Ihrer Entscheidung an.«

Daraufhin verlässt Daniel den Sitzungssaal. Während sich die Mitglieder des Verwaltungsrats besprechen, kehrt er in sein zwei Schritte entferntes Büro zurück und sinkt dort leichenblass in seinen Chefsessel.

Er erwartet das Urteil.

Er starrt ins Leere, fühlt sich völlig antriebslos. Diese erste Niederlage seines Lebens war schwer zu verdauen: Die Entdeckung des Betrugs, das Glattstellen der Position, die Kapitalerhöhung, die *Roadshows* auf der ganzen Welt, die Rechtfertigungen und Erklärungen gegenüber sämtlichen Regulierern und Anlegern, die Vorwürfe, die Aufschreie der Empörung und der schäbige Empfang von manchen Leuten, die ihn herbeorderten, um ihm nach 13 Stunden Flug ihre Verachtung mitzuteilen und dann die Tür vor der Nase zuzuschlagen – all dies hat Stück für Stück seine Moral zerstört und seine Gesundheit zugrunde gerichtet.

Aber mehr noch als das war es seine Neigung, sich für alles verantwortlich zu fühlen. Gegen diese Überverantwortlichkeit hätte nur eine Übersolidarität in seinem Umfeld helfen können. Sie hätte den verheerenden Stress dämpfen und den Druck mildern können. Aber leider blieb sie aus. Das bestärkte ihn in seiner Wahrnehmung, er müsse den ganzen Globus allein auf seinen Schultern tragen.

Philippes Entsolidarisierung und der verräterische Blick der anderen, die ihm immer herablassender begegneten: Je deprimierter sie ihn sahen, desto tiefer sank er in ihrer Achtung, und desto weniger sagten sie ihm. Der Erfolg, sein ständiger Begleiter, hat ihn im Stich gelassen. Der Klassenbeste war seelisch nicht darauf vorbereitet, dass man ihn so vom Sockel stoßen würde.

Aber seinen »letzten« Tag wollte er mit Würde bewältigen und hat sich dazu mit Antidepressiva und Vitaminen vollgepumpt.

Die Mitglieder des Verwaltungsrats am Tisch schweigen. Sie sind verwirrt angesichts dieses Mannes, der ihrem Gremium über zehn Jahre lang vorgesessen hat. Er hat die Größe, die Mitarbeiterzahl und die Unternehmenserträge verdreifacht. Sie bewundern seinen Mut angesichts dieser gewaltigen Krise. Und nun ist er geschwächt und bittet sie um Zeit, um seine Höchstform zurückzugewinnen. Sie zögern. Sie kennen den Druck der Öffentlichkeit und der Politiker.

Viele meinen, dass sein Rückzug sehr viele Probleme lösen würde. Aber als Erster ergreift ein Mann das Wort, der es anders sieht:

»Man wirft doch keinen Mann hinaus, der seinem Unternehmen siebzehn Jahre aufopfernd gedient und es in einen der glanzvollsten Erfolge des französischen Kapitalismus verwandelt hat.«

Eine lebhafte Debatte beginnt. Am Ende zeichnet sich keine ernsthafte Alternative ab.

Dann stimmt der Verwaltungsrat ab.

Eine knappe Mehrheit votiert dafür, die Funktionen voneinander zu trennen. Daniels Haut ist gerettet. Und der Überlebende seiner beiden Kronprinzen, Frédéric, wird inthronisiert. Während Daniel Verwaltungsratsvorsitzender bleibt, wird Frédéric Oudéa zum Vorstandsvorsitzenden ernannt. Philippe erklärt sich bereit, von seinem Posten im Verwaltungsrat zurückzutreten: als Gegenleistung bleibt sein Arbeitsvertrag ein weiteres Jahr bestehen, bis zu seinem 60. Geburtstag, damit er seine zusätzliche Altersversorgung kassieren kann.

DIENSTAG, 18. MÄRZ 2008

Jérôme Kerviel kommt frei. Lächelnd schlendert er durch die Straße vor dem Gefängnis La Santé. Die Journalisten und Fotografen sprechen ihn bei seinem Vornamen an. Kerviel nimmt sich Zeit, genießt seine Bekanntheit und die wiedergewonnene Freiheit. Er betrachtet die aufgereihten Medienvertreter hinter den Schranken, winkt ihnen mit erhobenen Armen zu und spreizt dabei fünf Finger: eine Fünf für die Milliarden, die die Bank verloren hat. Er wird mit Tom Cruise verglichen. Er schwebt wie auf einer Wolke. Noch immer surft er durch seine virtuelle Welt.

Wie allen Mitarbeitern der Bank sind mir diese Bilder unerträglich.

7 Uhr 30. Beim Lesen der Morgenzeitungen zu Hause erhalte ich von der amerikanischen Pressesprecherin der Bank eine SMS:

>*Hi Hugh, u probably are aware that BNP have issued a statement saying they've studied + decided not to go 4 a bid 4 us. Dow Jones has called. Cheers.*

Laura.«

Ich stürze an meinen Rechner, logge mich auf der betreffenden Website ein und lese das Pressekommuniqué: BNP Paribas wirft tatsächlich das Handtuch:

»Angesichts der anhaltenden Gerüchte erklärt der Konzern BNP Paribas, dass er die Möglichkeit eines eventuellen Zusammenschlusses mit der Société Générale nicht weiterverfolgt. Er geht davon aus, dass die Bedingungen fehlen, um für seine Aktionäre eine wertstiftende Transaktion realisieren zu können. Vor diesem Hintergrund besteht die Priorität des Konzerns darin, seine zahlreichen eigenen Stärken auszuspielen: ein rigoroses Risikomanagement, finanzielle Solidität, wirtschaftliche Effizienz, Diversifizierung der Einnahmequellen. Der Konzern ist gut aufgestellt, um seine Entwicklung weiter voranzutreiben – durch eine Bündelung seiner Kompetenzen im Privatkundengeschäft (die über 50 Prozent seiner Einkünfte ausmachen), im Finanzierungsgeschäft und im Investment Banking (28 Prozent) sowie im Asset Management (18 Prozent). Zu einer Zeit, da zahlreiche Konkurrenten ihre Handlungsspielräume beschränkt sehen, strebt BNP Paribas an, alle Mitarbeiter in den Dienst der Kunden und der Realwirtschaft zu stellen.«

Sie fahren schwere Geschütze auf: »In den Dienst der Realwirtschaft« spielt auf Jérômes fiktive Positionen an. Das »rigorose Risikomanagement« ist als Gegensatz zu den Ausfällen gemeint, die die Société Générale bei den Subprime-Krediten einstecken musste. Tatsächlich sind sie hier weniger stark exponiert als wir. Zum Ausdruck kommt eine gezielte Böswilligkeit, die bei allen oberflächlichen Beobachtern, und deren gibt es viele, einen schlechten Eindruck hinterlässt. Sie erkennen nicht, dass die Aufteilung der Aktivitäten beider Banken ungefähr identisch ist – mit dem einzigen Unterschied, dass die Börsenaktivitäten der BNP Paribas weitaus bedeutender sind!

Einige Tage später demissioniert Christophe Reille als Jérôme Kerviels Medienberater. Ich bemühe mich, keinerlei Zusammenhang zu sehen.

FREITAG, 25. APRIL 2008

Nach seinem ersten Jahr im Élysée gönnt sich der Präsident der Republik einen Fernsehauftritt, zu dem er alle Kanäle einlädt. Einen Monat nach der zweiten Runde der Kommunalwahlen sind seine Zustimmungswerte vollends im Keller. Ungefragt stürzt sich Nicolas Sarkozy auf ein Thema, das die Medien seit zwei Monaten nur noch nachrangig behandeln, auf das er aber besonders großen Wert legt: Daniel.

»Was der Société Générale da widerfahren ist, kann eigentlich nur verwundern! Dass ein einzelner Mann so ein Desaster anrichten kann, ist besorgniserregend. Und dann finden auch noch einige, dass man jetzt, mit den steigenden Zinsen und diesem ganzen Geld, das an Spekulanten verliehen wurde, die zu jedem Preis und allen Konditionen gekauft haben … Was mich aufregt, ist nicht das Gehalt ihres Chefs, sondern etwas anderes: Wenn der Chef bei einem Gehalt in dieser Höhe und angesichts eines Desasters in dieser Größenordnung keine

Verantwortung übernimmt, was soll dann der einfache Angestellte mit seinem ganz anderen Gehalt denken? Ich bin dafür,
dass der Chef die Verantwortung übernimmt, wenn so ein
Fehler passiert. Die Leute müssen die Konsequenzen ziehen.«

SONNTAG, 27. APRIL 2008

Keine zwei Wochen nach der Verwaltungsratssitzung der Société Générale und genau einen Monat vor der Hauptversammlung legt Claude Bébéar nochmals nach, damit ihm seine Beute nicht entwischt. In einem Interview in Europe 1
schlägt er zu:

»Der Chef der Société Générale trägt Verantwortung, auch
wenn er nicht schuldhaft gehandelt hat.«

Sein Angriff zielt auf das Wachstumsmodell, auf Daniels
Strategie:

»Die Forderung nach kurzfristiger Rentabilität ist verwerf-
lich.«

MONTAG, 19. MAI 2008

An diesem Montag geht der Präsident der Republik zu Fuß
zum Pavillon Gabriel, der zwei Schritte vom Élysée-Palast entfernt an der gleichnamigen Avenue liegt. Er folgt einer Einladung Vincent Bollorés, des Mannes, der ihm nach der zweiten
Runde der Präsidentschaftswahlen seine Jacht zur Verfügung
gestellt hatte. Anlass ist das zehnjährige Jubiläum der »Fonda-
tion de la 2ᵉ chance«, einer Stiftung, die in Not geratenen Menschen eine zweite Chance bietet.

Vor mehreren Hundert Arbeitgebern, Führungskräften,
professionellen Beratern und Anwälten stürzt sich Nicolas
Sarkozy in eine Stegreifrede über den Voluntarismus, über

Brüche und die Methode der Reform. Er geißelt die konservative Haltung der Unternehmer bei Neueinstellungen und wendet sich einmal mehr gegen Goldene Handschläge und zusätzliche Altersversorgungen für Manager. Und Daniel ist natürlich wieder die Zielscheibe.

»Wenn der Präsident einer Bank, die ich hier nicht nenne, so eine Katastrophe erlebt, wie wir sie gesehen haben, und keine sofortigen Konsequenzen zieht, dann empört mich das.«

Es ist zu einer Obsession geworden. Ohne Rache keine Vergebung. Nicolas Sarkozy kommt einfach nicht darüber hinweg, dass ihn Daniel nicht sofort über die Probleme bei seiner Bank informiert hat.

PHASE VIER

DER STURZ

MONTAG, 15. SEPTEMBER 2008

Manhattan, sieben Jahre nach dem Einsturz des World Trade Center. Am selben Ort und fast auf den Tag genau wird die Finanzwelt erneut mitten ins Herz getroffen: Lehman Brothers bricht zusammen. Die allmähliche Ausbreitung toxischer Kredite in den Adern der Banken hat zur Embolie des Systems geführt. Es zirkuliert praktisch keine Liquidität mehr, das Vertrauen ist dahin, überall herrscht Panik.

Am 15. September setzen sich der amerikanische Finanzminister und der Notenbankchef über den Slogan »too big to fail«, »zu groß, um zu scheitern«, hinweg und lassen die viertgrößte Bank der Wall Street mit einem Schuldenberg von 613 Milliarden Dollar über die Klinge springen. Die Welt begreift schlagartig die Bedeutung des Begriffs »systemisch«, den neun Monate zuvor die Société Générale aufgebracht hat, deren Bilanzsumme das Doppelte der von Lehman Brothers beträgt, nämlich 1100 Milliarden Euro.

Al Qaida hat im Jahr 2001 ein Symbol zerstört – das Symbol der amerikanischen Macht – und über dreitausend Menschen getötet. Nach diesem ersten Angriff auf heimischem Boden seit Pearl Harbor beschlossen die Vereinigten Staaten, sich durch eine Ankurbelung des Konsums und großzügige Kreditvergaben – ohne Bedingungen und an Personen ohne Eigenmittel – wieder zu erholen. Damit erzeugten sie eine gigantische Blase. Sie verhielten sich so, als glaubten sie, dieses Tempo unbegrenzt durchhalten zu können, und verbannten das Wort »Überhitzung« aus ihrem Wortschatz: Angesichts der Globalisierung, der digitalen Revolution und des Wachstums der Schwellenländer erlebten wir scheinbar eine neue Ära des Kapitalismus mit viel längeren stabilen Zyklen. Das gleichzeitige Wachstum in so vielen Ländern würde, so nahm man an, mehrere Jahrzehnte weitergehen, weil Milliarden von Menschen, die noch in Armut lebten, dem Beispiel von Südkorea, China, Indien und Brasilien folgen würden.

Das Szenario war zu schön: Die Überkapazitäten bei der Produktion führen Mitte 2007 zu einem Beschäftigungsrückgang und danach zu einem Einbruch im Immobiliengeschäft. Millionen neuer Eigentümer in den Vereinigten Staaten geraten in Schwierigkeiten und mit ihnen der gesamte Bereich der Subprime-Hypotheken, von den Bauträgern bis zur Kreditverbriefung in immer komplexeren Finanzprodukten. Die Banken müssen mit ansehen, wie die Preise der Immobilienanlagen in ihren Bilanzen parallel zu und praktisch gleichzeitig mit den Marktpreisen fallen. Die Spirale immer neuer Abschreibungen ruiniert systematisch den Ruf der verschiedenen Akteure, jeder beäugt misstrauisch seinen Nachbarn und fragt sich, ob ihm noch zu trauen ist. Die Investoren drosseln ihre Liquiditätsvergabe an die Banken und stellen sie dann ganz ein. Mangels Treibstoff gerät die Wirtschaft ins Stottern und stockt dann ganz. Wetten auf eine Baisse beginnen, und die Börsen bilden nach der Kreditblase eine neue Blase aus, nur diesmal in umgekehrter Richtung. Das Wachstum war beinahe irreal, nun ist der Absturz schwindelerregend. Lehman steht mit seinem Geschäftsmodell, das sich auf die riskantesten Felder konzentrierte, und das auch noch in den Vereinigten Staaten, im Epizentrum der Subprime-Krise, mitten drin. Die Bank überlebt den Schock nicht.

Die Schockwellen sind sofort weltweit zu spüren. Die Banken leihen sich untereinander kein Geld mehr. Die Liquidität trocknet aus, und die anfälligsten Institute geraten am schnellsten in Turbulenzen. In Frankreich wird die Dexia-Gruppe aufgrund ihrer ungünstigen Bilanzstruktur das erste Opfer: Sie refinanziert sich kurzfristig und verleiht langfristig, ohne daneben genügend Konten von Privatkunden zu verwalten.

Die Banken müssen sich von Tag zu Tag Geld bei der Europäischen Zentralbank leihen. Das erzeugt ein massives Ungleichgewicht: Man kann nicht Geld für fünfzehn Jahre verleihen und sich selbst von Tag zu Tag refinanzieren, ohne dass sich infolge der Zinskurve eine gefährliche Schere auftut. Die Privatkunden beginnen an der Solidität des Systems zu zweifeln, die ersten ziehen ihre Gelder ab. Die Medien sprechen von einem Dominoeffekt. Unternehmen zögern die Zahlungen an ihre Lieferanten hinaus. Angst macht sich breit, sie kann jederzeit zum Zusammenbruch des ganzen Systems führen. Man muss schnell handeln.

Die Vereinigten Staaten kündigen einen Plan zur Rettung ihrer Banken mit einem Volumen von 800 Milliarden Dollar an. Die Engländer verstaatlichen massiv.

In Frankreich denkt das Wirtschafts- und Finanzministerium über eine Refinanzierungsstruktur mit Staatsgarantien nach, die den Banken erlaubt, sich am Markt längerfristig als nur von Tag zu Tag Geld zu leihen, gleichzeitig soll das die Investoren beruhigen. Diese Garantie wird etwas kosten. Im Gegenzug bringen die Banken neben den Zinsen, die sie an den Staat zahlen, in gleicher Höhe Kredite an Privatleute, kleine und mittlere Unternehmen sowie Kommunen ein: Sollten die Banken ihren Verpflichtungen nicht nachkommen, übernimmt der Staat diese Kredite und behält die Rückzahlungen, Zinsen und Tilgung. Bei diesen Krediten ist das Ausfallrisiko gering. Die gesamten Refinanzierungsbedürfnisse aller französischen Banken werden für ein Jahr auf 100 Milliarden Euro geschätzt. Die Banken leihen sich Geld, damit sie Geld verleihen können: Sie vergeben kontinuierlich neue Kreditlinien, wenn die alten auslaufen oder wenn sie neue Vereinbarungen mit ihren Kunden eingehen – so funktioniert Wachstum. Der Mechanismus ist gut, der Staat lässt sich seine Garantie an die Banken mit 0,5 Prozent der auf diese Weise zur Verfügung gestellten Summen vergüten. Bei dem Geschäft verdient er 500 Millionen.

So sieht zumindest der Plan aus, den man Nicolas Sarkozy vorlegt.

Aber der Präsident steht vor einem politischen Problem. Er hat die Arbeitslosenzahlen vom September vor sich, und die sind schlecht: ein Anstieg um 45.000 Arbeitssuchende. In zehn Tagen muss er die Zahlen bekannt geben – die schlechtesten Zahlen seit zwölf Jahren.

In dieser Situation kommt er auf die Idee mit der französischen Kreditklemme. Die Banken haben Schuld. Er ändert den Plan aus dem Finanzministerium und kehrt die Beweislast um: Die französischen Banken sind nicht mehr die Opfer der Krise, denen man bei der Refinanzierung helfen muss, sondern tragen auf einmal selbst die Schuld daran. Weil sie den Privatkunden keine Kredite mehr geben, verlangsamt sich das Wachstum, und die Arbeitslosigkeit steigt. Darum wird der interventionistische Staat sie zwingen, wieder Geld zu verleihen, und dann ist alles wieder wie vorher.

In Wahrheit nimmt die Kreditvergabe der französischen Banken seit Anfang des Jahres deutlich (plus elf Prozent) zu, nachdem 2007 schon ein Rekordjahr war. Allerdings ist richtig, dass sich die Kreditvergabe im Monatsverlauf verlangsamt hat.

Gleichzeitig muss Dexia dringend gerettet werden, das kostet eine Milliarde. Natixis (die Investmentbank der Sparkassen und Genossenschaftsbanken) steht am Abgrund, weil sie viele Papiere in den Büchern hat, deren Qualität in den letzten Monaten von gut auf toxisch gesunken ist. Die Sparkassen und BNP Paribas haben zu wenig Eigenkapital. Nur bei Crédit Agricole, Crédit Mutuel und bei der Société Générale ist die Kapitalausstattung ausreichend. Die Bank von Daniel Bouton hat sich mit ihrer Kapitalerhöhung nach der Affäre Kerviel den nötigen Treibstoff beschafft.

Um das Vertrauen wiederherzustellen, beschließt die Regierung, den Banken bei ihrem Eigenkapital zu Hilfe zu kommen, für diese Hilfe bezahlen sie acht bis neun Prozent Zinsen. Die Regierung wird einen Fonds mit einem Volumen von 40 Milliarden Euro einrichten. Um nicht die Schwächsten bloßzustellen, zwingt der Staat auch die gut mit Eigenkapital ausgestatteten Banken, mitzumachen: Alle werden entsprechend ihrer Größe an den Schalter marschieren und nachrangige Darlehen emittieren, die der Staat übernimmt, mit einem Volumen von 20 Milliarden (innerhalb des Gesamtrahmens von 40 Milliarden). Alles in allem soll dieser Rettungsplan im ersten Jahr zwei Milliarden Euro in den Staatshaushalt spülen (grob gerechnet 100 Milliarden mal 0,5 Prozent plus 20 Milliarden mal acht Prozent). Ein ordentlicher Gewinn ... Aber die Rechnung geht natürlich nur auf, wenn alles so klappt. Sonst stünde der Staat im Risiko, vor allem bei den 20 Milliarden Hilfe für die besonders gefährdeten Banken.

Nicolas Sarkozy, der in der Zeit für sechs Monate die Präsidentschaft der Europäischen Union innehat, gelingt es, seine europäischen Partner zu mobilisieren. Schneller als sie erkennt er das Ausmaß der Krise und das systemische Risiko. Dieser Begriff hat die französischen Politiker während der Affäre Kerviel neun Monate zuvor sehr beschäftigt. Sarkozy hat sich seine Zielrichtung genau überlegt und schafft es, Deutschland und die anderen Länder der Eurozone zu bewegen, genauso zu handeln. Der Plan war nötig. Er hat seine Funktion erfüllt. Die Märkte wurden beruhigt, und die Liquidität kehrte langsam zurück.

Einige Tage später hält Nicolas Sarkozy eine sehr kämpferische Rede. Er sagt, was in der Öffentlichkeit gut ankommt: »Ich wehre mich gegen einen unsinnigen Spekulationskapitalismus ... Dabei denke ich vor allem an die skandalösen Exzesse bei der Bezahlung ... Im Notfall übernimmt der Staat die Kontrolle über die in Schwierigkeiten geratenen Banken: Die Führungsleute werden entlassen, denn die Verantwortlichen müssen bestraft werden ... Ich will, dass jedes Unternehmen, das Probleme hat, von seiner Bank einen Kredit zu bekommen, sich an einen nationalen Mediator wenden kann; und alle sollen wissen, dass wir wollen, dass die Kredite, die wir den Bankinstituten in Form von Garantien oder als Eigenkapital zur Verfügung gestellt haben, tatsächlich in die Finanzierung kleiner und mittlerer Unternehmen fließen.«

Er kündigt den Bürgern und der internationalen Gemeinschaft einen Bankenrettungsplan mit einem Volumen von 640 Milliarden Euro an. Die öffentliche Meinung versteht das als ein gigantisches Geschenk an die Banken und ist entsprechend aufgebracht. Die Zahl ist gewaltig, sie schockiert. Niemand versteht sie. Tatsächlich hat er alles zusammengerechnet, um auf diese unverdauliche Summe zu kommen: die 100 Milliarden für die jährliche Refinanzierung, veranschlagt auf sechs Jahre, plus die 20 Milliarden an Quasi-Eigenkapital, die er verdoppelt hat, um den Märkten zu zeigen, dass der Staat es ernst meint. In Anbetracht der nötigen Verstaatlichungen erwarteten die Finanzmärkte hohe Summen bei den Amerikanern und den Engländern. In Frankreich jedoch wäre eine vernünftige Reaktion ausreichend gewesen.

Die völlig irreale Zahl von 640 Milliarden, die Sarkozy der öffentlichen Meinung zum Fraß vorwarf, sollte ihn später viele Punkte auf der Beliebtheitsskala kosten. Trotz seines Populismus wurde es für ihn schwierig, den Eindruck zu vermeiden, er sei ein Freund der Geldelite. Ein angemessenerer, rationalerer Umgang mit den Banken hätte ihm diesen Bumerang-Effekt erspart.

DIENSTAG, 20. JANUAR 2009

Ein Jahr ist seit der Entdeckung des Betrugs vergangen, und der Verwaltungsrat der Société Générale tritt wieder einmal zusammen. Mehrere Themen stehen auf der Tagesordnung. Zunächst einmal gilt es, die Finanzmärkte zu beruhigen, die die Banken wegen toxischer Anlagen in ihren Büchern unter Druck setzen. BNP Paribas hat viel in den Fonds von Bernard Madoff investiert und bei der Krise im Herbst 2008 über eine Milliarde verloren. Daniels Bank hat zwei Milliarden Euro Gewinn vorzuweisen, als einzige Bank hat sie im 4. Quartal kein Geld auf den Märkten verloren. Die Fonds von Madoff standen bei ihr seit Jahren auf der schwarzen Liste. Man muss nicht immer Pech haben, und die Société Générale hatte in den letzten achtzehn Monaten wirklich genug Pech.

Angesichts dessen, was die Angestellten erlebt haben, vor allem die in den Filialen, und weil die Bank sich in dem furchtbaren Jahr so gut gehalten hat, erörtert der Vergütungsausschuss die Ausgabe von Gratisaktien an die Mitarbeiter und von Aktienoptionen an die leitenden Angestellten. Es ist ein umfassender Plan, über fünftausend Personen sollen in den Genuss solcher Zuwendungen kommen, die Hälfte von ihnen zum ersten Mal. Bei der anderen Hälfte hat die Bank seit Jahren in die Aus- und Weiterbildung investiert, und sie werden von unseren Konkurrenten heftig umworben nach dem Motto: »Die Affäre Kerviel wird der Société Générale noch Jahre zu schaffen machen, bei uns können Sie sich unbelastet entfalten.« Der Vergütungsausschuss findet, dass wir die Mitarbeiter jetzt nicht ziehen lassen dürfen. Das gewählte Verfahren begünstigt die Beschäftigten. Je weiter man in der Hierarchie nach oben steigt, desto härter sind die Leistungsanforderungen und desto geringer ist der Anteil der Gratisaktien, das heißt, der sichere Gewinn. Der Plan wird in den Grundzügen abgesegnet.

Zur selben Zeit empfängt Nicolas Sarkozy im Élysée zahlreiche Finanzchefs großer französischer Unternehmen, Anlass ist die Verleihung einer Auszeichnung an einen von ihnen. In seiner Rede sagt er: »Natürlich müssen Sie genug zum Leben verdienen«, und stößt einen Seufzer aus. Am nächsten Tag demonstrieren die Gewerkschaften und rufen zum Streik für mehr Kaufkraft und einen Hilfsplan für die besonders benachteiligten Gruppen der Gesellschaft auf. Der Aufruf ist ein voller Erfolg, Millionen streiken und demonstrieren. Einige Tage später will der mit Sarkozy befreundete Werbemann Jacques Séguéla, der ihn mit Carla Bruni bekannt gemacht hat, dem Präsidenten mit den Worten zur Seite springen: »Wer mit fünfzig noch keine Rolex hat, hat etwas falsch gemacht im Leben.«

Nicolas Sarkozy beneidet die Unternehmensführer; unterdessen bereitet der Verwaltungsrat der Société Générale hoch im Turm von La Défense seinen Plan für die Beteiligung der Beschäftigten am Unternehmenserfolg vor, und die Demonstranten unten auf der Straße fordern mehr Netto. Die Bilder aus den Parallelwelten überlagern sich. Und ich weiß manchmal nicht mehr, was ich eigentlich hier tue, in diesem Turm, in diesem Beruf. Überrascht stelle ich fest, dass ich zwei Tage nicht über die Affäre Kerviel gesprochen habe. Das ist mir lange nicht mehr passiert. Ich lerne, wieder mit einer erträglichen Dosis Stress zu leben.

MITTWOCH, 4. MÄRZ 2009

Die Finanzkrise hat die reale Wirtschaft erreicht. Alle Indikatoren sind im Keller: Beschäftigung, Vertrauen, Konsum. Wir stecken in der Rezession. In den Fernsehnachrichten reißen die schlechten Meldungen nicht ab. Die Gesichter der Moderatoren erinnern an Bilder von Francis Bacon. Unternehmenspleiten lassen bei den Banken überall auf der Welt die Risikokosten steigen. Der Rückgang bei den Aktienkursen und Rohstoffpreisen schlägt auf die Bilanzen durch. Wenn die Blase platzt, ist das gesamte System in Gefahr. Die großen Industrieländer schnüren Konjunkturpakete im Wert von Hunderten von Milliarden, um die Wirtschaft wieder in Schwung zu bringen. Aber der Motor stottert. Die amerikanischen Automobilhersteller stehen am Rand der Pleite, die Krise weitet sich auf ihre Zulieferer aus, betrifft ihre Beschäftigten und damit ganze Städte und Regionen.

Vor diesem Hintergrund zeigt man mit Fingern auf die Banker, sie werden ausgebuht, beschimpft und öffentlich für die Krise verantwortlich gemacht. Es ist kein Vergnügen, mit Freunden zum Essen auszugehen oder bei Familientreffen aufzutauchen. Kerviel, Lehman, die Bonuszahlungen, Daniel Bouton … Alles vermischt sich, Wahres und Falsches, berechtigte Kritik und beliebige Vorwürfe. Manchmal verteidige ich mich verbissen, oft stecke ich einfach nur ein. Nach Tagen voller Anspannung lerne ich, mir auch noch am Abend und am Wochenende Beschimpfungen anzuhören.

Den internen Berichten ist zu entnehmen, dass den Mitarbeitern an den Schaltern der Filialen zuweilen von besonders reichen Kunden, die sich über die Abwärtsbewegung der Börsen ärgern, ins Gesicht gespuckt wird. Die Aggressivität der einfachen Kunden ist weniger groß, ihre Verachtung aber umso schmerzhafter. Die Controller und Mitarbeiter der Backoffices arbeiten achtzig Stunden in der Woche, Banker und Buchhalter raufen sich die Haare, die Händler sind deprimiert, einige Abteilungen schnallen den Gürtel massiv enger.

Der Jahresbericht der Société Générale wird fristgerecht ins Netz gestellt: Die Einzelheiten zu den Gratisaktien und den Aktienoptionen sind im Internet frei zugänglich. Hundert Journalisten, die entsprechende Mitteilungsdienste abonniert haben, erhalten automatisch eine Mail. Es fehlen noch zwei Informationen: der Preis der Optionen, der am 9. März auf der Grundlage des Börsenkurses festgelegt wird, und die Höhe des Anteils, den die Vorstände bekommen; darüber wird am selben Tag im Verwaltungsrat entschieden.

Am Rand eines Gipfeltreffens in Mexiko gönnen sich der Staatspräsident und seine Gattin ein paar Tage Ferien in einer 300-Quadratmeter-Suite mit Privatpool direkt am Meer und Ultra-VIP-Service in einem Luxushotel, das einem Mitglied des Boards der amerikanischen Notenbank gehört.

MONTAG, 9. MÄRZ 2009

Der Verwaltungsrat der Société Générale tritt zusammen. Er legt bei den Gratisaktien für die Mitarbeiter den Durchschnittspreis der letzten zwanzig Börsentage zugrunde. Dann segnet er die Aktienoptionen für die Vorstände ab, entsprechend den Empfehlungen des Vergütungsausschusses, der aus unabhängigen Verwaltungsräten besteht. Die Beratungen finden selbstverständlich ohne die Personen statt, die in den Genuss der Optionen kommen sollen. Sie werden nach dem Ende der Sitzung einzeln informiert. Der bei der Sitzung anwesende Sekretär soll gemäß der Vorschrift alle Beschlüsse so bald wie möglich ins Netz stellen. Aber er beschließt, damit noch ein paar Tage zu warten, weil der stellvertretende Vorstandsvorsitzende Philippe Citerne nicht in den Genuss von Optionen kommen wird: Es wurde noch nicht mitgeteilt, dass er demnächst ausscheiden wird.

DIENSTAG, 17. MÄRZ 2009

Ein Kommuniqué informiert, dass Philippe Citerne »seine Pensionsansprüche geltend machen« werde. Am Abend zuvor hat er den Vertrag über sein Ausscheiden unterschrieben. Die Nachricht erregt kein besonderes Aufsehen. Die Medien spekulieren bereits seit Wochen, dass er gehen wird.

MITTWOCH, 18. MÄRZ 2009

Der neue Vorstandsvorsitzende Frédéric Oudéa versammelt die tausend wichtigsten Manager der Bank zur ersten großen Jahreskonferenz. Das Datum steht schon lange fest, nun fällt es auf den Vortag eines Generalstreiks in Frankreich. Auf der Tagesordnung stehen verschiedene operative Fragen: Kunden, Synergien zwischen den Geschäftsbereichen, Personalführung, der Kurs für die nächsten Monate und die langfristige strategische Vision. Um 18 Uhr verabschiedet sich Philippe Citerne mit einer langatmigen und farblosen Rede, in der er alle seine ehemaligen Vorgesetzten erwähnt, nur Daniel nicht.

Zur selben Zeit erhält eine Mitarbeiterin der Presseabteilung, die den ganzen Tag im Büro geblieben ist, eine Mail vom Generalsekretär der Bank: »Bitte dieses Dokument sofort im

internen Bereich der Website online stellen.« Der angehängte
Text ist überschrieben »Press Release«, Pressemitteilung. Die
Mitarbeiterin tut, was man ihr aufgetragen hat, ohne sich zuvor die Bestätigung ihrer Vorgesetzten zu holen. Es ist die Mitteilung über die Zuteilung der Aktienoptionen an die vier
Führungsleute, die nach der Verwaltungsratssitzung rausgehen
soll: Frédéric erhält 150.000 Optionen, Daniel 70.000, die beiden anderen jeweils 50.000. Ich empfange das Kommuniqué
auf meinem Blackberry und bin sprachlos. Der Verwaltungsrat hat mich nicht vorab informiert. Sofort schreibe ich dem
Generalsekretär eine Mail: »Das ist eine Dummheit, es wird
eine neue Polemik auslösen.« Die Lunte liegt da und wartet
darauf, angezündet zu werden. Das Kommuniqué konnte zu
keinem ungünstigeren Zeitpunkt erscheinen als jetzt, wo
Hunderttausende Franzosen auf die Straße gehen und gegen
die Krise protestieren. Ich bin fassungslos.

DONNERSTAG, 19. MÄRZ 2009

Die Arbeitnehmer demonstrieren gegen Unternehmer, die
sich auf Kosten anderer bereichern, gegen Gierige, die nie genug bekommen können. Alle Medien berichten. Bis zu den
Mittagsnachrichten schlägt die Polemik hohe Wellen, am
Nachmittag wird es etwas ruhiger. France 2 schickt ein Kame-
rateam nach La Défense. Die Beschäftigen schweigen: keine
Gefühlsausbrüche, *no comment*. Nach diesem Misserfolg beschließt die Redaktion, das Thema in den 20-Uhr-Nachrichten
nicht anzusprechen, auch TF1 macht nichts. In der Nachrichtensendung von France 2 ist der Premierminister anwesend,
man stellt ihm keine Fragen zu den Zahlungen an die Führungsleute der Société Générale. Aber intern ist der Schaden
angerichtet. Die Mitarbeiter sind sehr verärgert und sagen das

auch, zumal sie mit den Vorwürfen der Kunden konfrontiert werden.

FREITAG, 20. MÄRZ 2009

In den Zeitungen spielt das Thema nur eine untergeordnete Rolle. Der Arbeitsminister ist bei RTL, er geht nicht darauf ein. Europe 1 fragt Laurent Fabius danach, ehemals »jüngster Premierminister Frankreichs«, ENA-Absolvent im selben Jahr wie Daniel und wie Daniel unter den fünfzehn Besten. Laurent Fabius antwortet sehr allgemein. Meine Mitarbeiter in der Presseabteilung bekommen nur wenige Anrufe von Journalisten, und diese stellen ausschließlich technische Fragen. Die Computerprogramme, die Radio- und Fernsehnachrichten durchforsten und gegebenenfalls Alarm schlagen, suchen den ganzen Vormittag und finden nichts.

Gegen Mittag bläst dann Luc Chatel, der Regierungssprecher, zum Angriff. Er gehört zum engen Kreis des Präsidenten und seine »Stichworte« werden jeden Tag an allerhöchster Stelle erörtert. Seine Äußerungen setzen die Lunte in Brand. Alarm-Mails überschwemmen die Presseabteilung der Bank. Wenig später feuert Xavier Bertrand, der neue Vorsitzende der UMP, die nächste Salve ab. Ich begreife, dass Nicolas Sarkozy beschlossen hat, die Sache zu Ende zu bringen: Er will Daniels Kopf auf einem Silbertablett. Der Medienlärm schwillt an.

In den nächsten Tagen tritt der Verwaltungsrat der BNP zu einer Krisensitzung zusammen und hebt den Aktienoptionsplan auf, den er selbst kurz zuvor für seine Vorstände beschlossen hatte.

Alle Journalisten warten auf die Pressekonferenz im Vorfeld des G20-Gipfels um 13 Uhr 15 in Brüssel, bei der Nicolas Sarkozy sich über die Reform des Kapitalismus äußern wird.

Doch der Staatspräsident lässt es bei einer allgemeinen Erklärung zur Moral von Unternehmensführern bewenden. Mich überrascht seine Zurückhaltung, aber schnell begreife ich den Strategiewechsel: Er zieht es vor, seine Truppen ins Feuer zu schicken. Würde er sich selbst exponieren, ginge er ein doppeltes Risiko ein: das Risiko, ein zweites Mal keinen Erfolg zu haben, und das Risiko, sich in das tagespolitische Getümmel zu begeben. Im Übrigen haben auch viele staatliche Unternehmen und solche, bei denen der Staat ein wichtiger Aktionär ist, Aktienoptionspläne und schütten Boni aus, auf Beschluss von Vergütungsausschüssen, in denen Vertreter des Staates sitzen.

Frédéric Oudéa will auf seine Optionen verzichten. Daniel Bouton und Jean-Martin Folz, Verwaltungsrat und Leiter des Vergütungsausschusses, bringen ihn davon ab. Man darf nicht nachgeben, muss juristische Auseinandersetzungen unbedingt vermeiden und darf nicht riskieren, die Pläne zur Mitarbeiterbindung zu vereiteln. Frédéric ist sich des Drucks der öffentlichen Meinung bewusst; die externen Verwaltungsräte haben im Verwaltungsrat das Sagen, sie sind von den Aktionären gewählt, sie setzen ihre Sicht durch. Schließlich wird entschieden, den Aktienoptionsplänen eine Bedingung hinzuzufügen: Die Betreffenden verpflichten sich, die Optionen nicht auszuüben, solange die Bank staatliche Hilfe erhält.

Am Freitagabend sind die Medien unschlüssig. Am Samstag geht *Le Monde* nicht auf das Thema ein.

Trotzdem fühlt sich Frédéric unbehaglich und überzeugt doch noch Jean-Martin Folz und Daniel Bouton von seiner Sicht der Dinge. Am Samstagnachmittag erklärt er gegenüber dem Wirtschaftsministerium, dass er genau wie die anderen Vorstände komplett auf seine Optionen verzichtet. Den Angestellten will er die Nachricht am Montagmorgen mitteilen und ein persönliches Schreiben an sie richten. Doch mit dem

Griff zum Telefon macht er einen taktischen Fehler: Die Ministerin informiert den Élysée, und damit bekommen die Politiker eine gigantische Chance.

SONNTAG, 22. MÄRZ 2009

Am Sonntagmorgen gehen weder das *Journal du Dimanche* noch *Le Parisien* auf das Thema ein.

Am Morgen bittet die Wirtschaftsministerin Christine Lagarde im Studio von Europe 1 Jean-Pierre Elkabbach, sie danach zu fragen. Sie antwortet in der 11-Uhr-Sendung: »Es ist allerhöchste Zeit, dass sich die Société Générale wieder auf das Allgemeinwohl der Gesellschaft besinnt.« Der Satz ist wohl überlegt, ein politisches Schlagwort. Seit Anbeginn der Krise hat Christine Lagarde eine bemerkenswerte Rolle gespielt. Sie hat sich immer sehr verantwortungsvoll verhalten, und eine solche Äußerung passt nicht zu ihr. Sie fügt noch hinzu: »In dieser Sache ist das letzte Wort noch nicht gesprochen, sie ist noch nicht erledigt.« Das ist böswillig, denn sie weiß bereits, dass die Vorstände verzichtet haben. Die Formulierung »nicht erledigt« signalisiert, dass die Medienhetze des engen Kreises um Nicolas Sarkozy gerade erst begonnen hat. Ihnen ist jedes Mittel recht, um Daniel zu Fall zu bringen. Als Nächstes kommt eine Meldung von AFP. Sarkos Getreue nutzen die Gunst der Stunde und rufen auf allen Sendern Skandal. Das Manöver ist klug eingefädelt. Diesmal folgt tatsächlich eine Explosion in den Medien. Der Sprecher der UMP droht sogar, er werde seine Konten bei der Société Générale auflösen. Er fordert die Franzosen auf, seinem Beispiel zu folgen, sollten die Vorstände nicht auf ihre Aktienoptionen verzichten. Dieser ultrapopulistische Appell ist sehr gefährlich. Die Radio- und Fernsehsender wiederholen die feindseligen Äußerungen immer wieder. Ich informiere Frédéric Oudéa, dass die Polemik an Schärfe zunimmt, und beschließe, die Verzichtsmitteilung schneller herauszugeben und den Brief an die Mitarbeiter ins Internet gelangen zu lassen. Radio und Fernsehen berichten darüber.

Zum ersten Mal rücken die Beschäftigten von der Unternehmensleitung ab. Sie leiden bei den 13-Uhr-Nachrichten und dann wieder bei den 20-Uhr-Nachrichten. Der Satz von Christine Lagarde hat ins Schwarze getroffen. Sie verstehen nicht, dass die Führung ihnen besondere Anstrengungen bei Leistung und Wachsamkeit abverlangt und selbst einer solchen Fehleinschätzung erliegt.

MONTAG, 30. MÄRZ 2009

Das Mediengetöse um das Thema ebbt ab, aber die Flanke ist immer noch offen. Zahlreiche Kunden drohen mit Rückzug. Der Ton ist wieder so aggressiv wie vor einem Jahr, als der Betrug entdeckt wurde. Diesmal sind die Kundenberater nicht bereit, ihren Kopf hinzuhalten. Es geht nicht mehr darum, ihre Arbeitsplätze zu verteidigen, sondern die Bonuszahlungen an die Vorstände. An der Basis brodelt es.

Am Abend gerät alles ins Wanken. *L'Express* bringt im Internet ein Dossier: »Nach der Affäre um die Aktienoptionen jetzt eine Pensions-Affäre?« Die Journalisten haben im Jahresbericht entdeckt, dass sich Daniels Pensionsansprüche auf 727.500 Euro jährlich belaufen. Es ist die übliche Altersversorgung für Führungskräfte, die Zahlen sind seit Jahren bekannt. Aber der Effekt ist verheerend. Es sieht so aus, als wollte sich Daniel für den Verzicht auf die Aktienoptionen entschädigen, indem er neue Vorteile beansprucht: Die gesamte politische Klasse meldet sich in Radio und Fernsehen erneut zu Wort.

Die Mitarbeiter an den Bankschaltern müssen sich unflätige Beschimpfungen anhören. Die Kunden wollen keine Provisionen bezahlen, die die Pension und den Bonus des Verwaltungsratsvorsitzenden erhöhen.

Wieder steht Daniel im Zentrum des Orkans.

Die Medien prügeln die ganze Woche auf ihn ein.

Die Kunden heulen auf.

Und die Mitarbeiter verstehen es nicht.

Der Druck vervielfacht sich. Die Lage wird intern und extern unhaltbar.

Daniel fragt mich, wie ich die Situation einschätze. Ich bin nicht optimistisch.

»Die Situation ist nicht mehr haltbar. Ihr Image ist mit der Finanzkrise verbunden, mit Exzessen des Kapitalismus und mit Zockerei. Sie sind zum Symbol des absolut Bösen geworden. Sie schaden dem Image der Bank. Die Mitarbeiter haben sich nach der Affäre Kerviel für die Rettung der Bank stark gemacht; sie werden sich nicht für Ihr Geld stark machen. Sie werden den Kunden nicht entschlossen gegenübertreten. Wir haben nichts in der Hand, um das zu ändern.«

»Muss ich zurücktreten?«

»Ja.«

»Wann?«

»Schnell.«

DONNERSTAG, 2. APRIL 2009

Ganz diskret wird eine Sitzung des Verwaltungsrats einberufen. Die Bank muss im Hinblick auf toxische Anlagen weitere massive Rückstellungen bilden. Die Aktienoptionen und die Probleme bei den Subprimes passen nicht gut zueinander. Das Maß ist voll. Von den Überlegungen dringt nichts nach draußen.

Daniel ruft mich gegen zehn Uhr morgens an. Mit düsterer Stimme sagt er:

»Ich werde zurücktreten. Ich kann nicht mehr.«

Ich hatte damit gerechnet, aber nicht so bald. Ich dachte eher, er würde das Wochenende abwarten. Er fährt fort:

»Es kotzt mich an, Hugues.«

Und verbittert wiederholt er den Satz noch einmal:

»Es kotzt mich an!«

Er ist wütend auf die Verwaltungsräte, die den Aktienoptionsplan beschlossen haben. Er hatte nichts gefordert, und ich weiß das. Aber er hätte erkennen müssen, dass der Plan nicht durchgehen würde, und ablehnen können. Er sieht seinen Irrtum ein.

Als ich auflege, erinnere ich mich an eine Unterredung ein paar Jahre zuvor mit Daniels Vorgänger Marc Viénot. Nach einer Sitzung war ich zufällig mit ihm zusammengetroffen. Er war aufgebracht, ich wunderte mich. Das war noch lange vor der Krisenzeit, unsere Zahlen sahen damals glänzend aus. Marc kam von einer Sitzung des Verwaltungsrats, bei der es unter anderem um die variablen Vergütungsanteile der Vorstände und der bestbezahlten Angestellten der Bank ging.

»Sie sind verärgert, das ist selten bei Ihnen.«

»Stimmt, wir haben gerade eine schwierige Sitzung hinter uns.«

»Das verstehe ich nicht, die Zahlen sind doch großartig.«

»Daniel ist das Problem. Er hat uns eine Szene gemacht, weil wir seine Vergütung gegenüber dem Vorjahr unverändert gelassen haben.«

Ich sage nichts, fühle mich unbehaglich. Marc fährt fort:

»Ich bin wirklich wütend. Daniel übertreibt. Wissen Sie, er

verdient so viel in Euro, wie ich vor zehn Jahren in Franc verdient habe!«

Marc geht grummelnd weiter. Ich höre, wie er wiederholt: »Wirklich, er übertreibt!«

Jetzt bezahlt Daniel für die fetten Jahre. Er hat zu früh zu viel gefordert. Als alles noch gut lief, hat man es toleriert, aber nach der Krise ist ein solcher Aufschlag nicht mehr akzeptabel. Warum wollte er immer mehr haben? Seit die Vergütungen der Vorstände der im Leitindex CAC 40 notierten Unternehmen offengelegt werden, wird es nicht mehr hingenommen, wenn jemand weit über dem Durchschnitt rangiert. Alle haben kontinuierlich immer mehr bekommen. Doch Daniel ist der Enkel eines Bahnwärters der SNCF. Er ist ein republikanischer Meritokrat. Natürlich hat er seine Fehler, aber er hat Karriere gemacht durch Fleiß und Begabung. Er ist kein reicher Erbe und nicht mit einem goldenen Löffel im Mund zur Welt gekommen. Er gehört bestimmten Clubs nicht an und wurde in den Kreisen um Sarkozy oder um Michel Pébereau, Claude Bébéar und die anderen nie akzeptiert.

Ich organisiere das letzte Interview mit Daniel. Er sagt: »Ich gehe, um die Société Générale zu schützen.« In seiner Bilanz hebt er die verstärkte Präsenz der Bank in den Emerging Markets hervor, vor allem in Osteuropa. Er ist stolz darauf, die Entwicklung der Mittelschichten begleitet zu haben. Die Bank hat mitgeholfen, Millionen Menschen aus der Armut herauszuholen. Ich gebe den Journalisten die entscheidenden Zahlen für den Zeitraum zwischen 1997, als Daniel berufen wurde, und Ende 2008. Alles hat sich verdreifacht: der Umsatz, die Zahl der Mitarbeiter, der Börsenwert. Daniel hat die Entwicklung der Société Générale über Jahre massiv vorangetrieben. Trotz der Affäre Kerviel und der Finanzkrise ist die Bank im internationalen Vergleich nicht um eine Stufe zurückgefallen.

Sie ist weiterhin das zehntgrößte Unternehmen im CAC 40. Sie hat sich nicht verstaatlichen lassen müssen wie englische, deutsche, niederländische und amerikanische Institute. In keinem einzigen Jahr hat sie ein Defizit ausgewiesen.

Daniel tritt von allen seinen Funktionen zurück und verlässt die Bank ohne Abfindung.

Der Sturm in den Medien legt sich sofort.

An dem Tag, als Daniel den Büroturm verlässt, gehe ich ein letztes Mal in sein Büro. Ich habe nicht mehr den Vorsitzenden des Verwaltungsrats vor mir, sondern einen einsamen Menschen, der inmitten der vielen Kisten etwas hilflos wirkt. Wir plaudern eine halbe Stunde über seine Pläne, die Vergangenheit erwähnen wir nicht. Daniel ist unkompliziert und aufmerksam.

Ich muss unwillkürlich daran denken, in welchen Panzer aus Arroganz ihn seine internen und externen Gegner über Jahre gezwungen haben. Das ist meilenweit von dem entfernt, was ich im Umgang mit ihm erlebt habe.

Einige Tage später wird Frédéric Oudéa zum Vorstandsvorsitzenden ernannt.

Im Herbst 2009 beschließt er, mit den Aktionären der Bank eine weitere Kapitalerhöhung durchzuführen, um die Schuldverschreibungen, die der Staat einige Monate zuvor ausgegeben hat, so schnell wie möglich zurückzuzahlen. Auf den Märkten ist das Vertrauen in die Bank wiederhergestellt. Der Staat profitiert von dem geliehenen Geld: Je mehr Zeit vergeht, desto höher steigen die Zinsen.

Frédéric will den Élysée rechtzeitig vor der Kapitalerhöhung informieren. Er erinnert sich noch gut, dass unser Schweigen während der Affäre Kerviel Daniel teuer zu stehen kam. Am 5. Oktober erlebt der Staatspräsident auf einer Reise eine Demonstration. Die Franzosen werfen ihm vor, er habe den Banken, die Fehler begangen hätten, ein Geschenk in Höhe von 640 Milliarden Euro gemacht. Nicolas Sarkozy antwortet, das Geld sei nicht »geschenkt«, sondern »geliehen« und bringe dem Staat gute Zinsen sein. Um noch überzeugender zu sein, fügt er hinzu:

»Im Übrigen kann ich Ihnen sagen, dass eine weitere große Bank, die nicht die BNP Paribas ist, dem Staat diese Woche sein Geld zurückzahlen wird!«

Auf diese Weise gelangt die Nachricht von der Kapitalerhöhung der Société Générale, die doch hätte geheim bleiben sollen, als Vorabmeldung an alle Medien. Im Élysée bricht Panik aus, der Pressedienst versucht zu retten, was zu retten ist, und lässt verlauten, es handle sich um den nicht börsennotierten Crédit Mutuel. Aber niemand fällt auf das Manöver herein. Die Investoren attackieren die Aktie der Société Générale, damit der Zeichnungspreis möglichst günstig ausfällt.

Als ich die Meldungen lese, sage ich mir, dass wir das Richtige taten, als wir den Élysée am 20. Januar 2008 nicht informiert haben.

Damit endet dieser Bericht.
Das habe ich erlebt.

EPILOG

An diesem Buch habe ich seit dem 20. Januar 2008 jeden Abend und jedes Wochenende geschrieben. Ich hatte das Bedürfnis, diese verrückte Geschichte festzuhalten, das Unverständliche zu verstehen. Im Sommer 2009 habe ich das Manuskript abgeschlossen und dann bis zum Ende des Prozesses gegen den *rogue trader* in eine Schublade gelegt, weil ich nichts zur juristischen Wahrheitsfindung beitrage. Es ist nur meine Wahrheit, die eines Kommunikationsverantwortlichen, der durch Zufall im Cockpit einer großen Bank saß, die den schlimmsten Betrug in der Finanzgeschichte erlebte.

Die Affäre Kerviel war ein schwarzer Schwan. Der Händler war für die Société Générale ein Unglücksbote, aber er war auch ein Vorbote der Finanzkrise vom Herbst 2008, der ersten in der Nach-NIKT-Ära (der Ära der neuen Informations- und Kommunikationstechnologien), der schlimmsten Krise des Kapitalismus. Die Finanzmärkte sind miteinander verbunden. Programme wickeln Milliarden von Orders in Nanosekunden ab. Man muss sofort und global reagieren, und in Zukunft wird die Information noch schneller sein als die Echtzeit, schneller als die menschliche Zeit. Die Beschleunigung ist schwindelerregend und gefährdet das gesamte System. Der Betrug von Jérôme Kerviel hat uns durch sein Ausmaß und seine Mechanismen die Augen geöffnet. Der Betrug hätte nicht passieren dürfen, ist aber passiert. Er hat die Finanzmärkte in Tokio und New York nicht zur Implosion gebracht, aber es hätte so kommen können.

Das sind einfach zu viele Möglichkeiten.

Ich wage nicht, mir eine rationale Welt vorzustellen, in der die politisch Verantwortlichen die Öffentlichkeit hinsichtlich der Solidität der Bank beruhigt und der Bank Ehrlichkeit bescheinigt hätten. Eine Welt, in der Medien nicht eine drittklassige Fortsetzungsgeschichte inszeniert, sondern die Statements der Bank, der Bankenkommission, der Finanzmarktaufsicht, den Lagarde-Bericht, die Berichte der Wirtschaftsprüfer, der Rating-Agenturen, des aus unabhängigen Verwaltungsräten gebildeten Sonderausschusses, der Wirtschaftsprüfungsgesellschaft Price Waterhouse und den Beschluss des Untersuchungsrichters gründlich gelesen hätten.

Ich wage nicht, mir eine Welt vorzustellen, in der Jérôme Kerviel nicht mehr Lektionen über Moral und die Reform des Kapitalismus erteilt, der Mann, der seine betrügerischen Positionen noch vervielfacht hat, als er schon spürte, dass sein System aufgeflogen war. Eine Welt, die den wahren Jérôme Kerviel zeigen würde, wie er in den Stapeln von Transkripten der Chats mit seinem Broker erkennbar wird, den Tausenden Kurzmitteilungen im SMS-Jargon – zwei Jugendliche vor ihren Playstations, für die »Tote« Verluste waren und »neue Leben« Gewinne. Ich wage nicht, mir Handelssäle vorzustellen, die nicht aussehen wie lächerliche und erschreckende Computerspiele, in denen anstelle rächender Roboter Millionen über die Bildschirme geschoben werden. Ich wage nicht, mir eine Welt vorzustellen, in der sich Jérôme Kerviel wenigstens ein Mal, ein einziges Mal entschuldigt hätte bei all jenen, denen er zwei Jahre lang das Leben vergällt hat, nachdem er 160.000 Kollegen und das komplette Weltfinanzsystem in Gefahr gebracht hatte.

Ich wage nicht, mir eine Welt vorzustellen, wo hervorragende Leistungen, Sorge um das Gemeinwohl, Intelligenz –

Eigenschaften, die ich so oft im Bankwesen und bei der Société Générale angetroffen habe (viel öfter, als man davon liest, und sehr viel öfter, als man glaubt) – endgültig den Sieg über Arroganz, den Wunsch nach dem schnellen Geld, kindisches Verhalten und Verrat davontragen, die es in diesem Universum natürlich auch gibt.

Die Welt ist nicht rational, und die Menschen sind nicht perfekt.

Die Reaktionen von Nicolas Sarkozy, der meisten Politiker dieses Landes und aller sogenannten Experten sind irrational, aber menschlich. Sie haben ihre Logik. Im Übrigen folgt die Entwicklung der Märkte nur allzu oft denselben Emotionen: blinder Herdentrieb, Panik angesichts der Krise, Leichtgläubigkeit gegenüber Gerüchten, Blickverengung auf Details. Die Analysten und Ökonomen, die Privatanleger und institutionellen Investoren, die Staatsfonds, Pensionskassen und Versicherungsgesellschaften, sie alle sind – wie Sie und ich – unvollkommen. Was wir Spekulation nennen, ist die Irrationalität aller ökonomischen Akteure zusammen, die sich je nach Zyklusphase von übermäßigem Vertrauen oder übermäßiger Furcht steuern lassen. Alle laufen zur selben Zeit in dieselbe Richtung. Die Größenordnungen sind riesig geworden. Eine Panik führt unmittelbar zum Zusammenbruch der Preise. Ein Computerfehler kann innerhalb von Sekunden den Absturz der Wall Street verursachen.

Wir können Tausende von Indikatoren berücksichtigen, die Rating-Agenturen reformieren, Abgaben von den Banken erheben, die Spekulation beschränken, die Eigenkapitalanforderungen an die Banken erhöhen, noch härtere Stresstests einführen – das Leben wird trotzdem weiter aus Milliarden von Emotionen bestehen. Natürlich müssen wir uns eine andere, gerechtere Welt vorstellen, ein anderes Finanzsystem. Das ist lebenswichtig.

Aber eines ist sicher: Das war nicht der letzte schwarze Schwan, der uns überrascht hat.

GLOSSAR

Alt-A Einstufung eines Hypothekenrisikos: Alt(ernative)-A ist riskanter als »prime«, aber nicht so riskant wie »subprime«

Backoffice Buchhaltung und Abwicklung (Dokumentation und Durchführung der Geschäfte, die im Frontoffice gemacht werden)

Banque de France Französische Zentralbank

CAC 40 Leitindex der führenden französischen Aktiengesellschaften (das Pendant zum deutschen DAX)

CDO Collateralized Debt Obligations, Kreditverbriefungen, Umwandlung von Krediten in Wertpapiere

CDS Credit Default Swaps, Kreditausfallversicherungen

Cooke Ratio Solvabilitätskoeffizient. Nach Basel I und Basel II müssen bei einer Bank mindestens 8 Prozent der nach ihrem Ausfallrisiko gewichteten Aktiva (z.B. Kredite, Beteiligungen) mit Eigenkapital unterlegt sein

Derivate sind handelsfähige Finanzprodukte, deren Wert oder Preis an die zukünftigen Kurse oder Preise anderer Handelsgüter (z.B. Rohstoffe), Vermögensgegenstände (z.B. Aktien, Anleihen, Darlehen) oder an Zinssätze und Indizes gekoppelt ist.

ENA École Nationale d'Administration, französische Elitehochschule, an der die französischen Spitzenbeamten ausgebildet werden (die »Enarchen«)

Equity Story die zusammenfassende Darstellung einer Aktiengesellschaft mit Blick auf ihre Chancen und Risiken in der Zukunft

Fed Federal Reserve, die amerikanische Notenbank

Fed funds rate Leitzins der amerikanischen Geldpolitik; der Zinssatz, zu dem sich die Banken untereinander Geld leihen, um ihren Mindestreserveverpflichtungen bei der Notenbank nachzukommen

Finanzinspektion Inspection Générale des Finances, französische Spitzenbehörde, die u. a. für die Erstellung des Staatshaushalts zuständig ist; klassischer Karriereschritt für ENA-Absolventen

Frontoffice Handel, der Bereich, in dem die Kapitalmarktgeschäfte getätigt werden

Future Terminkontrakt; Vertrag, mit dem der Käufer (oder Verkäufer) sich verpflichtet, zu einem bestimmten Zeitpunkt in der Zukunft ein bestimmtes Produkt zu einem vorher festgelegten Preis zu kaufen (oder zu verkaufen)

Gegenpartei Vertragspartner eines Käufers oder Verkäufers im börslichen oder außerbörslichen Handel

Gewinnwarnung Mitteilung einer Aktiengesellschaft, dass ihr Gewinn geringer ausfallen wird als zu Beginn des Geschäftsjahres erwartet (nach Wertpapierhandelsgesetz eine Pflichtmitteilung)

Give up Klientenüberweisung: Auftrag, der von einem Broker für den Kunden eines anderen ausgeführt wird

Korrelationsrisiko besteht, wenn die Ausfallwahrscheinlichkeit von Kreditschuldnern oder Gegenparteien in nachgebenden Märkten stark steigt; die Risiken einer Bank sind also nicht ausreichend diversifiziert

Kreditklemme die Banken stellen nicht so viele Kredite zur Verfügung, wie von den Unternehmen nachgefragt werden

Kreditrisikoäquivalent das Kreditrisiko, das mit Eigenkapital zu unterlegen ist

Long-/Short-Position Handelsposition, die auf steigende (long) bzw. fallende (short) Kurse spekuliert

Nachschussforderung, margin call Verpflichtungen aus Termingeschäften werden üblicherweise nur mit einem Bruchteil des eingesetzten Kapitals besichert; entwickelt sich die Position gegen den Anleger, kommt es zur *Nachschusspflicht*, andernfalls kann die Position auch zu Lasten des Anlegers geschlossen werden

Notches Rating-Stufen bei der Bewertung von Finanzprodukten durch Rating-Agenturen

Polytechnique, X Elitehochschule für Ingenieurstudiengänge

Polizeigewahrsam nach dem französischen Strafrecht kann ein Verdächtiger im Zuge der Ermittlungen von der Polizei festgenommen und maximal 24 Stunden festgehalten werden, eine Verlängerung um weitere 24 Stunden ist möglich

Roadshow Präsentation eines Unternehmens vor bestehenden oder potenziellen Investoren

Schwerpunktstaatsanwaltschaft Ermittlungsbehörde, die für bestimmte Delikttypen zuständig ist, z.B. organisierte Kriminalität oder Wirtschaftsverbrechen. In Frankreich gibt es acht (Paris, Lyon, Marseille, Lille, Rennes, Bordeaux, Nancy und Fort de France auf Martinique)

Staatsrat, Conseil d'État Oberstes Verwaltungsgericht und Beratungsorgan der Regierung in Rechtsfragen

Subprime-Hypotheken Hypothekendarlehen für Kreditnehmer mit geringer Bonität und daher hohem Ausfallrisiko

UMP Union für eine Volksbewegung, Parteienbündnis des (neogaullistischen) rechten Flügels und der Mitte, derzeitige Regierungspartei

VAR Value At Risk, Risikomaß, das angibt, welcher Verlust bei einer bestimmten Risikoposition (z.B. einem Finanzderivat) innerhalb einer bestimmten Zeit maximal zu erwarten ist

DIE PERSONEN

Daniel Bouton (zunächst) Vorstandsvorsitzender und
  Verwaltungsratsvorsitzender der Société Générale, Titel
  »Präsident«, er gibt erst den Vorstandsvorsitz und dann auch
  den Verwaltungsratsvorsitz ab
Philippe Citerne Nummer zwei in der Société Générale
Luc François Leiter der Abteilung Aktien- und Derivat-
  handel und Stellvertreter von Jean-Pierre Mustier
Christophe Mianné Nummer zwei der Investmentbank
Jean-Pierre Mustier Chef der Investmentbank
Frédéric Oudéa Finanzvorstand
Christian (Schricke) Generalsekretär

© Verlag Antje Kunstmann GmbH, München 2011
© der Originalausgabe: Édition des Arènes 2010
Titel der Originalausgabe *La semaine où Jérôme Kerviel
a failli faire sauter le système financier mondial*
Umschlag: Daniel Collet
Typografie + Satz: www.frese-werkstatt.de
Druck und Bindung: Pustet, Regensburg
ISBN 978-3-88897-722-0
1 2 3 4 5 6 • 13 12 11

Wiglaf Droste
& Rattelschneck

○ ○

IN WELCHEM POTT
SCHLÄFT GOTT?

Stern- und Sterbestunden zweier
Fußballfans in Wort und Bild

●

**Mit Gastbeiträgen
von Claudia Aldenhoven,
Franz Dobler, Fritz Eckenga und
Dietrich zur Nedden**

Edition Nautilus

Editorische Notiz: „In welchem Pott schläft Gott?" enthält die gesammelten Fußball-Texte von Wiglaf Droste, Gastbeiträge von Claudia Aldenhoven, Franz Dobler, Fritz Eckenga und Dietrich zur Nedden sowie Zeichnungen von Marcus Weimer alias Rattelschneck. Jedem Buch liegt ein farbiger Sammelbilderbogen mit sieben Motiven bei; die restlichen Sammelbilder (insgesamt 28 Motive) sind auf drei weiteren Bögen zu finden, auszuschneiden und ins Buch oder sonstwohin zu kleben – Ihr Buchhändler hält sie zum Preis von 99 Pfg. pro Bogen vorrätig.

Edition Nautilus Verlag Lutz Schulenburg
Am Brink 10 · D-21029 Hamburg
Alle Rechte vorbehalten · © Lutz Schulenburg 1998
1. Auflage 1998 · ISBN: 3-89401-285-4
Printed in Germany

„Ihr habt kein Tor, kein Tor, kein Tor und nichts dahinter!"

Rechtzeitige Verabschiedung aus einer unseligen Fußballsaison

Die von Beginn an vergurkte Fußballbundesligasaison 1997/98 ist vorbei: Durch ein 0:0 im Dortmunder Westfalenstadion gegen Real Madrid schied Borussia Dortmund im Halbfinale der Champions League aus. Was jetzt noch kommt im deutschen Fußball bis zum 9. Mai, dem Tag der Befreiung von dieser Spielzeit, ist obsolet. Zwar werden einige Unverbesserliche, ja Ewiggestrige darum hadern, ob nun Bayern München oder der 1. FC Kaiserslautern das kleinere Übel sei beim Gewinn der Meisterschaft – wer meint, die Wahl zwischen Pest und Cholera sei eine Alternative, der muß das eben meinen.

Als kleineres Übel, genauer: als „kleinstes Übel unter den Fußballreportern", wurde vor einiger Zeit ebenfalls der RTL-Mann Marcel Reif bezeichnet, der jetzt auch das Spiel Dortmund–Madrid kommentierte. Das Lob stammt vom sich explizit als *politisch korrekt* etikettierenden *Prinz*-Journalisten und Radio-DJ Klaus Walter aus Frankfurt am Main. Wer den rauhtimbrig-aufgeblasenen Äußerungen Reifs einmal hat lauschen müssen, wundert sich über Walters Lob – vielleicht liegt's ja an der bei Radioleuten nicht seltenen, oft freiwilligen, manchmal aber auch an der allein von ihnen unbemerkt schleichenden *sensorischen Deprivation,* an der Beraubung ihrer sinnlichen Wahrnehmungsfähigkeit. Wer jedenfalls seine Ohren

nicht wie Klaus Walter unter Kopfhörer des Hessischen Rundfunks steckt, der wird bei der Rezeption von Marcel Reif doch eher dem Urteil des Kollegen Fritz Tietz zuneigen: „Der fahle, kopfhörergestützte deutsche Reporter Marcel Reif, und der labert, labert, labert."

Was er laut Zeugenaussagen auch beim Hinspiel Madrid–Dortmund tat, wo er, gemeinsam mit dem schon unterirdisch-kriecherischen Günther Jauch, deutscharrogant „Mein lieber Schwan, Bezirksliga!" und ähnliches Zeug ötterte, was sich nicht auf das Spiel bezog, sondern allein darauf, daß es nach dem Abreißen eines Tors durch Real-Madrid-Fans 75 Minuten dauerte, bis ein zweites, spieltaugliches Tor herbeigeholt war und die Begegnung stattfinden konnte. Denn das, so die Quintessenz aus dem moderatorischen Gemecker, wäre beim DFB nie passiert, so ein Mangel an Organisation. Obwohl die Deutschen ja nicht ungern in Länder reisen, wo es auch schon mal einen Faschismus gab, damit sie sich nicht so alleinschuldig fühlen: So richtig schön deutsch wie zuhause ist es dann doch nicht.

Was bin ich froh, dieses Spiel am 1. April 1998 nicht am TV-Schirm gesehen zu haben, sondern live, ohne TV-Kommentar, im Bernabeu-Stadion in Madrid, inmitten von etwa 110.000 Menschen. War das nett! Links die Fußballplatz- und Wissenschaftskoryphäe Dr. Aldenhoven, rechts der begnadete Analytiker Bittermann, und mittenmang ich als naiver Prinzipal des *Ubi sunt gaudiae?,* drei Stunden eine speziell für diesen Anlaß aufbewahrte *Cohiba Esplendido* schmauchend, denn das muntere Verbrennen von gutem Tabak hatte ein Jahr zuvor entscheidend zum glücklichen Einszunull-Sieg der Dortmunder bei Manchester United beigetragen, wie führende Agnostiker später herausfanden.

Daraus aber wurde nichts in Madrid, denn die Fans von Real hatten den stärkeren Zauber – sie rissen einfach das Tor ab, auf das die Dortmunder in der ersten Hälfte schießen sollten. Damit bescherten sie allen Anwesenden das, wovon Kohl und Gorbatschow heute noch träumen: einen *historischen Augenblick,* und ich kann sagen: Ich war nicht nur dabei, sondern sang den verwirrten Anhängern von Real Madrid auch ein Lied: „Ihr habt kein Tor, kein Tor, kein Tor, und nichts dahinter!"

RUHENDER BALL

Das verstanden die Madrilenen zwar nicht, ahnten aber wohl den Spott und schüttelten sehr unentspannt die Fäuste, als seien sie Anhänger von Hansa Rostock, dem Vertreter des *anderen Deutschland* in der Fußball-Bundesliga. Und so ist die Zielgerade doch noch gepackt: Derartig verkorkst ist diese Fußballsaison, daß Hansa Rostock wahrscheinlich einen UEFA-Cup-Platz erreicht. Damit die Anhänger dieses Clubs im nächsten Jahr auch Bewohnern des europäischen Auslands deutlich zeigen können, wie das mit dem *anderen Deutschland* wirklich gemeint ist.

Flatterzunge

An Karfreitag darf kein Fußball gespielt werden. Das leuchtet ein – schließlich wurde, als man den Nazarener Sektenführer an den Pfosten hämmerte, auch nicht Fußball gespielt. Sondern Keinhandklatschen in Golgatha.

So etwas ähnliches wie diese Schädelstätte ist auch der Betzenberg in Kaiserslautern. Hier finden turnusmäßig sadistische Orgien statt – „unter großer Anteilnahme der Bevölkerung", der Landeskinder. Einige besonders exemplarische und aussagekräftige Kaiserslauterner Anhänger zeigte *premiere* am Gründonnerstag immer wieder: Jeder der drei noch jungen Männer verfügte, was hängende Bäuche und Brüste angeht, über mindestens Kanzlerformat, wobei zur Ehrenrettung Helmut Kohls gesagt werden muß, daß er seine diesbezüglichen Schwarten nicht unbekleidet herzeigt – ganz im Gegensatz zu den anderen Parteigängern des 1. FC Kaiserslautern, die dafür von Blindmedien wie *premiere* oder *ran* als „die besten Fans der Liga" gefeiert werden, schafsblöde und demagogisiert, wie sie sind. Nirgends sonst sind Fans in einem derartigen Maß unsportlich wie in Kaiserslautern; selbst bei einem extrem nazidurchsetzten Club wie Hertha BSE Berlin gibt menschgewordenes Nitritpökelfleisch nicht so den Ton an wie bei Kaiserslautern, und das will etwas heißen.

Entsprechend mußte der Schiedsrichter nach Ab-

pfiff der Partie Kaiserslautern–Dortmund vor Wurfge-
schossen der Kaiserslauterner geschützt werden; sein
Verbrechen bestand darin, dem aggressiven Verlangen
der heimischen Anhänger nach parteiischem Gepfeife
nicht nachgekommen zu sein. Noch abstoßender zu
sein als die gewaltbereiten Pfälzer Grölos, war eine
schwere Aufgabe; sie wurde aber souverän gemeistert
vom *premiere*-Kommentator Patrick Wasserziehr, der
fest entschlossen scheint, in die Fußstapfen von Het-
zern wie Kerner und Beckmann zu treten. Wasserziehr
schrie unaufhörlich nach einem Tor für Kaiserslautern; gegen ihn wirkte sogar der unsittlicherweise
zum Co-Kommentator bestellte Bayern-München-
Präsident Franz Beckenbauer unpenetrant.

Ähnlich gelackt und geleckt wie Wasserziehr agier-
te nach dem Spiel sein Kollege René Hiepen im *premiere*-Studio; naßforsch quatschte er Otto Rehhagel
von der Seite an, aber Rehhagel, der Sympath aus
Essen-Steele, ließ ihn kühl auflaufen und sagte: „Sie
können ja erzählen, was Sie wollen, aber ich sage
auch, was ich will." In Hiepen, einem symptomati-
schen Vertreter seines nutzlosen Berufsstands, ging
sichtlich etwas vor: Ihm schien nach Rehhagels Reaktion zu schwanen, daß er sich im Ton vergriffen
hatte – nicht, weil er das wirklich begriffen hätte, sondern nur deshalb, weil er mit Otto Rehhagel möglicherweise jemanden getroffen hatte, der über genügend Macht und Einfluß verfügen könnte, um ihm,
Hiepen, eventuell bei seinem Fortkommen schaden zu

können. So entblößte Hiepen den klassischen auto-
ritären Charakter. Eben noch frech, fing er zu schlei-
men an und bettelte: „Aber nicht böse sein, Otto." Dabei machte er noch Anstalten, Rehhagel anzufassen,
aber der war schneller und entzog sich. Etwas später
versuchte Hiepen – und auch das paßt ins Bild –,
Überlegenheit zu simulieren, indem er Rehhagel hin-
terhertrat und über „die bösen Medien" spöttelte, um
Rehhagels distanzierten und daher würdigen Auftritt
nachträglich madig zu machen.

Man muß Wasserziehr und Hiepen dankbar sein für
ihre Auftritte; sie boten einen aufschlußreichen Ein-
blick in die individualspychologische Grundkonstel-

lation von Fernsehleuten: Sie sind dumm, sie sind unwissend, und sie kompensieren das mit Flatterzunge und einem aufgerissenen Hals, den man ihnen aber, ist man im Gegensatz zu ihnen souverän, mit Leichtigkeit schließen kann, wobei man ihrerseits mit jeder Hinterhältigkeit und Falschheit rechnen muß. Denn eine nicht so sinnentleerte, grundkorrupte Existenz zu sein wie sie, das verzeihen sie einem nie.

Strammstehen und untergehen

Die Zeit bei der Bundeswehr, erzählte ein junger Mann, sei „eine Erfahrung", die er „nicht missen möchte": Bei der Grundausbildung werde man „top-fit", die „Kameradschaft" sei „prima", und überhaupt solle „jeder sein Land verteidigen" können. Ausgestrahlt wurde das Bekenntnis zu Dummheit und Gewalttätigkeit in einer *ran*-Werbepause auf SAT.1, wo es kaum auffiel, denn *ran* ist nichts weniger als ein gut hundertminütiger Werbespot für die Bundeswehr respektive für das, was manche Leute „militärische Tugenden" nennen.

Macht man den Fehler, bei *ran* zuzuhören, wähnt man sich in der Kaserne oder schon wieder im Oderbruch: Es wird „gekämpft", „gerackert", „alles gegeben" und immer brav „die Einheit gesucht". Hier, in der Volksgemeinschafts-Einübestunde, gilt auch der „gelernte Metzger" etwas, selbst wenn er nur aus Holland kommt. Als größtes Vorbild aber preisen die *ran*-Soldaten einen aus dem Osten. Der ist „ein Teufelskerl", „einfach bärenstark", „der beste Mann auf dem Platz", „der Held" und derart schlichten Gemüts, daß ihm „Wasser wie Champagner" vorkommt. Von Ehrgeiz und Verbissenheit ist er so zerfleddert, daß selbst der daueraffirmative *ran*-Kommentator vorsichtig bemängelt: „Er freut sich nicht mal richtig." Auch wenn sich das liest wie eine Beschreibung von Matthias Sammer: An diesem Wochenende wurde Ulf

Kirsten für den Cocktail aus Sekundärtugenden aller Art abgelobt.

Für alles, was daran erinnern könnte, daß Fußball ein Spiel ist, haben die *ran*-Ranschmeißer keine Verwendung. Auf Eleganz und Spielwitz ist gepfiffen, wenn auch auf dem Fußballplatz Roman Herzogs Rede an die Volksgemeinschaft umgesetzt werden muß. Für die Liebe zum Fußballspiel ist das tödlich, aber damit haben sie bei *ran* ja auch keine Verträge.

Auf besserem Fuße allerdings steht Reinhold Beckmanns Truppe mit bundeswehrgeeignetem Humor: „Er hat sich heute nacht fortgepflanzt", sprach Jörg Dahlmann über Julio Cesar. Klar: Während der gute Deutsche Familienvater wird, pflanzt der schwarze Mann

sich fort. Und ausgerechnet der zu 99,3 % aus Guß-
eisen bestehende Jörg Wontorra machte sich anhei-
schig, dem Dortmunder Trainer Nevio Scala „einen
Kamm zu schicken". Hahahamwajelachtwa.

Etwas tröstlich immerhin ist, daß all das ange-
strengte, verkrampfte und entsetzlich unattraktive,
geistlose Genöcke sich zum guten Schluß hin und wieder selbst die Karten legt: Axel Kruse, Kapitän von
Hertha BSC Berlin und geübt darin, das Fußballspiel
mit einer Wirtshausschlägerei zu verwechseln, maulte
nach der Hertha-Pleite in Wolfsburg in die Kamera:
„Wir geben alles. Nach vier Spielen gleich wieder die
Fahnen umzuschwenken, das war bei den Kommuni-
sten früher so üblich. Aber nicht im Fußball." Abgesehen davon, daß das herrlicher, sinnloser Quatsch
ist: Da möchte einer strammstehend untergehen. Wer
sollte ihn daran hindern?

Dietrich zur Nedden
Die Räume eng machen ...
Wie man die Räume zustellt und eng macht ist eine Frage, die im Kopf entschieden wird

„So leben wir und nehmen immer Abschied", schrieb der virtuell unbehauste Rilke. Der Großlyriker ahnte wahrscheinlich nicht, wie recht er hatte. Ich habe schon etliche Male Abschied genommen vom Fußball, vom Hin- und Ankucken wenigstens, aber ich habe bestimmt noch häufiger an Fußballspielen teilgenommen und natürlich noch mehr Spiele gesehen in meinem Leben. Jedem Abschied folgte sozusagen ein neues Spiel, ohne daß die Zeit dazwischen etwa bloß eine Schamfrist gewesen wäre. Es war mir jedes Mal Ernst. Wieder und wieder der Schwur: Das reicht endgültig jetzt, aber ehrlich. Das Auge hat genug, der Geist ist entschlossen, die Seele aber schwach und das Fleisch vernarbt von zahllosen Grätschen und hat in dieser Angelegenheit sowieso nichts zu sagen. Was mich trotz meiner so verachtenswerten wie nebelhaften Unentschlossenheit und Inkonsequenz beruhigt, ist eine Gedichtzeile von Beckett: „Es gibt ein letztes Mal auch von den letzten Malen." Das riecht nach Tod, ist dennoch Trost. Allerdings würde ich nicht gerne in einem Fußballstadion sterben. Der Trainer Bill Shankly, der im englischen Zitatenlexikon direkt auf Shakespeare folgt, wußte seinerseits: „Some people think football is a matter of life and death ... I can assure them it is much more serious than that."

Ich war einigermaßen erschrocken, als ich neulich während des dramatischen UEFA-Cup-Spiels Bochum gegen Istanbul merkte, daß mir Spannung und berückende Spielzüge völlig egal waren. Mein einziger und tief gefühlter Wunsch bestand darin, daß die deutsche Mannschaft verlieren und aus dem Wettbewerb fliegen möge. Ich habe nichts gegen Bochum, im Gegenteil, einer der sympathischsten und kenntnisreichsten Fußballfexe, Christoph Biermann, ist ein Bochum-Anhänger, dem ich nichts Übles will. Trotzdem lechzte ich nach einer Niederlage für den VfL und all die anderen Bundesligavereine, damit am Ende nicht vier deutsche Mannschaften im Halbfinale des UEFA-Cups stehen.

Bei Spielen der deutschen Nationalmannschaft geht es mir seit anderthalb Jahrzehnten so: Hauptsache und hoffentlich sie verliert. Das Vergnügen am Fußball ist für einen Menschen, der so denkt, man kann es sich vorstellen, verdorben, verloren, vergnarzt. Mit der Vorgabe hat man angesichts des unverschämten Losglücks und der notorischen Schlecht-gespielt-aber-gewonnen-Darbietung der DFB-Auswahl sehr selten einen Anlaß zur Freude. Ein ins Negative gewendeter Nationalismus drücke sich darin aus? „Von mir aus", wie Elliot Gould dauernd in *Der lange Abschied* nuschelt. Es muß immerhin ein trauriges, bedauernswertes, wenn nicht elendigliches Bild sein, mich in diesen Momenten vor dem Fernseher zu sehen. Das Vergnügen, ein großes internationales Match zu betrachten, ist mir versagt, sobald eine deutsche Mannschaft daran teilnimmt. (Es sei denn, die hieße SC Freiburg oder Hannover 96).

Natürlich gibt es zahlreiche rational unabweisbare Argumente, sich das, was heute Fußball bedeutet, nicht mehr anzutun. Wenn der Zweitplazierte der Bundesliga Europapokalsieger der Landesmeister werden kann – ich weiß, es heißt nicht mehr so, aber es ist doch irgendwie noch so gemeint –, dann stimmt eine ganze Menge nicht. (Eine exogene wie indogene Inflation der Wettbewerbe gibt es in anderen Sportarten natürlich auch. Die ohnehin abscheuliche Erfindung des Synchronschwimmens wurde kürzlich erweitert um eine Solo-Konkurrenz.)

In der *Sport-Bild* vom 22. Januar 1997 enthüllte der ständig den intelligenten Profi gebende Thomas Helmer, was die Bayern-Spieler interessiert, wenn sie nicht auf dem Platz stehen – die Börsenkurse: „In der Kabine und im Kraftraum hängen zwei Fernseher, da läuft den ganzen Tag nur *n-tv,* weil auf dem Sender ständig die aktuellen Notierungen gezeigt werden." Nur eine gute Woche später berichtete Ludger Schulze aus dem im Süden gelegenen Trainingslager der Bayern: „Überhaupt diese Handys. Was haben Fußballprofis vor der Erfindung den lieben langen Tag gemacht? Mittags vor dem Essen streichen immer vier, fünf Gestalten in Trainingsklamotten um das Bassin im Zentrum des begrünten Innenhofs auf der verzweifelten Suche nach dem Netz. Vermutlich müssen Fußballer schon deshalb soviel Geld verdienen, um ihre Telefonrechnungen begleichen zu können." Und die Trainer, läßt sich hinzufügen, müssen wahrscheinlich deswegen mit mehr Reklameschildchen beklebt sein als ein Formel-1-Bolide.

Stutzig macht mich zudem die Tatsache, daß noch vor etwa zehn Jahren Bernd Schuster gewaltigen Ärger bekam, als er es vorzog, bei der Geburt eines seiner Kinder dabei zu sein, statt ein Punktspiel zu bestreiten. Ein Weichei, sowieso, und Weiberknecht obendrein. Heute aber ist es gleichsam eine Pflicht für jeden Fußballprofi mit menschlichem Antlitz, sobald sein Mobiltelefon piept und die Nachricht eintrifft, daß bei seiner Frau die Wehen eingesetzt haben, sofort in den Kreißsaal zu rasen, selbst wenn seine Mannschaft 1:2 hintenliegt. (Diesen Wertewandel, oder nein: heute sagt man Paradigmenwechsel, als Erfolg oder wahlweise Pyrrhus-Sieg überhaupt erst einmal wahrzunehmen, hat die Frauenbewegung bislang versäumt.) Wenn ich mich richtig erinnere, flog ausgerechnet Mario Basler während der WM in den Vereinigten Staaten nach Deutschland zurück, weil es seiner schwangeren Frau nicht gut ging. Von der Frau lebt er, wie man hört, mittlerweile getrennt, in der Nationalmannschaft spielt er noch immer.

Bald wird der erste Profi Erziehungs- oder sogar Mutterschaftsurlaub beantragen und im Falle der Ablehnung sein Recht vor Gericht erstreiten, notfalls bis nach Karlsruhe gehen, begleitet von der Spielergewerkschaft.

Eine die Regel bestätigende Ausnahme ereignete sich übrigens erst Ende Februar '98, als Uwe Kamps, der Torwart der dringlichst abstiegsbedrohten Gladbacher, eines Samstags nicht an der Seite seiner gebärenden Frau weilte, sondern auf'm Platz. Als weltmeisterlich wurden seine Paraden an diesem Nachmittag beschrieben.

Der Kernpunkt, die zentrale Frage, das vordringliche Problem ist vielleicht der, die, das: Kann man die monothematischen *n-tv*-Fernseher, die Mobiltelefone wie die fürsorglichen Fußballspieler, deren tiefstes Erlebnis es ist, bei der Geburt ihrer Kinder dabei sein zu dürfen (Effenberg! et. al.), ignorieren, während man sich mit dem Fußball an sich beschäftigt? Man will doch eigentlich nur, daß diese Menschen einen zwar unerreichbaren, aber dennoch wünschenswerten, utopienahen und ideologiefreien Fußball spielen, der Kurzweil, Dramatik, Schönheit und den richtigen Sieger bietet.

Eine denkbare Antwort ergab sich, als ich im Sommer '96 mit Gerhard Henschel zu einer Tagung fuhr, zu der einige Fußball-Intellektuelle eingeladen waren. Was unter dem Begriff zu verstehen ist, kann ich beim besten Willen nicht sagen, ein vager Hinweis fand sich einige Zeit später im *kicker*: „Marco Bode zählt zum

Typ intellektueller Spieler, und das ist nicht etwa negativ gemeint." Im Bord-Bistro beschlossen Henschel und ich, nie wieder über Fußball zu schreiben. „Gebt uns das Spiel zurück", lautete derzeit eine formelhafte Forderung, die aus der Anti-Versitzplatzungsbewegung hervorgegangen war (ja, auch solche Worte muß es wohl geben), und wir sagten: „Dieses Spiel wollen wir gar nicht haben." Gerhard Henschel hat sich weitgehend an unsere Abmachung gehalten, ich habe es nicht geschafft.

Was wir natürlich trotz allem nicht meinten, wonach wir uns nicht sehnten, worüber wir nicht klagten, war weder der verlorengegangene Geist des Spiels, noch das mephistophelische Fernsehen, dem der Fußball seine Seele verhökert hat. „Das ist alles, ach, so kommerziell geworden. Geld, Geld, Geld, und nur noch Show." Schnauze, ihr Penner. Es gibt keinen Straßenfußball mehr? Straßenfußball zum Beispiel ging im bürgerlichen Milieu so:

(Ich stelle mir vor, ich kucke auf den Schirm und sehe die Wiederholung einer Wiederholung, die Rückblende einer Rückblende und schweife ab.)

Um nicht bei Adam und Eva anzufangen, beginne ich mit meinem Freund Reinecke und mir. Wir kickten – bohkten, wie wir sagten – häufig auf einem Asphaltplatz, den ein hoher Drahtzaun umgab. Es gab nur ein Tor, es war aus stabilem, wenngleich nicht rostfreiem Eisen. Ich erinnere mich an ein Vorkommnis, mit dem sich kein Schiedsgericht, kein Liga-Ausschuß

NEULICH IN DER STERN-REDAKTION

jemals befaßt hat. Drei Jugendliche, mindestens fünf oder sieben Jahre älter als wir, näherten sich über den benachbarten Spielplatz kommend. So ziemlich wortlos nahmen sie uns den Ball weg und schossen ihn über den Zaun. Sie warteten, bis wir zaghaft protestierten, dann gab's was auf die Schnauze. Einfach so. Ohne verbales Vorspiel, ohne Nicklichkeiten, ohne umständliche Tändeleien. Ein paar Tage später wiederholte sich der Überfall. Wir mieden fortan den Ort.

Wenn Reinecke und ich ein Bundesliga-Spiel von Hannover 96 im Niedersachsenstadion gesehen hatten, liefen wir oft zum TKH-Platz, dem einzigen halbwegs intakten Rasenplatz in der Nachbarschaft. Einer von uns war Siemensmeyer, der andere Torwart Podlasly, später Pauly. Unter der Woche herrschte auf dem Platz ein rauher Ton, aber es gab wenigstens so gut wie nie Prügel von den Älteren. Natürlich mußte man gehorchen und gefälligst froh sein, wenn man nicht als letzter gewählt wurde. Die Älteren hatten immer recht, sie waren die Stärkeren. Wir sind nicht solange geblieben, bis wir die Älteren waren.

Und drei- oder viermal kletterten wir sonntags über den Zaun des Niedersachsenstadions, liefen auf den Rasen und spielten vor den menschenleeren Rängen ein paar Szenen vom Vortag nach. Bis der Platzwart uns eben doch regelmäßig entdeckte und seinen Hund von der Leine ließ. Ui, war das ein Gerenne.

Als wir zehn Jahre alt waren, sind wir bei Hannover 96 eingetreten. „Knaben" nannte man die Altersstufe damals, offiziell „D-Jugend". Die Knaben-Mannschaften spielten noch nicht übers ganze Fußballfeld, sondern die fünf Meter breiten Tore standen auf der Strafraumlinie. Ich spielte Vorstopper oder etwas ähnliches, wenn ich überhaupt spielte. Reinecke turnte vorne rum. In der C-Jugend schulte ich um auf Torwart. Ich erinnere mich an meine ersten Handschuhe. Sie sahen aus wie die von Sepp Maier, schwarzes Leder und im Vergleich zu heute spärlicher blutorangener Gummibesatz. Ich besitze sie noch heute.

Zwei- oder dreimal Training in der Woche, bei jedem Wetter, klar, und meine Mutter mußte die Klamotten waschen. Von Stern Misburg kam eines Tages „Kerbe", ein begnadeter Linksaußen, der schneller war als alle anderen. Der Junge hatte schätzungsweise sechs Geschwister, sein arbeitsloser Vater trank zuviel Alkohol. Keine Ahnung, ob es daran lang, daß Kerbe mittelmäßig gestört war. Als er mit einer bedeutungslosen Glatze zum Training kam, flog er aus der Mannschaft, spielte nie wieder. Linksaußen und Torhüter, lernte ich damals und phrasiere es seitdem kokett nach, haben alle eine Macke.

Ich glaube kaum, daß ich damals ein guter Torwart war, obwohl ich in die Kreis-, dann in die Bezirksauswahl berufen wurde, später sogar mit der Niedersachsen-Auswahl zur Deutschen Meisterschaft fahren durfte. Als Ersatzmann. Weil wir das erste Gruppenspiel verloren hatten, wurde ich fürs zweite aufgestellt. Und hielt erbärmlich, grottenschlecht. Die zwei Schüsse, die aufs Tor kamen, ließ ich durch. Mir war es sowieso lieber, zuhause, wenn die Geschwister und Eltern am Abendbrottisch saßen, Paraden mit einem imaginären Ball vorzuführen. Das Fliegen war das Schönste. Die „dankbaren" Bälle, wie es früher die Reporter

nannten, bevor sich der Berufszweig dem Zwang zur Originalität unterwarf. Am besten sah es aus, wenn der Ball halbhoch angeflogen kam. Wir fliegen. Der Ball und ich, der Torwart. Bis ich ihn packe und unter mir begrabe. Das war mit nichts zu vergleichen.

Hannover 96 war 1974 abgestiegen. Ich guckte mir nur selten Spiele im Stadion an und wenn, dann sah ich ein unbeschreiblich ereignisloses 0:0 gegen Charlottenburg. Es dauerte zehn Jahre, bis 96 wieder in die Bundesliga aufstieg. Da hatte ich längst aufgehört mit dem Fußballspielen, weil ich anscheinend keine Peinlichkeit auslassen und nun Philosoph werden wollte. Auf dem Gymnasium hatten wir Xenophons *Memorabilia* gelesen, und ich wollte wie Sokrates werden. Meinte leider eben nicht den brasilianischen Fußballspieler, sondern den Philosophen. Die ewige Suche nach dem Sinn des Lebens und so. Nächtelange Diskussionen aus dem hohlen Kopf, Retsinaharz im Hirn, die ersten Zigaretten.

Einige Jahre später wiederum brauchte ich eine Ausrede für mein träges postschulisches Benehmen, das sich darin ausdrückte, daß ich in Hannover blieb, um dort zu studieren. Das war nicht vorschriftsmäßig, denn zum Studium hatte man fortzugehen. Nach Göttingen, nach Freiburg, nach Berlin, egal, Hauptsache weg. Ich konstruierte eine zweigliedrige Konditionalkette, daß ich Hannover in dem Moment verlassen würde, wenn Hannover 96 wieder aufstiege. Denkste. Als es soweit war, blieb ich und kümmerte mich weiterhin wenig um Fußball. Ich spielte später hier und da, in der dritten und vierten Kreisklasse beispielsweise, und wenn ich auf

SAMMEL
BILD (7)

sechs Punktspiele ohne Gegentor stolz sein konnte, dann war ich stolz.

Es ist besser, wenn die Abschweifung hier endet, die etwas grobschlächtige Suche nach den feingesponnenen Verbindungslinien, die, wenn gefunden, zu etlichen Knoten führen. Durchhauen scheint unmöglich (womit?), aufdröseln dauert ewig und ein ganzes Leben, während man müde und müder wird, ermattet feststellt, daß einem jede Sommer- oder Winterpause des Spielbetriebs von Jahr zu Jahr weniger ausmacht, während der gröbste und schlachtreifste Menschlichkeits-Wahnsinn zum Beispiel im TV weiter exponentiell zunimmt und immer unvermeidbarer daherkommt.

Bei Szenen wie der, als der Todeslisten-Kandidat Steinbrecher im ZDF-Sportstudio den wenige Stunden

STAN LIBUDA WAR BE-
KANNTER ALS DIE TATSACHE,
DASS IHN SCHULTERKLOPFEN
BESONDERS NERVTE.

vorher bei Eintracht Frankfurt entlassenen Trainer Körbel verhört: „Ist das wirklich nur Erleichterung? Ist da nicht auch noch Schmerz? Irgendwo?" Er fragt und fragt weiter, bis Körbels Augen feucht werden, der Recke weint, was Steinbrecher mit seiner *human* Klatsche natürlich im Grunde keineswegs interessiert. Wie recht hatte doch ein paar Wochen vorher oder nachher der ehemalige Kandidat der Jungen Union, Peter Neuruhrer, als er feststellte: „Sepp Herberger lebt heute so nicht mehr."

Das stimmt. So wie es ebenso richtig ist, „daß die Strafraumstürmer, die dahin gehen, wo es wehtut, mehr und mehr aussterben." (Uwe Leifeld) Gehen sie also *da*hin oder gehen sie da*hin*? Ich weiß es nicht. Ich weiß nur – „bis an die Schmerzgrenze des Machbaren" (Thomas Wark) – : Ob derartiger und zahlreicher weiterer monströser Einsichten genügt es nicht, unsensibel zu sein, damit ein Abschiednehmen ohne Ende bis zum Abwinken kein Thema ist. Es geht um etwas, das der große Lyriker Uli Becker in einem etwas anderem Zusammenhang so formulierte: „How to make Sense". Das ist hier ausnahmsweise mal eine Frage.

Angst in Dortmund:
„Wir sind schuld!"

Der Dortmund-Fan an der Autobahntankstelle Gütersloh war gereizt: „Besser, wir verlieren heute. Um so
schneller sind wir den Trainer los." So redet man eben
in Gütersloh.

Unter den wirklichen Anhängern des Klubs dagegen ist der Trainer tabu. Im Gegenteil: Man
fürchtet, Nevio Scala könne von sich aus den Verein
verlassen. Denn nichts – nicht einmal weitere Niederlagen – fürchtet man in Dortmund so sehr wie
bayerische Verhältnisse oder was man sich darunter
vorstellt: Intrigen, Boulevard-Getratsche, Skandale
und Mario Basler.

Ein Dortmunder Pendant zu Basler hat man sogar
schon ausgemacht: den Ostdeutschen René Schneider,
der, als er gegen Bielefeld spielen sollte, „darauf nicht
eingestellt" war und statt dessen darüber jankte, Berti
Vogts und der DFB hätten ihn vergessen. Den würde
man in Dortmund gerne nach Dunkeldeutschland
zurückschicken. Als er am Dienstag abend gegen Leverkusen für ein paar Bundesliga-Minuten eingewech-
selt wurde, pfiff ihn die Südtribüne wütender aus als
einen kloppenden Gegner. Sonst blieb alles ruhig.
Beim 0:1 von Borussia Dortmund gegen Leverkusen
sah man zwei derart traurig spielende Mannschaften,
daß man meinte, Hertha BSC Berlin sei gleich zwei-

mal auf dem Platz. Es war das reine Unvermögen, und das „Kämpfen, Dortmund, kämpfen!" von der Südtribüne war überflüssig: An nutzloser Rackerei mangelte es ja nicht, dafür an Übersicht und feiner Ballbehandlung. Man sagt es nicht gern, aber die Dortmunder können es derzeit nicht besser.

Während anderswo in vergleichbaren Situationen Köpfe statt Fußbälle rollen sollen, betragen sich die Dortmunder Anhänger wie artige, austherapierte Jungs. Am Dienstag abend riefen sie zur Entlastung von Spielern, Trainer und Vereinsführung in einer Mischung aus Fürsorge und Ironie: „Wir sind schuld! Wir sind schuld!"

So subtil ist Abstiegsangst noch nie formuliert worden.

Das Leben als Latrinenparole

Hertha BSC erstolpert gegen den 1. FC Köln drei
Bundesligapunkte, die auch nichts nutzen werden

Der Besuch eines Hertha-BSC-Heimspiels im Berliner
Olympiastadion ist ungefähr so erfreulich wie der ei-
nes Vertriebenentreffens. Da es aber sogar noch mehr
Hertha-Zuschauer als „Schleysiän onsärr!"-Schreihäl-
sinnen und -hälse gibt, erzeugt die Inspektion eines
Hertha-Spiels auch entsprechend mehr Eis im Genick:
Selten zuvor sah man so viele grundfies aussehende
Menschen auf einem Haufen.

Menschen mit Fahne sind immer unangenehm; daß es aber in dieser Stadt Tausende von Menschen gibt, denen eine übelriechende Hertha-Fahne aus dem Halse hängt und denen das gut gefällt, sagt viel über die Bewohner Berlins. Da haben sich zwei gefunden: Die Hertha-Anhänger haben die Mannschaft, die sie verdienen, und Herthas Fußballer spielen vor dem Volk, das ihrem Spiele zukommt. So entstehen verschworene Gemeinschaften.

„Jetzt erst recht!" lautet denn auch die trutzige Durchhalte- bzw. Latrinenparole auf dem Titel des offiziellen Hertha-Stadionmagazins *Wir Herthaner,* aus dem einem der geballte provinzielle Mief, zu dem Berlin fähig ist, entgegenquillt. Herthas Vizepräsident Jörg Thomas schreibt euphemistisch von „einer sehr schwierigen Situation", will aber „nicht den Kopf in den Sand stecken", sondern „nun noch härter arbeiten", und vor allem müssen „alle an einem Strang ziehen". Wenn alle an einem Strang ziehen, stellt sich die Frage, wer am anderen Ende des Stranges in der Schlinge steckt. Das Hirn – soweit vorhanden – ist in jedem Fall dabei.

Ebenfalls ganz geistverlassen spornt Sponsor *Bewag* die Hertha an: „Hertha denn je! Berlin, jetzt freue dich! Deine Hertha mischt endlich ganz oben mit. Das bedeutet spannende Spiele für die Fans. Und viel Renommee für die Sportstadt Berlin. (…) Verlieren ist hart. Siegen ist Hertha!"

Wie hart und wie unspannend für den Betrachter

ein Sieg sein kann, zeigte das Spiel Hertha gegen Köln: Es war ein Stolpern und Stümpern. Bekam ein Hertha-Spieler den Ball, erschrak er darüber so heftig, daß er ihn gleich gegen einen Kölner Spieler schoß; die Kölner konnten das Spiel umgekehrt genauso gut.

So trottelte und eselte alles über den Platz, wie um zu beweisen, daß Fußball auch ganz ohne Schönheit aus-kommen kann. Ein Nullnull mit anschließendem Trai-nertausch wäre ein der Partie angemessenes Ergebnis gewesen, aber einmal fiel der Ball doch irgendwie ins Tor, und das zugunsten von Hertha. So gab es nichts als Elend anzusehen, und als es gar zu unwürdig und peinlich wurde, pfiff der Schiedsrichter die Partie ab.

Das Berliner Publikum aber, nicht gerade fußball-verwöhnt und diesem Mangel entsprechend inkompe-

tent, benahm sich, als sähe es ein gutes Spiel, und jubelte schon, wenn der Torwart einen Trullerball fing und dabei eine Pantomime dessen zeigte, was man früher „Glanzparade!" nannte. Dazu sangen die Hertha-Fans mit schnapsgeölten, gleichwohl heiseren Kehlen etwas, das wie „Wir sind so, wie wir sind: das Berliner Sorgenkind!" klang. Recht verstehen aber konnte man sie nicht, allein die unsportlichen „Arschloch!"-Begrüßungsrufe an die Kölner waren deutlich. Ansonsten klingt im Olympiastadion „Hertha!" wie „Mörder!" und alles zusammen wie „Sieg Heil!"

Als der Krampf vorbei war, sickerte aus den Stadionlautsprechern Frank Zanders auf die Melodie von *Sailing* gestülptes „Nur nach Hause, nur nach Hause, nur nach Hause geh'n wir nicht!" Die Drohung wurde wahrgemacht: Noch Stunden später eierten blauweiß gekleidete und sehr unangenehm betrunkene Menschendarsteller durch ihre Stadt und kündigten vor lauter Abstiegsangst an, nun „Deutscher Meister" werden zu wollen.

Denn das ist die Welt von Hertha BSC Berlin: Parolen aus der Latrine, durch die schon Führerdurchfall floß.

Schönheit in Gefahr

Andreas Möller zum 30. Geburtstag am 2.9.97

Unfaßbar: Andreas Möller ist 30! Richtig volljährig! Man kann sich das gar nicht vorstellen, sieht er doch aus, als schliefe er noch immer in Kinderbettwäsche und ginge nach der Schule zum Spielen auf den Fußballplatz.

Jungenhaft scheu ist sein Blick und manchmal feucht auch wie der des jungen Rehs, des Bambis. Elegant ist sein Gang, sein Lauf übers Spielfeld, als trüge er Ballerinenschuhwerk, so federleicht fliegt er dahin – als wolle er zeigen und zelebrieren, daß Fußball, dieses frauenlose, harte Brot, doch voller Anmut sein kann und Schönheit.

Ensprechend harsch wird er kritisiert und verspottet von Rohlingen fürs fast schon Feminine. Der blanke Neid ist's, denn wohltuend unterscheidet sich Andreas Möller von sogenannten „Siegertypen" wie Oliver Kahn, Mario Basler oder Matthias Sammer, über die Oscar Wilde schon vor 100 Jahren schrieb: „Ehrgeiz ist die letzte Zuflucht der Versager." Und hat auch nichts gemein mit Franz Beckenbauer, der aussieht, als creme er sich sein süßliches Erfolgsschnäuzchen täglich mit seinem eigenen Sperma ein zur nicht enden wollenden Feier seiner nicht enden wollenden Banalität.

Nein, Andreas Möller ist gut; an guten Tagen bringt er sogar das Kunststück fertig, vergessen zu lassen, daß man im Land der Sekundärtugenden lebt. Das macht ihn zu einem Künstler – stellvertretend erhebt er sich wenigstens für Sekunden über die Trostlosigkeit von Disziplin, Ausdauer, Fleiß und Ordnung.

Haarig wird es nur, wenn Möller seinen angestammten Platz verläßt – das Spielfeld. Auf den Nebenschauplätzen macht er leicht eine schlechte Figur bzw. auch Frisur:

Die Frisur sieht seltsam aus
Nach zwei Pfund Drei-Wetter-Taft
Tapfer haben Spielerfrau
Und Frisör daran geschafft.

Noch weit ärger aber geht es zu, wenn Andreas Möller von medialen Fieslingen aufs Glatteis der freien Rede gezerrt und gedrängelt wird. Das tut ihm nicht gut, da sagt er dann Sätze wie „Vom Feeling her habe ich ein gutes Gefühl". Zwar lachen begnadete Fußballer, aber weh tut es trotzdem, wenn einer, der sie in seiner eigentlichen Tätigkeit alle an die Wand spielt, sich den Hyänen ausliefert, statt sie weiträumig zu umfahren.

Deshalb an dieser Stelle, Andreas Möller zum 30. Geburtstag, dieses Warngedicht, dieses

Memento mori!

Nicht umsonst ist Medien
Ein Anagramm von meiden
Willst du dich nicht beschedien
Bleib weg – die sind halbseiden.

Die ziehen dich ins Unglück
Das heißt: zu sich hinab
Und manchen hetzen sie
Ins Autounfallgrrabb.

Schieß die Bälle in den Winkel
Schön berechnet auf ein Haarbreit. –
Laß dich niemals ‚Andi' nennen
Denn das klingt nach Arbeit!

FUSSBALLPILZ –
SUCHSCHWEIN

AUS DER GEN –
TECHNIK

Berlin bleibt Berlin

Eine Entbindung Herthas von der
Zwangsverpflichtung zur ersten Liga

Wenn man in Berlin wohnt und trotzdem hin und wieder ein gutes Fußballspiel sehen möchte, muß man reisen. Diese Regel hat ihre Gültigkeit durch den Aufstieg von Hertha BSC in die erste Fußballbundesliga

nicht eingebüßt. Der Aufstieg hat allerdings in manchen Berlinern wieder einmal die Illusion geweckt, sie
hätten per se und kraft ihres Berlinerseins ein quasi
naturgemäß verbrieftes Anrecht auf Erstklassigkeit
bzw. auf das, was sie dafür halten. Wie man sich doch
täuschen kann.

Magisch, ja magnetisch zieht Hertha BSC jene Berliner Kräfte an, die dafür sorgen, daß man in Berlin niemals ganz heimisch werden will: Aus Berliner Bollos und Bunken, aus rohen, lauten, dumpfen und brackigen Gestalten rekrutiert sich die Kundschaft von Hertha BSC. Von Anhängerschaft im eigentlichen Sinn kann man nicht sprechen: Wirkliche Fans, also Leute, die mit ihrer Mannschaft auch durch die Niederungen des Fußball-Lebens krauchen, hat Hertha so gut wie nicht. Was jetzt den Hintern zum Spiel trägt, ist die Trittbrett-fahrende Sorte, die bei der ersten Gelegenheit meckert und wieder verschwindet.

Auf dem Weg zum Stadion sind die Straßen verstopft mit Schaumacherkarren; ein schwarzer Sportwagen mit fettem Werbeaufdruck für ein Kosmetik-Institut enthält drei Männer, deren beschnäuzertes Äußeres den Verdacht nahelegt, auch in ihrer Branche sei längst der Bock zum Gärtner bestallt worden. Auch sonst ist man eher vom Typus des Boutiquenbesitzers umgeben in der Nähe von Hertha – als hätten sich die Neuköllner aller Bezirke und Fraktionen gesucht und gefunden.

Wozu der ganze Aufriß um Hertha BSC? Sportlich ist das Unternehmen ein Witz, wenn auch einer, der allen Romantikern des Fußballspiels Auftrieb gibt: Mit Geld allein, so die von Hertha verstrahlte Botschaft, ist nichts zu holen. Da kann der Hauptsponsor Ufa noch so buttern – ein akzeptabler Verein wird Hertha BSC dadurch nicht. In den 60er Jahren wurde die Bundesliga von 16 auf 18 Vereine aufgestockt, nur damit eine Mannschaft aus der deutschen Frontstadt Berlin in der ersten Liga mitspielen konnte – genutzt hat selbst diese unsportliche administrative Maßnahme nichts. Nach der Saison 1997/98, wenn also Hertha wieder abgestiegen sein wird, darf man gespannt sein, ob die Bundesliga noch einmal erweitert wird – vielleicht am besten gleich auf 30 Mannschaften, damit Hertha auch eine kleine Chance hat, für etwas länger als ein Jahr unter den Erstklassigen dabeisein zu dürfen.

Berlin, so ist beschlossen worden, brauche eine Erstliga-Fußballmannschaft – schließlich muß am Fußball mitverdient werden, und schließlich wollen sich Regierungspolitiker nach ihrem Umzug von Bonn nach Berlin populär bei Schweiß und Bratwurst zeigen. Schön, daß die Mannschaft von Hertha BSC sich nicht zum Erfüllungsgehilfen solch kruder Pläne machen läßt. Wenn jetzt noch das durch den Aufstieg mobilisierte BZ-Berlinertum wieder murrend in seine Löcher zurückkriecht, kann man zufrieden sein. Und wer ein gutes Fußballspiel sehen will, muß reisen.

Wie Mädchen Meister werden

Comandante Klaus, der Mann, mit dem ich einige Räume teile (und den ich nicht wie ein WG-Verbrecher als „Mitbewohner" denunzieren werde), ist für kurze Zeit verreist. „Ich muß meine Eltern neu tapezieren", sagt er noch, umarmt mich zum Abschied und eilt aus dem Haus. Ich aber denke nur: Super! Sturmfreie Bude! High life mit allen Schikanen!

Blitzschnell sind die Räume, in denen sonst Comandante Klaus residiert, besetzt. Fremde Menschen klingeln an der Tür und bringen Rotwein, Salzstangen, Chips und andere Leckerchen. Was ist los? Eine Welle der Solidarität mit einem Strohwitwer? – I wo. Die kommen zum Fußballkucken: Dortmund gegen Juventus Turin, Champions-League-Finale in München. Oft bin ich nach Dortmund gefahren, um meine Mannschaft zu unterstützen, sogar bis nach Manchester reiste ich, damit Borussia Dortmund ins Finale käme – für München aber gab es keine Karten.

Die Tristesse des Fußballfernsehens wird verjagt von wildem Dortmunder Anhang. Frau S. und Frau A. werfen sich auf Chips, Salzletten und Getränke und tuten in die mitgebrachten BVB-Tröten. Die beiden Ruhri-Bräute entfachen schwarz-gelben Terror *de luxe*. Das Spiel beginnt, und schon ist der RTL-Kommentator Marcel Reif nicht mehr zu verstehen. Das macht nichts, denn Intelligentes hat der Mann ohnehin nicht zu sagen. Ewig hat er gegen Dortmund gehetzt, sich aber seit dem Halbfinale auf die Siegerseite geschlagen: Marcel Reif, ein verzichtbarer Mann.

Statt seiner hört man die Ruhri-Mädchen: „Nasenbeinbruch! Offener Muskelriß!", verlangt Frau S. lautstark, wann immer ein Turiner Spieler am Ball ist. Fans sind so: nicht gut und gerecht, sondern Fans. Dann verschlingt Frau S. eine Tüte Salzgebäck auf einen Happs. Frau A. trötet, und der männliche Teil der Zuschauer ist zwischen Eingeschüchtertheit und Bewunderung hin- und hergerissen; er ahnt, daß es die Leidenschaft von Frauen ist, die die Welt dazu bringt, sich weiter zu drehen. Männer sollen dabei nicht stören, sondern zusehen, lernen und ein bißchen mithelfen.

So wie Fritz Eckenga, der nach dem gewonnenen

Spiel bei RTL erklärt, er freue sich nicht nur für Borussia Dortmund, sondern auch für Bayern München – schließlich habe Beckenbauers Verein von Dortmund die Gelegenheit erhalten, einmal immerhin zu sehen, was Würde ist. Wie recht Eckenga hat, zeigt Beckenbauers Reaktion: Auf die charmante Lehrstunde durch den Dortmunder fällt Franz Beckenbauer nichts ein, als „Arschloch!" und „Scheiße!" zu krakeelen und zu drohen, er werde Eckenga „den Hals umdrehen", all das selbstverständlich nicht vor laufender Kamera – da paßt er schon auf, der Franz. Das ist der Kerl, den die Deutschen für einen Mann von Welt halten: Franz Beckenbauer, ein Schreihals, ein unsouveräner Kläffer, aufgeblasen von liebedienerischen Journalistendarstellern wie Günther Jauch.

Drei zu eins hat Dortmund gewonnen; die Mädchen tröten und tröten. Und verwüsten singend die Räumlichkeiten von Comandante Klaus. Vor allem Frau S. macht vor nichts halt: Die Fotografie des *Freitag*-Redakteurs R. geht mit dem Ruf „Du bist kein Dortmunder! Wer braucht dich noch?" in Fetzen. Danach packt sie ihre Tröten zusammen und läßt sich von ihrem Fahrrad nach Hause schlingern. Lange noch hallen ihre wüsten Gesänge durch die Nacht.

Ich aber richte die Räume von Comandante Klaus wieder her, so gut es geht. Und denke wehmütig, wie schön es sein müßte, nicht nur Meister zu sein, sondern auch ein Mädchen.

Daum und
Daumendrücken

Deprimierend, wie tief ein Mensch sinken kann. Aber ich gebe es zu: Seitdem Borussia Dortmund in dieser Saison nach menschlichem Ermessen nicht mehr deutscher Fußballmeister werden kann und auch der VfB Stuttgart diesbezüglich chancenlos scheint, halte ich zu Bayer 04 Leverkusen. Und schlimmer noch: Ich drücke Christoph Daum die Daumen.

Sagen Sie jetzt bitte nichts: Ich weiß selbst, wie peinlich das ist. Ich schäme mich auch ein bißchen

dafür. Aber das große ästhetische Opfer ist unvermeidlich. Denn für alle Zeit gilt die Regel: Alles ist besser, als daß Bayern München Meister wird. Alles – sogar Christoph Daum. So gewöhnungsbedürftig das klingt, wenn man sich Christoph Daum vor Augen führt, so ist es doch der kleinste gemeinsame Nenner und die *ultima ratio* aller, die sich noch nicht vollends von der Idee einer menschenwürdigen Ordnung der Welt verabschiedet haben.

Denn den Bayern den Sieg zu wünschen, ist ähnlich abscheulich, als bräche man angesichts eines verhungernden Menschen in Jubel aus. Bayern München ist das dreckige Lachen der Reichen über anderer Leute Armut und Elend; wie kein anderer Fußballclub in Deutschland repräsentiert Bayern München mitsamt seinem Personal den Triumph der Hundsgemeinheit. So fies und niederschmetternd es ist, daß mit Reichtum gepaarte Dummdreistigkeit für gewöhnlich die Oberhand behält, so macht es doch einen Unterschied, ob man sich dagegen auflehnt und es nur zähneknirschend erduldet oder ob man es gutheißt und unterstützt. Kapitalismus allein ist schon ekelhaft genug – Kapitalismus mit frechem Grinsen ist unerträglich und entfacht das gerechte Verlangen, Leuten, die sich als sog. *Siegertypen* abfeiern und abfeiern lassen, Bescheidenheit einzutränken. (Und wenn diese Bescheidenheit nur geheuchelt wäre: Eine Welt, in der Uli Hoeneß, Lothar Matthäus, Mario Basler usw. und vor allem Franz Beckenbauer etwas kleinere Brötchen büken, wäre eine erträglichere Welt.)

Wie aber lehrt man die Leute von Bayern München mores? Indem man ihnen gut zuredet und alles vernünftig erklärt? Ach was – die Kerle finden sich klasse, wenn ihnen 64 Zähne im Munde blitzen. Das einzige, was sie verstehen, ist die Sprache der Demütigung. Wenn sie nicht mehr gewinnen, schlagen sich die Millionäre gegenseitig die Köpfe ein, und irgendwann implodieren sie dann, *mental*, wie sie sagen würden. Und nehmen die große, strunzdumme Klappe vielleicht einmal nicht ganz so voll.

Und was könnte demütigender sein, als von Christoph Daum besiegt zu werden? Von dieser derangierten Gestalt mit dem irrlichternden, paternosternden Blick? Was wäre zerquetschender, als von diesem würdelosen Mann aus dem Feld geschlagen zu werden und anschließend auch noch sein abstoßendes Freudengetaumel mitansehen zu müssen?

Und deshalb drücke ich Christoph Daum die Daumen. Obwohl mir klar ist, daß das *eigentlich* peinlich ist.

Franz Dobler
Ich hör jetzt auf

gewidmet Kurt Josef Kraus und Achim Bergmann

Ich muß gestehn, ich hatte noch nie eine schlaflose Nacht wegen irgendwelchem Kram, der so in Serbien passiert oder in irgendeinem Pariser Tunnel, aber ich habe auch meine Probleme. Im Grunde ist es übrigens nur ein Problem: Ich bin der absolute Suchttyp, ich bin die Fleisch gewordene Sucht.

Unter anderen gehören zu meiner Sammlung Alkohol, Fernsehn, Fingernägel, Fußball, Lesen, Platten, Schreiben, Zigaretten. Ich bin fast 38 – da fängt man an zu überlegen, was man vielleicht reduzieren könnte. Redu was?! Das ist aus dem Wortschatz von meinem Arzt. Der übrigens ganz okay ist, er sagte einmal:

„Mensch, andere rauchen doch auch!" (Tel: 0821-30516).

Ich schrieb also diese emotional überbelegten Begriffe auf (s.o.) und stieg ein in Phase 1: Setze dich auseinander! Leicht gesagt, wenn man Realist ist: Ich wußte sofort, daß von der Liste nichts gestrichen werden kann. Außer die Flimmerkiste vielleicht. Außer wenn einer mit 'ner Kanone neben mir steht, vielleicht (aber die sind ja nie da, wenn man sie wirklich mal braucht).

„Du?! Fernsehn?! Ich wette 50-mal Abwasch, daß du nicht mal den ersten Samstag überstehst."

Verdammt. Ich bin ein Suchttyp und kein Irrer. Schließlich waren wir nicht am Anfang der Sommerpause. Aber, wie allgemein bekannt, der Süchtige hat eine Chance, wenn Hilfe von draußen kommt ...

Ich hatte schon länger gespürt, daß in meiner Beziehung mit Fußball, genauer gesagt Fernsehfußball, Veränderungen passierten. Ein wenig hatte das schon damals angefangen, als dieses Terrorregime namens *ran* an die Macht gekommen war und ich am Sonntag nicht mehr wußte, wer am Freitag gespielt hatte. Und schließlich am Ende der Saison '96/97 der Fall Man-

fred Schwabl vs. TSV 1860 München, d.h. Trainer Lorant und Präsident Wildmoser, die den Mannschaftskapitän auf eine Art aus dem Team gehauen hatten,
über die es nichts zu diskutieren gibt.

Folgende Frage also tauchte seitdem immer öfter
bei mir auf: Warum interessierst du dich eigentlich
für eine Sportart, in der zu mindestens 90 Prozent
Arschlöcher unterwegs sind, unfähig, ohne Mutti bei
Aldi einzukaufen. Typen wie Lorant und Wildmoser
sind typisch für die Branche – aber daß die Team-
kollegen von Schwabl, daß von diesen erwachsenen
Männern keiner auf den Tisch haute und Leckt mich
Adios sagte, das ekelte mich an, ja, ich sah sie im Fernsehn und spürte sogar körperlichen Ekel; und weil ich
leider Realist bin, mußte ich mir sagen: Diese Arsch-
geigen verhalten sich völlig normal für die Branche ...

So hatte es also angefangen, daß ich mich etwas
weniger für Fernsehfußball interessierte. Von meinem alten Traum, zu jedem 60er Heimspiel nach München fahren zu können, war schon nichts mehr zu
spüren.

Und dann traf ich in einem kleinen Fanlokal auf der
Nordendstraße meinen alten Freund Hit. Der totale
60er, dagegen bin ich eine Null. Hit sah nicht gut aus,
und er war eine Stunde lang nur am Keifen und Flu-
chen. Der totale Haß – wenn Lorant reingekommen
wäre, er hätte ihn gekillt. Und ihm dann die Augen
raus- und die Eier abgerissen. Ein Satz ist mir besonders in Erinnerung geblieben: „Ich weiß wirklich

HANS HUBERT VOGTS?

ICH SEHE VIELLEICHT SO AUS WIE BERTI VOGTS ABER ICH BIN NICHT BERTI VOGTS.

ICH BIN ZEICHEN-LEHRER AN EINER REALSCHULE UND SOLANGE ICH SPASS AN DEM JOB HABE, MACHE ICH WEITER. UND NOCH HABE ICH SPASS ...

nicht, wie lang ich noch bei den Auswärtsspielen dabei bin." Peng – da wußte ich, das ich eine (realistische!) Chance hatte, mit schon mal zwei von meinen Süchten aufzuhören.

Eins steht fest: Sollten sie Hit, wegen seiner nicht gerade sanftmütigen Botschaften an die 60er Befehlshaber, doch noch erwischen, dann kann er auf mich zählen – ich bin kein Spieler von 1860, ich werde ihn nicht hängenlassen. Und wenn ich den ganzen Laden in die Luft verfrachten muß. Sie sollen zur Hölle fahren, diese bescheuerten, charakterlosen, lächerlichen Fußballfritzen.

Es ist mir egal, ob *ran* oder Lothar, mich regt nichts mehr auf. Ich denke nicht mehr darüber nach, wie es dem Wiggerl geht oder ob die Hertha vielleicht besser blablabla. Die Nächte, in denen ich träume, wie Anthony Yeboah durch Raum und Zeit zu surfen, werden immer seltener. Ja, ich hör jetzt auf damit. Und ich kann euch sagen, es fühlt sich gut an.

Danke 60! (Dafür wünsch ich euch einen Stammplatz im oberen Mittelfeld der Regionalliga Süd für die nächsten 100 Jahre. Und bei jedem Lokalderby gegen den FCA verpaßt euch der Eckstein einen Hattrick. Und übrigens, der abseits allein stehende Mann, der mit grimmiger Miene eher zurückhaltend in die Hände klatscht: Das bin ich.)

Der gelbe Schal

Borussia Dortmund gelingt mit maximaler Hilfe
der Einzug ins Finale der Champions League

Was ist der Plural von Omen? Omina? Ömer? Auch
Omen? – Jedenfalls gibt es viele gute davon an diesem
23. April. Schon um viertel vor acht krähen einen die
I-Dötzen auf der Straße an: „Sind Sie auch Dortmund-
Fan?", Betonung auf „auch", und dann singen sie was
von „BVB" und wackeln zur Schule. Die *Eurowings*-
Stewardess, bekennender Borussia-Fan, fragt nur
„Manchester?" und kichert. Dabei ist der gelbe Schal
extradezent unter der Jacke verborgen. Aber vielleicht
finden sich die Dortmundgläubigen ja insgeheim wie
früher die Christen.

Das Gros der Dortmunder Anhänger in Manchester
allerdings ist problemlos zu orten. Klumpen aus
Schwarz und jenem schabbeligen Neongrün, das das
Vollgelb der Borussia verdrängt hat, rollen durch die
Stadt. Eine erstaunliche Idee, mit grün-schwarz um-
wickeltem Filzschlapphut auf dem Kopf, Gamaschen
bis zum Kinn, schlachteplattengroßen Winkelementen
an den Fingern und mit Hemden, auf denen *Die Con-
tinentale* steht, durch eine englische Stadt zu marschieren und dabei „Hurra, hurra, hurra, die Dortmunder sind da!" zu skandieren. Erstaunlich auch immer
wieder, wieviel Büchsenbier in einen Menschen hin-
einpaßt resp. dann wieder aus ihm herausdrängt. Beim

Anblick Dutzender öffentlich in die Rabatten urinie-
render Dortmunder Anhänger wird der gelbe Schal
ganz versteckt und die Sonnenbrille festgetackert.

Die lokale Bevölkerung nimmt die ästhetischen
Übergriffe gelassen hin und dreht sich nur ein bißchen
weg. Im Pub zitiert ein Manchester-Fan John Cleese:

„Don't mention the war! Don't mention the war!" und
lacht. „Die Leute waren so freundlich und höflich",
hört man später viele Deutsche schwärmen, als seien
sie auf einem anderen Planeten gewesen; daß sie aber
deshalb in Zukunft lieber höflich um etwas bitten wer-

den, als einen Krieg anzufangen, muß bis zum Beweis des Gegenteils weiter bezweifelt werden.

Das Appeasement gegenüber den Dortmundern geht sehr, sehr weit: Die britische Polizei tritt in Schwarz und Textmarkergelb an; vergessen wurde allein, auch die Polizeipferde in den Farben der Borussia anzustreichen. Im Dortmunder Block geht es derweil rituell religiös zu. Während der gewöhnliche Schlachtenbummler die heisere Stimme zu wenig melodischem Gesang erhebt, bevorzugt der gehobene Aficionado ausgefuchstere Beschwörungen. Eine junge Frau reibt wie verzückt den Bauch ihres Begleiters, dem sie die Eigenschaften eines „Glücksbuddhas" zuspricht; ein von seiner eigenen Aufgeregtheit vollkommen aufgelöster Enddreißiger versucht ständig, sich irgendwo ein Mobiltelefon auszuborgen, um seine Fußballkneipe anzurufen, Vereinsabzeichen werden geküßt, manche bekreuzigen sich eher konventionell; jemand setzt beim Anpfiff eine *Romeo y Julieta* in Brand, die er bis zur letzten Sekunde nicht ausgehen läßt.

Die Beschwörungen helfen. Trotz Manchesters Überlegenheit erzielt Lars Ricken in der 8. Minute das Einszunull für Dortmund. Eine Woge Glück durchbrandet den Fan, zuerst einzeln, dann im Pulk: Streicheln, küssen, jauchzen, die junge Dame reibt den Begleiterglücksbauch, daß man meint, er müsse Feuer fangen.

Mehr ist vom Spiel kaum zu erzählen, Ricken

schießt nur noch Fehlpässe, ein Dortmunder Mittelfeld findet nicht statt, allein Libero Feiersinger behält Übersicht. Torhüter Klos steht zwar meist gut auf der Linie, eiert aber wie ferngesteuert durch seinen Strafraum; dreimal rettet Jürgen Kohler für den bereits geschlagenen Schlußmann. „Jürgen Kohler Fußballgott!" behaupten weite Teile des Dortmunder Fanblocks denn auch immer wieder, aber das ist sichtlich Quatsch. Bei aller Sympathie für Kohlers athletisches Hilfe-in-der-Not-Gehechte: Gäbe es einen Gott, er kännte a) keine Schwächung durch Durchfall, wäre b) kein Ausputzer – und trüge c) unter gar keinen Umständen einen Schnäuzer.

Wenn man schon über Gott sprechen will oder auch nur über einen Fußballgott: Manchester hat ihn. Im Stadion sieht man mehr Eric-Cantona-Flaggen als Manchester-United-Fahnen, der Franzose wird verehrt wie ein Kaiser und Gott – und das hat nichts von dem beflissenen Sichbücken, mit dem die deutsche Öffentlichkeit dem Parvenü Beckenbauer begegnet. Eric Cantona hat sich als Jesus in Öl malen lassen, tausendfach wird das Bild als Poster verkauft, und allen, die das blasphemisch finden, geschmacklos, hybrid oder einfach nur peinlich, sei gesagt: Es ist das blanke Understatement. Wer war Jesus? Ein aus dem Hals und unter den Achseln riechender Sektenfredie, der viel Unsinn erzählte und nach seinem Tod berühmtgeschrieben wurde, weil die Leute lieber allgemeinen Unsinn hören als einen klugen Gedanken.

Cantona dagegen hat alles, was ein Fußballer braucht: Auge und Herz. Und diesen unglaublichen Gang, diesen Enten- bzw. Erpelgang, der ungelenk aussieht und mit dem er doch immer wieder alle vernatzt und ein bißchen hilflos und plump aussehen läßt.

Auch Cantona gelang gegen Dortmund kein Tor, und das lag nicht an den Dortmundern. Nachdem Manchester etwa zehn hundertprozentige Chancen versiebt hatte, wußte man: Jetzt können sie noch eine Woche spielen, und es wird nichts. Dortmund hatte so viel Glück, daß der als Jesus gemalte Cantona zu Recht hätte aufstöhnen dürfen: „Mein Gott, warum hast du mich verlassen?!" Grund für die Dortmunder Fans, am Mittwochabend im Old-Trafford-Stadion „Oh wie ist das schön!" zu singen, wie sie es taten, gab es keinen. Und den Schlachtruf „Ruhrpott!" hätte man hin und wieder auch durch „Pol Pot!" ersetzen mögen – der Mann hätte dem Gewürge ein schnelles Ende bereitet.

„Das geht Sie nichts an!"

Wie die Schnüffler von *ran* einmal
dumm aus der Wäsche guckten

Der späte Abend des 28. Februar 1997 war, fußball-
medial gesehen, kein schlechter. Trotz des besse-
ren Wissens darüber, daß ein souveränes Ignorieren
der Viel-Werbung-und-leider-auch-ein-bißchen-Sport-
Sendung *ran* wesentlich glücklicher macht als das
zwanghafte Anglotzen dieser Veranstaltung, fand man
sich aus Gründen der Sucht nach Fußballberichterstat-
tung, so intolerabel diese auch sei, dennoch abermals
vor dem Fernsehkasten ein zum Anschauen von eben:
ran.

Dort sah und hörte man den Torhüter des VfL Bochum, Uwe Gospodarek, wie er sich nach der 1:3-Nie-
derlage bei Arminia Bielefeld, dem Verein des abscheulich angeberischen Klamottiers Gerry Weber,
zunächst despektierlich über den mangelnden Sieges-
willen einiger seiner Bochumer Mitspieler äußerte.
Auf die üblich freche, auf einen Skandal oder eine In-
terna-Intrige lauernde Frage des SAT.1-*ran*-Manns,
wen er denn da „im einzelnen" meine, antwortete Gospodarek dann allerdings angenehm klar: „Das geht Sie
nichts an." Und verschwand.

Das sah man gern. Denn obwohl die Aversion
gegen *ran* weder neu noch selten ist, so ist sie ja doch
berechtigt. In *ran* verschwindet das Fußballspiel hin-

ter seiner Kommentierung durch *ran,* und die am Fußballspiel beteiligten Spieler und Trainer sind allein interessant in ihrer Funktion, den Karrieren der *ran*-Leute aufzuhelfen. Je spektakulärer also der Erfolg oder Mißerfolg eines Fußballers oder Trainers, desto größer das Bemühen von *ran,* sich als vorgeblich wohlmeinender Freund an ihn anzuflanschen oder

aber, was dasselbe ist, im Namen des Volkes über ihn zu Gericht zu sitzen. In *ran* schminkt sich die Denunziation als Kritik und die Turnhosenschnüffelei als Aufklärung. Was sich als perfektes Dienstleistungsunternehmen für den Fußballfan ausgibt, schafft in Wahrheit den Fußballfan ab. Beziehungsweise erschafft ihn neu: als Klatschtante. Dem *ran*-Kommentator ist

diese Mutation des Fußballfans in einer Art medialer Dauerkopulation verbunden, worüber man sich aber gar nicht moralisch erhitzen muß. Die Angelegenheit erledigt sich vielmehr ästhetisch von selbst. Ein sein Publikum permanent besteigender *ran*-Mann ist einfach kein schöner Anblick. Und so gilt für *ran* und seine Betreiber: Was man nicht rechtzeitig zertritt, hat man später am Hals oder womöglich an noch ganz anderen Körperteilen.

Nur wenig später sorgte ausgerechnet der nicht als rhetorisch begnadet bekannte Olaf Thon, Mannschaftskapitän von „Schalke 05", wie Carmen Thomas den Verein, bei dem Jürgen W. Möllemann eine Geige spielen darf, einst zu Recht nannte, für weitere und sogar noch größere, weil subtiler bereitete Freuden. Als ihn der gleichfalls sensationsgierige, ja sensations-

implizierende, an diesem Abend für „Schalcke" abge-
stellte *ran*-Reporter frug, warum denn trotz des nur 0:0
ausgegangenen Heimspiels gegen den FC St. Pauli der
Schalker Trainer Huub Stevens kurz vor Schluß einmal, wie es die intimitätsgeile *ran*-Kamera zeigte,
gelächelt hätte, schaute Olaf Thon höchst unbedarft
aus der Wäsche und replizierte bravourös und geradezu helgeschneideresk, ihm sei jetzt aber „puuh,
kalt", o ja, „sehr kalt". Und ging seinerseits ebenfalls
stiften – ganz so, als ob dieser Akt der Verteidigung
von Restwürde mit dem Kollegen Gospodarek abgesprochen gewesen sei.

Als dann der Mitmensch-Darsteller Jörg „Bitte
melde dich" Wontorra vor der im *ran*-Studio verdäm-
mernden, debilen Claque verzweifelt versuchte, Olaf
Thons Antwort nicht gegen das Prinzip *ran,* sondern
gegen Olaf Thon auszulegen, war es passiert: *ran* war
am Ende. Erstaunlich, wie einfach das ging.

Die toten Augen von Leberwurst

„Gehen Sie heute abend auch zum Spiel?" fragt die freundliche *Eurowings*-Stewardess die Frau auf der anderen Seite des Gangs, und die nickt freundlich zurück: „Ja klar." Rotes Haar rahmt ein blasses, erwachsenes, schönes Gesicht ein, und um den Hals ist lose ein schwarz-gelber *BVB 09 Borussia Dortmund*-Schal geschlungen, das Gelb nicht in quietsch, quitte oder neon, sondern fett und voll und sonnig, wie sich das für einen nicht trittbrettfahrenden Dortmund-Sympathisanten gehört, und vor allem: Keine Deutschlandflagge verunziert den Halswickel. „Auch Osttribüne?" fragt die Stewardess. „Süd", erwidert die Rothaarige, lächelt noch einmal die Flugbegleitung an und widmet sich dann wieder der Lektüre ihres *Jamiri*-Comics.

Wer solche Fans hat, der wird Meister, denke ich noch und bereue sehr, daß ich ausgerechnet heute nicht vorsorglich eins der BVB-Pflaster, mit denen ich sonst die Kinder glücklich mache, über meinen Ehering geklebt habe. Und jetzt à la „Nein, so ein Zufall!" meinen BVB-Schlüsselanhänger fallenzulassen, um irgendwie ins vertraute Gespräch, quasi von Hooligan zu Hooligan, zu kommen, wäre dann doch zu peinlich.

Abends im *B-Trieb*, wo sich der Dortmunder Anhang vor dem Spiel mit Pils und Frikadellen stärkt, nach dem Spiel der Freude über den Sieg durch den

Verzehr von Pils und Frikadellen wiederum adäquaten Ausdruck verleiht oder eventuellen Kummer nicht minder angemessen in Pils und Frikadellen – dann aber mit extra viel tränenlösendem Löwensempf, also schwarz-gelb de luxe! – ertränkt, herrscht große Nervosität: Lang war die Winterpause, und die Fans stehen noch nicht im Saft der Siegesgewißheit, sondern sind angenehm bescheiden: „Das wird knapp", hört man es durch die Gastwirtschaft murmeln, die häufigsten Tips sind ein mattes Zweieins oder ein noch matteres Einsnull; allein die Rothaarige aus dem Flugzeug, die etwas abseits einen Espresso und einen Brandy zu sich nimmt, strahlt Ruhe ab.

Im Stadion stehen wir rein zufällig nebeneinander auf der Südtribüne; als ich eine entsprechende Bemerkung mache, erwidert sie: „So so. Aber wenn Sie schon hier sind, könnten Sie mir eventuell einen Gefallen tun?" Gerne, nicke ich. „Ich habe nämlich meine Brille vergessen und sehe nicht sehr viel. Könnten Sie mir vielleicht das Spiel etwas kommentieren? Aber bitte nicht wie einer dieser schrecklichen Leute vom Fernsehn, sondern ganz normal?"

Eine Einschränkung der Sehfähigkeit, das wußte schon Marilyn Monroe, hat etwas unglaublich Anrührendes; sie ist eine Einladung an alle, die sich für Scharfseher halten, den Reiz der Verschwommenheit zu entdecken. „Ich habe Augen wie ein Falke und Ohren wie ein Lachs", versichere ich ihr und schwöre bei mir folgenden Schwur: Sollte auch nur irgendetwas von dem Beckmann-Kerner-Wontorra-Verbalgewürge in mich eingesickert sein und mir, mit „Möller findet keine Anspielstation" o.ä., eine Blamage eintragen, dann würde ich diesen Plagen geben, was ihnen zukommt, oh ja …

Ich unterbreche meine erfreulich vielfältigen und differenzierten Gewaltphantasien und konzentriere mich auf meine neue Aufgabe: „Der da an der Mittellinie, der gerade gefeiert und geehrt wird, das ist Matthias Sammer, der Mann, in dessen Adern Ehrgeiz fließt, ein Streber, der aber hin und wieder für die fußballspielerischen Momente sorgt, wegen der wir hier ja stehen. Auf das spielerische Element scheint Ottmar Hitzfeld aber weniger zu setzen, das sieht man an der Teilnahme von Martin Kree, aber gegen Pitt-bulls stellt man eben keine Dalmatiner auf, sondern Pittbulls ..."

„Nicht so feuilletonistisch bitte", verlangt meine Zuhörerin, und ich versuche es erneut. „Okay, nur die Fakten. Wer bei Bayer Leverkusen spielt, verpflichtet sich, jeden Tag ein Kilo aus der Bayer-Produktpalette zu essen. Hier ist der Spieler auch Proband. In der Leverkusener Sammelumkleide stehen Knabberschäl-chen mit gemischten Psychopharmaka, und auf der Trainerbank sitzen die Experten und kucken, wie das Zeug wirkt. Außer dem Trainer selbst natürlich – der ißt jeden Tag freiwillig zwei Kilo. Hören Sie mal."

Gerade singen die Dortmunder Fans auf die Melodie von „Ja, mir san mi'm Radl da" die Zeile „Daum ins Methadon-Programm", wieder und wieder. „Christoph Daum", schaltet sich jetzt mein Nachbar, ein Herr Eckenga, in die laufende Reportage ein, „ist der Wiedergänger von Klaus Kinski. Sie verstehen: Die Toten Augen von London. Die sind endgültig nach Leverkusen umgezogen." – „Die toten Augen von Leberwurst?" fragt unsere Zuhörerin verwundert. „Ist das noch Journalismus?"

„Aber sicher", versichere ich ihr, „das sieht man doch!"

Und siehe: Dann sah man es auch, am Montag, dem 17. Februar 1997, in der taz.

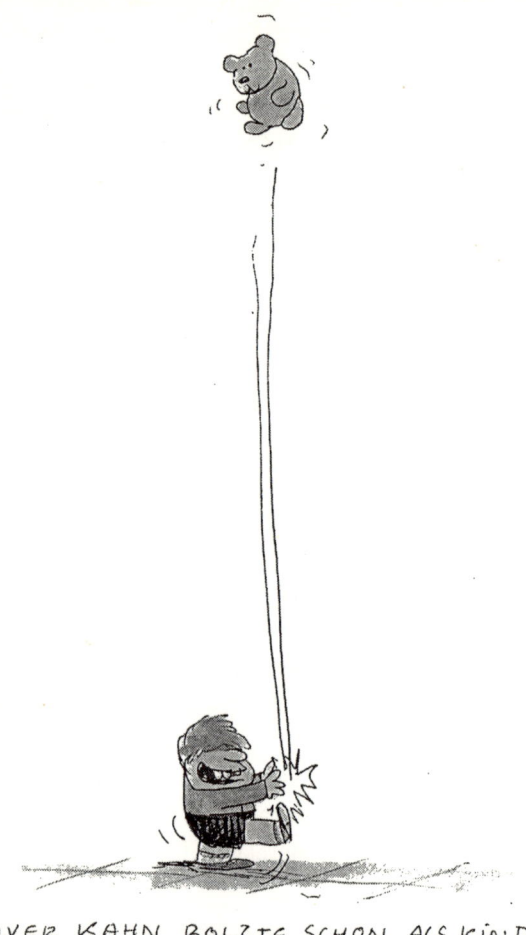

OLIVER KAHN BOLZTE SCHON ALS KIND DAS
SPIELGERÄT GERN HOCH UND WEIT IN DIE LUFT.

Heil Fleisch! zum Einüben

„Mehr Emotion!" verlangt der Regisseur Christoph Schlingensief in seinem Bühnenstück *Rocky Dutschke 68* an der Berliner Volksbühne. Da fällt einem gleich wieder ein, daß „Sie Regisseur!" eine der lustigsten und treffendsten Invektiven des Käpt'n-Haddock-Meisterschülers Herbert Wehner war. Denn die Welt ist ja bereits bis zum Bersten angefüllt mit sinnloser Emotion; was das Hirn angeht, ist sie allerdings eher leer.

Vom Grad der Geistesferne in zumindest dem Teil der Welt, der Deutschland heißt – ein Wort, das mit aggressiver Begeisterung und mehreren Ausrufungszeichen zu brüllen immer beliebter wird –, kündete die Austragung der Fußball-Europameisterschaft, obwohl sie gar nicht in Deutschland stattfand. Das ist auch nicht nötig: Die Deutschen haben Deutschland im Kopf und sonst nichts. Und ganz gleich, wieviel Wert man darauf legt, nicht dazuzugehören: Per Television wurde man eingemeindet in die Volksgemeinschaft, die man doch aus gutem Grund ablehnt.

Genauso kategorisch, wie man es Ende November 1989 zurückwies, sich von Antje Vollmer und Sabine Christiansen befehlen zu lassen, angesichts der Ermordung Alfred Herrhausens „Abscheu", „Bestürzung", „Entsetzen" und „Trauer" zu fühlen, obwohl das doch sehr private und explizit nichtkollektive Empfindungen sind, in die der Staat und seine Repräsentanten niemandem hineinzureden haben, mußte man sich gut sechseinhalb Jahre später gegen die Zumutung verwahren, daß man, weil man dem Paß nach Deutscher ist, die amorphe, stumpfe und sehr unangenehm anzusehende und anzuhörende sogenannte „Freude" seiner Landsleute zu teilen habe.

„Lassen Sie die Korken knallen zu Hause, liebe Freunde", wurde man am Abend des 30. Juni, als die deutsche Fußball-Nationalmannschaft Europameister geworden war, von der Seite angesprochen. Der Mitschnacker war der ZDF-Angestellte Bela Rethy, der nicht mein Freund ist und es, so, wie er Fußballspiele im Fernsehen kommentiert, auch niemals werden wird. Die These, daß „wir alle uns freuen" würden, wird durch ihre penetrante Repetition ja nicht richtig;

zur Behauptung des Werbeträgers Karlheinz Feld-
kamp, nach dem 1:0 der tschechischen Mannschaft
seien „wir richtig ein bißchen down" gewesen, kann
ich nur sagen: ich nicht.

Er hoffe, er habe „gutes Heilfleisch", hatte eine
Woche zuvor das *Keine Macht den Drogen*-Modell
Jürgen Klinsmann erklärt, das ja vor allem deshalb so
unsympathisch ist, weil es sich allerorts als Sympath
anbiedert; sieben Tage später rief seine Nation „Heil
Fleisch!", zum Einüben für Zeiten, wo es dann nicht
um Fußball gehen wird. Und alle machen mit – das
schwarzrotgoldene Gejaule hat längst Einzug gehalten
in die linken bzw. ehemals linken Milieus.

Begeisterung auf dem Fußballplatz ist mir nicht
fremd; als Südtribünen-Stehplatz-Fan von Borussia
Dortmund habe ich mich schon Dinge rufen hören, die
ich hier nicht wiedergeben möchte. Aber ergriffen
sein, wenn Bela Rethy schluchzt: „Klinsmann weint"?
Mich mitfreuen, wenn Kohl, Kanther, Vogts, Beckenbauer usw. ihr Fest feiern? Dabei mittun? Eine Fahne schwenken? „Deutschland!" brüllen? – Um es mit
Gisela Güzel zu sagen: jamais.

Fritz Eckenga
Warum darf der spielen?

Eine fachmännische Kommentierung
in neun Akten.

Ort: Westtribüne des Westfalenstadions

Teilnehmer: Der eine (1)
                  Der andere (2)
                  Noch einer (3)
                  Dieser und jener (4)

I. Die Mannschaften laufen auf.

1: Hat der das Juwel wieder aufgestellt?
2: Jou.

1: Ich versteh' den nicht.

2: Tja.

3: Laß man – der macht heute'n Tor.

1: Aber nur, wenn sie ihm den Ball vor'n Kopp
schießen.

II. 1. bis 18. Spielminute.

4: Ker'! Ker'! Ker'!!!

1: Ich weiß nicht, warum der das Juwel aufstellt!

3: Hör doch ma' auf, dauernd auf den zu meckern!

1: Der sieht doch keinen Ball! Siehsse doch die ganze
Zeit! Die ganze Zeit sieht der nicht einen Ball!!!

3: Und gleich macht der das Ding und was sachsse
dann?

1: Achhördochauf! Der macht kein Ding! Der Christ
doch nicht!

2: Nä!

III. 19. Spielminute.

1: TOOOOOR!

2: JAUUUUU!

3: AHHHHHH!

4: TOOOOOR!

3: Hasse geseh'n?!

1: Was?

3: Wie der den Schappi freigespielt hat?

1: Wer? Der Tünsel?

3: Jasicha!

1: Achhördochauf! Der Schappi macht das Ding ganz alleine! Kannze froh sein, daß der Tünsel nicht inner Nähe war. Der hätte dem Schappi noch die Beine gebrochen am Ende!

2: Jou.

IV. 20. bis 45. Spielminute.

4: Ou ou.

3: Die drücken wie die Doofen.

1: Jasicha drücken die. Was sollnse auch sonst machen? Die liegen einsnull hinten. Aber von uns kommt von vorne auch keine Entlastung. Der Christ schaukelt sich die Eier, der blöde Tünsel, der!

2: Mannmann.

1: Sieht der Trainer das denn nicht? Das muß der Trainer doch sehen! KER', TRAINER NEHM DEN KERL RAUS!!!

2: Pause.

1: Gottseidank. Hoffentlich tut der den Blinden inner Halbzeit raus.

V. Die Mannschaften kehren aufs Spielfeld zurück.

1: Jetzt sach bloß, der läßt den Christ drauf?!

2: Jou.

1: Das kann der doch nicht machen.

3: Weil der noch sein Tor macht!

1: Du hast doch keine Ahnung. Wenn du Ahnung hättest, würdest du nicht so'n Scheiß erzählen.

2: Nä.

VI. 46. bis 63. Spielminute.

1: Ich kann da nicht mehr hinkucken! Ich kann den
nicht mehr sehn! Nehm den Kerl raus! Nehm den
Hemmschuh raus!

3: Da! Da! Paß auf! Jetzt macht er ne rein!

1: Der doch nicht! Doch nicht der Blinde!

3: Aach – knapp!

1: Mann, da hat 'n Möbelwagen zwischengepaßt! Knapp! Du bist ja noch blinder wie der Hemmschuh!

2: Scheiße nee.

VII. 64. Spielminute.

1: TOOOOOR!

2: JAUUUUU!

3: AHHMHH!

4: TOOOOOR!

1: WennwirdenMöllernichthättenwennwirdenMöllernichthätten.

3: KlassederMöller!

1: Und der muß auch noch immer für zwei spielen. Für sich selber und für die gelbe Tonne. Jetzt nimmt der hoffentlich die gelbe Tonne raus!

2: Jou.

1: Gottseidank, er nimmt ne raus!

VIII. 65. bis 89. Spielminute.

1: Der soll abpfeifen.

2: Passiert nix mehr.

3: Wie lange ist noch?

4: Gleich Schluß.

RATTELSCHNECK

IX. 90. Spielminute.

1: JAUUUUU!

2: JAUUUUU!

3: JAUUUUU!

4: JAUUUUU!

1: Gottseidank Feierabend.

3: War doch ganz gut heute.

1: Hör du bloß auf. Dein Liebling hat mir den halben Nachmittag versaut.

3: Warte mal ab. Der kommt noch.

1: Ja, der kommt noch. Der kommt noch weg!

4: Tüs.

2: Tüs.

3: Tüs.

1: Tüs. Bis in 14 Tagen.

Ende

Glossar: Das Juwel   = Heiko Herrlich
         Der Christ   = Heiko Herrlich
         Der Tünsel   = Heiko Herrlich
         Der Blinde   = Heiko Herrlich
         Der Hemmschuh = Heiko Herrlich
         Die gelbe Tonne = Heiko Herrlich
         Dein Liebling   = Heiko Herrlich

Spieler und Spielerfrau

Spielerfrau: Das Wort klingt halbseiden wie Petrodollar, Geiselgangster oder Sofortkontakt. Und was macht so eine Spielerfrau den ganzen Tag? Christian Ziege das Clearasil verstecken? Andreas Köpke die Unterhemden kaufen, in denen er als Jack the Feinripper nach Spielschluß über den Platz stratzt?

Seit Sonntagabend hat das Rätseln ein Ende. Mehmet Scholl saß mit seinem Dummejungengrinsen herum und sprach. Doch kein hübsches Bonmot wie „Hängt die Grünen, solange es noch Bäume gibt!" entglitt ihm, und auch zum scheußlichen Spiel der deutschen Mannschaft gegen die kroatische hatte er nichts Substantielles beizusteuern. Woher soll einer wie Scholl auch wissen, daß das Ergebnis ganz egal war, weil ja in jedem Fall eine der beiden unsympathischsten Mannschaften nach Hause fahren mußte? Und daß die historische Aufgabe der deutschen Mannschaft jetzt darin besteht, gegen die englische auszuscheiden, weil der Mohr gehen kann, wenn er seine Schuldigkeit getan?

Nein, Mehmet Scholl saß in seinem Proletentrainingsanzug aus Ballonseide da, grinste anzüglich und ließ den einen Gedanken, zu dem er fähig war, von der Leine: „Zur Entspannung" werde noch „die eine oder andere Spielerfrau" ins Hotel kommen dürfen. Die eine oder andere Spielerfrau?, wollte man noch grübeln, welche denn jetzt? Und was machen die da ei-

DER BALL WÄRE NICHT RUND
OHNE SEIN KONTURKISSEN.

gentlich?, als Wolf-Dieter Poschmann aus dem ZDF-Studio in London sogleich ölig „gute Verrichtung" wünschte – man hätte direkt Feminist werden können, wenn das nicht genauso unappetitlich wäre wie diese Herrenreiterei. Und restlos offenbarte sich das Wesen der Leute, die sich die Deutschen als ihre Helden ausgesucht haben: Es sind Männer, die sich von einem, den jeder ungestraft „Berti" nennen darf, vorschreiben lassen, wann sie mit ihren Frauen schlafen. Und die nicht einmal genügend Würde besitzen, dazu dann nichts zu sagen, oder, wenn sie schon drüber reden müssen, wenigstens direkt „Ficken" zu sagen, sondern grinsend von „Entspannung" reden, als wäre die Welt ein Sauna-Club. Und die Frauen haben, die, weil sie sich das gefallen lassen, zurecht Spielerfrauen heißen.

Berlin, Berlin,
sie kommen nach Berlin ...
Eine vergebliche Warnung

Das Grauen hat einen Namen: Betzenberg. Dort ist der 1. FC Kaiserslautern zu Hause, jenes Team, das die Ästhetik der Kneipenschlägerei zur sogenannten *Fußballkultur* erhob, zur berüchtigten *Pfälzer Mischung*, in der schiere Unfähigkeit, Abwesenheit von Spielwitz und fußballerischer Kunst und der brutale Spaß an der beabsichtigten Unsportlichkeit sich verbünden.

Adäquat wurden diese Eigenschaften lange Zeit von den ehrgeizverzerrten Zügen des Kapitäns Andreas Brehme, aber auch vom stets irgendwie duhn wirkenden Gesicht des Trainers Friedel Rausch illustriert.

Wie praktisch, daß gerade dieser Verein Dr. Helmut Kohl zum Ehrenmitglied mit der Nummer Doppelnulleins machte: Die passen zueinander, obwohl man zugeben muß, daß Kohl, verglichen mit dem ungeschlachten Treiben der Kaiserslauterner, zwar auch nicht filigran, aber doch erfolgreich agiert; immerhin hat das Land unter seiner kompetenten Wacht schon etwa soviel Arbeitslose akkumuliert wie weiland zu Zeiten des Reichspräsidenten Hindenburg selig. Hut ab!

Mit Kraftmeierei, und weil alle, die ein bißchen was können, schon weg sind, hat sich der 1. FC Kaiserslautern ins Pokalendspiel gewuchtet; „Berlin, Berlin, wir fahren nach Berlin!" schreien seitdem die Fans – man muß diese Drohung ernst nehmen. Denn die Anhänger des 1. FCK passen nahtlos zum Rest des Vereins. Als man im August 1992 den Mob von Rostock-Lichtenhagen sah, Hirn Fehlanzeige, aber dafür Wanst und Jogginghose randvoll, da wußte man: Die haben vorher in Kaiserslautern geübt, auf dem Betzenberg.

Im Schwarzen Sommer 1991, als die Ball- und Schienbeintreter Meister wurden, geschah das, was man in Kaiserslautern wahrscheinlich „feiern" nennt: Noch im Erfolg aggressiv und freudlos, die Stonewashed-Buxen in Ermangelung von Inkontinenzwindeln durchgesuppt, torkelten die Claqueure des Anti-Fußball-Clubs durch ihre ihnen auch sehr gut zu Schwammgesichte stehende Stadt, pöbelten blutunterlaufenen Auges alles an, was nach alt, schwach oder behindert aussah, und nötigten sie in SA-Manier zu Äußerungen des Jubels, um sich später, und darin dann tatsächlich und final Genuß findend, in größeren Lachen von Eigenbrei zu wälzen.

Fünf Jahre später kommen sie zu Tausenden nach Berlin, unter Anführung ihres Ehrenmitglieds Dr. Kohl, und nach diesem 25. Mai 1996 wird man den bislang als ultimativ grausam verschrienen Dschingis Khan und seine Hunnen für eine elfengleich sich wiegende Eurythmiegruppe halten. Denn ganz gleich, ob die Kaiserslauterner Pokalsieger oder ob sie gerechterweise vom kleineren Übel Karlsruhe geputzt werden: Sie werden ein Festival der Körperflüssigkeiten feiern, und es wird kein schöner Anblick sein, oh nein, und sie werden singen, wie nicht einmal Troubadix sang.

Schon jetzt sitzen die Ängstlicheren unter den Berlinern auf gepackten Koffern; erste Flüchtlingstrecks verlassen die Stadt in alle Himmelsrichtungen. Wer hoch gepokert hat und sich erst am 25. Mai aus der Stadt ausfliegen lassen wollte, kommt bereits zu spät: Keine zwölf Stunden, nachdem bekannt wurde, daß Kaiserslautern im Pokalendspiel steht, waren alle Tickets vergriffen; auf dem Schwarzmarkt werden Wucherpreise gezahlt.

Doch wo Angst ist, regt sich auch Widerstand. Lokale Antifa- und Fifa-Gruppen haben sich zu einem Bündnis zusammengetan, das entschlossen ist, Brehme, Kohl und ihren Truppen „keinen Fußbreit" zu gewähren. Ein *Kommando Ente Lippens* hat angekündigt, „das Olympiastadion so lange zu besetzen, bis wenigstens drei Spieler des 1. FC Kaiserslautern nachweislich begriffen haben, daß es sich bei Fußball

um ein Spiel handelt"; die Aktivisten sind dabei realistischerweise „notfalls auch auf mehrere Jahre eingerichtet" und fordern in ihrem Papier „alle Freundinnen und Freunde des eleganten Ballspiels" auf, sie „aktiv oder passiv zu unterstützen – also: Mitbesetzen oder Hasenbrote schicken! Frisch auf!"

Diesen Text schrieb ich am 4. März '96, mehr als elf Wochen also vor dem Pokalendspiel. Und? Was hat's genutzt? Nichts hat's genutzt: Pokalsieger sind sie worden.

Heimat ist Jauche

In Herford geboren und in der Nähe von Bielefeld aufgewachsen: Das klingt so normal ostwestfälisch behütet, wie es auch war. Und normal genug war die Jugend Anfang der 70er Jahre in Ostwestfalen, daß in ihr auch ein gutes Quantum Sport eine Rolle spielte. Sport ist aber Fußball, jedenfalls meistens, und so verehrte ich als Zehnjähriger Borussia Mönchengladbach, also Günther Netzer, und haßte Bayern München, vulgo Franz Josef Beckenbauer. Dem sogenannten *Heimatverein* erging es sogar noch schlimmer als den Münchnern: Arminia Bielefeld verdiente nichts als Desinteresse, und nach der Beteiligung am Bundesliga-Bestechungsskandal war der Verein sowieso unten durch – schließlich war ich selbst Sportler, und an *Fair Play* glaubte ich fest.

Was man jung lernt, sagt das Sprichwort, kann man ein Leben lang gut gebrauchen. Nicht ganz so freundlich ausgedrückt: Man hat es lebenslänglich am Hals. Deshalb – aber nicht nur – muß ich noch heute aus dem Zimmer, wenn Beckenbauer auf einem Bildschirm auftaucht und wieder einmal sein süßliches Erfolgsgrinsen aufsetzt, und immer noch zieht die Verlockung eines schönen Fußballspiels. Und weil die Betonung dabei auf *schön* liegt und auf *Spiel,* ist Arminia Bielefeld noch immer außen vor. Nur ein einziges Spiel dieser Mannschaft sah ich überhaupt live und in voller Länge, und das nicht ganz freiwillig:

1990 oder '91 trat die Mannschaft in Berlin gegen die Reinickendorfer Füchse an. Es ging um den Aufstieg, in die 2. Bundesliga, und ein alter Freund aus Bielefeld nahm das zum Anlaß für einen Besuch. Er war Arminia-Fan, was unsere Freundschaft aber nicht weiter berührte, und schleppte mich mit zu einem Fußball-Acker in Nordberlin.

Als wir ankamen, taumelten gerade etwa 200 sehr betrunkene Bielefelder aus ihren Bussen und pillerten erst einmal ganz dringend irgendwohin. Ah ja, dachte ich: rustikales Ostwestfalen. Bielefeld lebt! Es waren Mitglieder der *Blue Army,* einer Schlägertruppe aus dem Bielefelder Stadtteil Baumheide. Dort hatte man schon Anfang der 80er-Jahre krankenhausreif geprügelt werden können, wenn man das Pech hatte, für intelligent gehalten zu werden oder für sonst etwas, das bei diesen Leuten unter schwul firmiert – auch wenn sie das so nicht sagen könnten. In Reinickendorf liefen diese traurigen Ergebnisse genetischer Ungerechtigkeit und sozialer Benachteiligung aufs Feld und wollten vor lauter Freude über das von Arminia gewonnene Spiel unbedingt noch irgendwen verhauen. Daraus wurde damals aber ebensowenig wie aus Bielefelds Aufstieg in die 2. Liga.

Anschließend sank mein Interesse an Arminia Bielefeld wieder auf angemessenes Normalnull zurück. Dabei blieb es auch, als Bielefeld 1996 in die 1. Bundesliga zurückkehrte. Der unangenehme Unterschied zu vorher aber war, daß man jetzt plötzlich nicht selten auf Arminia angesprochen wurde – und das, obwohl man doch a) in sicherer Entfernung lebte und b) das glitschige Terrain jener privaten Exilanten- und Vertriebenenclubs gemieden hatte, in denen, weil es einen echten gemeinsamen Nenner nicht gibt, über die nichts besagende gemeinsame lokale oder regionale Herkunft ein klebriges Zusammengehörigkeitsgefühl hergestellt werden soll, frei nach Karl Moik: *Heimat – einzig unter den Heimaten!* Patriotismus, auch auf kleinster Ebene, ist immer abstoßend, weil immer Folge und Bedingung kollektiver Hysterie und Geistverengung. Und das gilt selbstverständlich auch und speziell für alle Kleingartenzwerge, die sich eine *ostdeutsche Identität* in die Tasche brabbeln.

Seit ihrer nationalen Erweckung aber wollen die Deutschen davon nichts mehr wissen. Sie reißen die Klappe auf und feiern das Fortschleudern ihres spärlichen Restverstandes als Befreiung vom Tabu. Patriotismus ist, zumindest auf lokaler und regionaler Ebene, eine Selbstverständlichkeit, gilt, gerade wenn es um Fußball geht, als grundgut und harmlos und wird regelrecht erwartet. Der Gedanke, daß man mit Absicht, aus gutem Grund und aus freier Entscheidung Heimatlosigkeit sich wählt, weil allein noch die Position des Heimatlosen überhaupt die Chance bietet, ein vielleicht einigermaßen unverkitschtes, von Ressentiments freies Leben zu führen, kommt in diesem Land so gut wie nicht mehr vor; falls doch, gilt er als defätistisch, asozial oder direkt verrückt.

94

Und weil das so ist, hieß es, obwohl man niemals jemanden dazu ermuntert hatte, auf einmal, und ganz dumpf, mit gerecktem Daumen, „Arminia – super!" – als wäre man qua Geburt an den Ort oder das Land gekettet, in dem man zufälligerweise zur Welt kam, und als enthielte dieses deprimierende Diktum als aggressive Kehrseite nicht auch die unverhohlene Drohung, ganz nach Lust und Gusto all jene vertreiben zu können, die ebenso zufällig nicht von diesem Ort oder Land herstammen.

Entsprechend übel kann einem zumute werden, wenn man ohne eigenes Verschulden als Arminia-Fan eingemeindet wird, nur weil man irgendwann einmal in Bielefeld lebte. Das ist ungefähr so schlau und so schön wie die Zwangsvorstellung, als Insasse Deutschlands habe man gemeinsam mit den anderen Insassen die hiesige Fußballnationalmannschaft zu feiern oder als Bewohner Berlins auch ein Anhänger der von Berliner und Brandenburger Nazis bevorzugten Vereinigung Hertha BSE zu sein.

Für die Abneigung gegen Arminia Bielefeld wäre also nicht einmal das lokale Spezifikum notwendig, daß der Verein einem der unangenehmsten aller möglichen Sponsoren anhängt: dem Klamottier Gerry Weber, einem Repräsentanten maximaler Aufdringlichkeit, der sich zu Lebzeiten Denkmäler wie das „Gerry Weber Open" hinstellt und sich für sein Angebertum feiern läßt. Früher wurden solche Leute entführt.

Daß Gerry Weber, wie man hört, wg. Arminias Erfolglosigkeit auf Distanz zum Verein geht, ist also ein weiteres Argument *für* die Entfernung der Bielefelder aus der 1. Liga: Im Fall des Abstiegs hätte man Weber, diesen peinlichen Junker Prahlhans, wenn schon nicht vom Hacken, so doch wenigstens vom Trikot. Und auch sonst bietet ein Abstieg nur angenehme Aussichten: Die Medienvertreter, die Arminia Bielefeld aufbliesen, um sich selbst aufblasen zu können, würden auf wenigstens halbwegs erträgliches Maß zurückgestutzt. Und ich würde nicht mehr mit einem Fußballverein belästigt, für den ich mich nicht interessieren müssen möchte.

FATALER FEHLER. TRAINER BRINGT
STATT DES JOKERS DEN EIGENTOR...

Claudia Aldenhoven
Wie werden Fußballfans
gemacht?

Bereits in der frühkindlichen Phase wurde ich auf den Verein FC Schalke 04 geprägt. Jetzt im Erwachsenenalter sympathisiere ich zwar mit Borussia Dortmund und schreie mich auf der Stehtribüne des Westfalenstadions heiser, besonders wenn es gegen einen Verein wie Bayern München geht. Trotzdem bin ich, gern gestehe ich es mir nicht ein, vielleicht nur ein Schönwetterfan, der zurecht vom Dortmunder Fan, der seinen Verein lebenslang auch durch die unteren Ligen begleitet hat, nicht für voll genommen wird.

Ebenso wie ein Kind keine Alternative zu seiner Familie hat, gab es für mich auch keine zum FC Schalke 04. So war unser Familienglück eng an die sportlichen Erfolge diese Fußballvereins geknüpft. Vor Heimspielen kam immer mein Großvater mit Schnuckertüten bei uns vorbei. Jedem Kind seine eigene Tüte, war sein Motto. Seinen Heißhunger nach Süßem, dem er als Diabetiker nicht nachgeben durfte, kompensierte er mit Familienpackungen eines weitgefächerten Süßigkeitensortiments, die er uns Kindern schenkte und die wir stellvertretend für ihn aufaßen. Wie diese Mengen an nur einem Nachmittag in mir verschwanden, ist mir heute ein Rätsel. Sie zeigten mir aber die Wichtigkeit von Heimspielen, die in der Regel auch häufiger gewonnen wurden.

Und nur im Fall eines Schalker Sieges erwarteten wir die Rückkehr unseres Vaters mit Freude. Gern empfingen wir den Siegestrunkenen nach dem Spiel im Wohnzimmer. Und indem wir auf der Polstergarnitur Trampolin sprangen, lebten wir aus, was er fühlte. Bei Niederlagen war dagegen größte Vorsicht geboten. Zeitiger als sonst oder gar nicht suchte er die Wohnung auf, um jetzt seine Mißstimmung auszutoben. Das ganze Wochenende über mieden wir Kinder seine Gesellschaft, ließen uns im Wohnzimmer nicht sehen, nahmen unsere Mahlzeiten von ihm getrennt in der Küche ein und verbrachten die meiste Zeit im Freien. Und hier, in Gelsenkirchen-Heßler, ging die Schalker Beeinflussung weiter.

„Bisse auch für Schalke oder willste eins inne Fresse", war die Gretchenfrage auf Spielplatz und Garagenhof, und da Kinder Überlebenskünstler sind, wußte man die Frage auch richtig zu beantworten. Ja, statt Abscheu hervorzurufen, ernteten die herumlungernden Schalker Halbstarken, Ende der sechziger und Anfang der siebziger Jahre war der Begriff Hooligan hierzulande noch nicht verbreitet, Verehrung. Besonderer Held meiner Kindertage war Wolfgang Lensing. Wenn ich ausnahmsweise gerade mal nicht mit meinem älteren Bruder kämpfte, den größten Teil meiner Kindheit verschwendete ich mit seiner Verfolgung, gern um den Eßtisch herum, um mir diesen Quälgeist mit einem harten Gegenstand vom Halse zu schaffen, also wenn wir mal miteinander plauderten, dann schwärmte mein Bruder von Wolfgang dem Blauweißen Panther, der gegnerische Tore, Litfaßsäulen oder Fans, die er auch gern in Gullis versenkte, blau-weiß anmalte. Inwieweit die Erzählungen meines Bruders der Wahrheit oder seiner Phantasie entsprachen, möchte ich dahinstellen, ich habe ihm jedes Wort geglaubt.

Aber nicht nur die kindliche Faszination für Omnipotenz und Gewalt trieb mich in die Arme dieses Vereins. Meinen Freischwimmerschein habe ich Schalke oder genauer Charly Neumann und seinen Verbindun-

gen zur Stadt Gelsenkirchen zu verdanken. Was immer
man auch von dem Schalker Kalfaktor halten mag, er
befreite mich am 28. Mai 1973 von dem erniedri-
genden Dasein einer Nichtfreischwimmerin. Nicht-
freischwimmerinnen und Nichtschwimmer wurden in
den Schwimmstunden der zweiten oder dritten Klasse
ins Kinderbecken verbannt. Und von Woche zu Woche wurde dieser Kreis exklusiver. Mitleidig winkten
uns die in die Freischwimmergruppe Aufgestiegenen
vom Beckenrand aus zu, ehe sie sich mit ihren frisch
aufgenähten Schwimmabzeichen an den Hosen ins tie-
fe Becken köpften. Zu diesem Zeitpunkt hatte ich bei
der 15-minütigen Prüfung in dem nahegelegenen Frei-
bad bereits zweimal versagt. Entkräftet von dem mit
planschenden Kindern vollgepfropften Becken reichte
das erste Mal eine Welle und das andere Mal eine döp-

101

pende Kinderhand aus, um mich mit der Hand am
Beckenrand zum Aufgeben zu zwingen. Die Chance
auf das Abzeichen lag in einem kinderfreien Becken.
Und das verschaffte mir Charly Neumann, weil er der
Kumpel vom Schalker Schatzmeister war, und der war
mein Vater. An einem Tag, an dem das Gelsenkirche-
ner Hauptbad geschlossen war, erhielt ich von ihm
Einlaß und Bademeister. Auf der spiegelglatten Was-

seroberfläche in bequemer Rückenlage hin- und her-
zuschwimmen, war dann ein Vergnügen und keine
Prüfung mehr.

Daß die Schalker Spieler bei uns ein- und ausgin-
gen, beeindruckte mich weniger. Die Liebe der Sie-
benjährigen errang einzig und allein Manfred Kremer,
Manager und Bruder der Kremer-Zwillinge Helmut
und Erwin. Noch heute bin ich im Besitz eines goldenen Doppelherzanhängers, den er mir zum Geburtstag
schenkte.

Nur dunkel erinnere ich mich an den Bundesliga-
skandal im Jahre 1972. Betröpelte Gesichter ratloser
junger Spieler bevölkerten in dieser Zeit unser Wohnzimmer. Obwohl Kinder an diesen spannenden Krisensitzungen nicht teilnehmen durften, wußten mein
Bruder und ich genau, wem wir das ganze Theater zu
verdanken hatten. Es war der Bösewicht Kindermann,
der als Chefankläger des DFB eben nicht nur Schalke
schädigte, indem er dafür sorgte, daß einige der besten
Spieler gesperrt wurden, und der die Machenschaften
des Schalker Präsidiums aufdeckte, sondern auch uns,
unschuldige Kinder, denen er den Vater entzog und
durch einen nervösen, schlechtgelaunten Schatzmeister ersetzte. Und wir wußten auch, was ihm dafür ge-
bürte: Eine Begegnung mit dem Panther Wolfgang
Lensing.

Um sich zu retten, schworen der Präsident und sein
Schatzmeister einen Eid. Nachdem daraufhin die An-
klage wegen Meineids unvermeidlich folgte, kom-

mentierte meine Mutter die offizielle Berichterstattung in den Nachrichten so: „Von Bestechung hat euer Vater keinen Schimmer". Ihr Tonfall hätte sicher auch den Richter beruhigt, der ihn schließlich wegen Mangel an Beweisen freisprechen mußte. Nach der Scheidung meiner Eltern ließ auch der Schalker Einfluß nach. In dem gutbürgerlichen Stadtteil Essens, den ich nun bewohnte, stellte niemand die entscheidene Frage: „Ähj bisse für Rot-weiß oder Schalke?" Vaterlos geworden, nahm ich mir trotzig ein paar Jahre fußballfrei.

Mit Biene Maja in den Krieg

Beim Heimspiel gegen Werder Bremen am 6. April 1995 hatte Borussia Dortmund einen Sänger aufgeboten, um den krankheitsgeschwächten Kader zu verstärken: Karel Gott, dessen Gesang vermuten läßt, er sei als Knabe in ein Ölfaß geplumpst und habe sich später von Peter Maffay zum Griebenschmalz fortbilden lassen, hatte sein Lied von der 'Biene Maja' zur Hymne auf den BVB umgestrickt und vor Spielbeginn im Stadion vorgetragen. Die Dortmunder Spieler reagierten darauf, wie man eben reagiert, wenn einem ausgerechnet Troubadix Mut zuspricht: Benommen, verwirrt und von Entsetzen gepeinigt stolperten sie über den Platz und brachten mit Müh und Not ein schwaches 1:1 zuwege. „Oh je, schlimm!", stöhnte ich zu meinem Leidensgenossen Fritz Eckenga herüber, der aber sah mich nur leer und verständnislos an und gab zurück: „Schlimm? – Schlimm wär schön! Herr, laß schlimm regnen!"

Eine Woche später kam es noch düsterer. Kurz vor Anpfiff war das Spielfeld noch feldgrün: 170 Bundeswehrsoldaten nahmen am Mittelkreis Aufstellung und zeigten, daß sie alle einen gelb-schwarzen Borussia-Schal geschenkt bekommen hatten. Bei ihnen, so hieß es, handelte es sich um die Insassen einer Kaserne in Unna, die noch am selben Tag zu ihrer Friedensmission nach Kroatien aufbrächen, wofür man ihnen bitte applaudieren solle.

Die Zumutung wurde eher lau aufgenommen: Mattes Klatschen, ein paar Pfiffe – die Leute wollten Fußballer sehen, keine Liebestöter. Liebestöter? Sagte ich Liebestöter? Ja, Liebestöter. Beim Anblick solcher Milchbubis in Uniform empfindet man als Kriechdienstverweigerer durchaus Widersprüchliches: Wie bemitleidenswert armselig müssen Leute sein, die nichts kennen als Gehorsam und Schießbefehl? Die aus ihrem Leben nichts zu machen verstehen, als mit ähnlich dumpfen Kameraden auf einer Stube zu hocken, Zeit totzuschlagen, die Rumpelmucke der „Toten Hosen" anzuhören und ansonsten zu lernen, wie sie andere, von denen sie nichts wissen, von denen man ihnen aber gesagt hat, daß sie der Feind seien, am besten umbringen können? Wie unendlich roh, stumpf und gedankenarm muß man sein, um Soldat zu werden?

Und was ist das andererseits für eine Dreckswelt, in der jungen Männern, die es nicht besser wissen, eingeredet wird, sie täten etwas Gutes, wenn sie sich für die elende Vaterländerei hergeben, wenn sie morden oder ermordet werden? Was für ein ekelhaftes Land, in dem – mittlerweile bis weit ins Links-Grüne hinein – behauptet wird, der Einsatz von Soldaten sei kein staatlich organisierter und sanktionierter Mord, sondern eine humanitäre Aktion, eine Friedensmission – ganz so, als ob nun auch diejenigen unter den Deutschen, die es bis vor wenigen Jahren noch besser wußten, aus Gründen der Opportunität beschlossen hätten,

VON PUMA NIKE & ADIDAS GEMEINSAM ENTWICKELTER FUSSBALLSCHUH MIT VIEL LUFT

HINTEN

VORNE

von nun an ebenso ohne Verstand auszukommen wie der Rest ihrer Landsleute.

Militärs sind immer zum Speien – ganz besonders aber dann, wenn sie auch noch auf Mitmensch machen. Und so steht man da, auf der Südtribüne des Dortmunder Westfalenstadions, kuckt auf 170 zukünftige Einlieger eines Heldenfriedhofs – apropos: Wo liegen eigentlich die Feiglinge? –, möchte, ganz kitschig, an sie appellieren, die Uniform auszuziehen, die Knarre wegzuschmeißen und wenigstens zur Menschenähnlichkeit zurückzukehren, und ihnen doch im selben Moment, nicht minder hilflos, hinterherrufen: „Blödes Kanonenfutter! Krepiert doch!" – während die Borussenfans längst eine Hymne singen, in der es passend heißt: „... bis zum letzten Mann."

Das Spiel Borussia Dortmund gegen Schalke 04 am 13. April 1995 war dann ganz schlimm und endete 0:0.

Ein Mensch wie du und ich

Wer das Fußballspiel liebt – die Betonung liegt auf Spiel –, der muß, wenn er nicht erleuchtet über allem schwebt, folgerichtig Haß entwickeln auf die Hämorrhoiden des Sports, auf die Kommentatoren des Grauens, auf Buben wie Rubenbauer und Wontorra. Weil aber jeder Schaden auch seinen Nutzen hat, haben selbst diese Landplagen ihr Gutes: Man flieht den Fernsehkasten und begibt sich direkt auf den Platz.

Als Insasse Berlins ist man dabei für gewöhnlich geprellt, denn Fußball wird in der Hauptstadt allein von auswärtigen Besuchern gespielt, weshalb in diesem seltenen Fall dann auch gleich Ausnahmezustand herrscht: Bei der U-Bahn-Reise zum Olympiastadion zeigt der Mitmensch die bizarre Neigung, seinen warmblütig dünstenden Leib an anderen zu reiben, und hält es für eine gute Idee oder sogar für den Ausdruck eines Gedankens, zu Klumpen geballt „Deutschland! Deutschland!" zu brüllen. Das einzig Tröstliche an diesem Triumph der Dumpf- und Stumpfheit ist, daß das Geblök eher wie „Doischl!" klingt oder wie „Öllwöll! Öllwöll!", und so stimmt es dann ja auch.

Das Berliner Olympiastadion ist für Leute gebaut worden, die gerne den rechten Arm heben und „Sieg!" schreien, weshalb man es 1945 besser abgerissen hätte (aber auch 50 Jahre später ist es noch nicht zu spät dazu). Zunächst aber steht am 15. November 1995 ein Olaf Berger – halb Dieter Bohlen, halb Matthias Reim – auf dem Rasen und gibt ein Schmierlappen-Playback des kreischtauglichen Liedes „Berlin, wir fahren nach Berlin", damit man auch nicht vergißt, daß man in einer Dürrezone lebt, hirntechnisch gesehen. Anschließend spielen grün und blau Uniformierte die bulgarische und die deutsche Nationalhymne; bei der deutschen singen junge, fit for fun and democracy wirkende Männer die erste Strophe: „Öllwöll, Öllwöll, über alles ... Maas ... Memel ... Etsch ... Belt", weil sie das gut finden; später machen ihre Artgenossen einen Bomberjacken- und Glatzenblock weiter die Hitler-grüßauguste.

Dagegen aber wird in der Pause die Ultima Ratio des doitschen Folliks aufgeboten: Als *Kaiser's Kaffee*-Kännchen Verkleidete wanken herum, „Willi, der *Wissoll*-Clown" läßt Weingummitütchen in die Menge schleudern, die sich auch brav unwürdig darum keilt, und für ihren Höhepunkt haben die Päderasten vom DFB etwas ganz Besonderes ausgeheckt: 200 leicht-bekleidete Kinder schleppen und schwenken Fahnen und tun dies ausdrücklich „gegen Ausländerfeindlich-keit und Fremdenhaß"; man muß es dazusagen, sonst wüßte es keiner, und das wäre ja schade. Der Sta-dionsprecher aber kann noch besser und begeistert sich in die völlige Umnachtung hinein: „Mein Freund ist Ausländer – ein Mensch wie du und ich", doch, tatsächlich, das bringt er fertig: „Ein Mensch wie du und ich", was soviel heißt wie das „Behinderte sind auch Menschen" der *Aktion Sorgenkind*, die ihre „Schützlinge", wie man dann herabwürdigend geheißen wird, bis zur Demenz befürsorgt, „ein Mensch wie du und ich", denn so und nur so lieben die Deutschen ihre Minderheiten: handzahm, doof, aber lieb – Streicheltierchen, denen man, weil die Kehrseite der Brutalität die Sentimentalität ist, bei Gelegenheit auch zeigen kann, wer hier den Daumen drauf hat, und die gefälligst Dankbarkeit zu zeigen haben dafür, daß man sie nicht euthanasiert oder abfackelt, was ja eigentlich, bei Lichte besehen, doch für alle die beste Lösung ... – all das meint der Mann, selbst wenn er's gar nicht weiß, als er, berauscht von seinem eigenen Gutsein, „ein Mensch wie du und ich" ins Mikrofon hinein und in die Welt hinausschmettert, und alles, alles kann ich mir vorstellen zu sein, Krüppel der beißt, Mann der bescheißt, Schnäuzer, Goldkettchen und weiße Socken tragender türkischer Mitbürger, vielleicht sogar, als Spätfolge eines BAP- oder Roger-Whittaker-Konzerts, ein Skinhead und vielleicht sogar „ein Mensch wie du und ich", aber eins dann doch nicht: eine sich selbst salbende Kartoffel wie er.

Lederhose runter

1. Oktober 1995: Borussia Dortmund geht
mit einem 3:1 auf Bayern-Jagd und macht den
Autor zum Softhool

Wenn man zu Borussia Dortmund ins Stadion geht,
dann merkt man zuallererst, noch lange vor dem Anpfiff, wie aufgesetzt das zwangskaspernde, den direkten Charme des Ruhrgebiets beschwörende und dabei
bloß auf den Hund bringende, reißerische Getue des
ran-Kommentators und angeblichen 'Originals' Wer-
ner Hansch ist: Jeder Ruhri an der Bude erzählt bei Pils
und Frikadelle Originelleres über „Doatmunt" oder
„Schallke". Denn egal ob Frau oder Mann: Gern steht
der Ruhri am Büdchen und erklärt dir die Welt.

„Der Legende nach wachsen in Westfalen die Dick-
köpfe aus der Erde", hat Stefan Ripplinger einmal formuliert, und Mark Twain notierte schon 1863: „The
Westfalian is half man, half beast." Für die Südtribüne im Dortmunder Westfalenstadion trifft das zu.
Stoisch und freundlich lassen die Gelb-Schwarzen
noch die einfältigste Stadionwerbung über sich erge-
hen: „Tore sind kein Zufall, sondern das Ergebnis von
Leistung und Teamgeist. Kaufen also auch Sie die
herrliche Brägenwurst von Metzgerei Schnitzel", nö-
selt mit Mühe, dafür aber gleich mehrfach der Sta-
dionsprecher Norbert Dickel. Die Fans besingen ihn
trotzdem, mit Hilfe der *Flipper*-Melodie: „Wir lieben
Norbert, Norbert, Nohorbert Diiickel, jeder kennt ihn,
den Held von Berlin", weil er 1989, nein, nicht die
Mauer abgetragen, sondern nach langer Verletzungs-
pause durch zwei Tore das Pokalendspiel zugunsten
der Dortmunder entschieden hat, wenn ich meinem
freundlichen lokalen Begleiter Fritz Eckenga glauben
darf, – „jeder kennt ihn, er riecht nach Sulfrin" fände
ich aber auch nicht schlecht, zumal nicht eben wenige
Dortmunder Spieler, z.B. Riedle, Tretschok, Berger,
Frank, Möller und andere, so aussehen, als verbräch-
ten sie ihr Leben zu gleichen Teilen auf dem Fußballplatz wie beim Friseur bzw. bei ihrer jeweiligen *Spielerfrau*, was ja auf dasselbe hinausläuft.

Als Talisman bin ich angereist: Wenn ich im Stadion stehe, so das Kalkül, könnte es mit einem Sieg
gegen Bayern München klappen, denn ich bin zum er-

sten Mal da und müßte also Anfängerglück bringen. (Fußball ist Opium fürs Volk, und gegen einen gescheiten Opiatrausch ist, außer Ressentiments, nichts einzuwenden.) Die Mannschaften laufen ein. „Wer sich so warmmacht, hat schon verloren", kommentiert ein Hintermann glasigen Auges die Münchner, die in Breitwand- und Breitseitenformation einlaufen; der Mann hat offensichtlich das zweite Gesicht und das dritte Auge, die, mit seinen ca. achtzehn Pils zusammengezählt, allerdings möglicherweise das fünfte Rad ab ergeben.

Furchtbar unsportlich, richtig dull und stulle ist das Auspfeifen der gegnerischen Mannschaft vor dem Anpfiff, aus bloßem Prinzip, also noch bevor sie überhaupt etwas eventuell Auspfeifenswürdiges getan hätte. Das gibt es in allen Stadien und leider auch in Dortmund. In Sportfunktionärs- und -journalistengaga gesprochen: „Hier ist Basisarbeit gefordert / zu leisten / angesagt."

Die erste Halbzeit bringt keine spielerischen, aber kognitive Sensationen: Steffen Freund ist mehr als der gemeine Klopper, als den man ihn kennt, und auch Martin Kree und Jürgen Kohler dürfen Mitglied der Technikerkrankenkasse werden. (Von diesem Trio schwor ich bislang, daß es außer Treten am Ball nichts kann – es ist nicht wahr, zumindest nicht immer.) Der unsympathische, ehrgeizzerfressene, ja -zerfledderte, kapriziöse Sammer spielt, so ungern man das zugibt, leider sehr gut Fußball, offensiv wie defensiv, notfalls athletisch mit Kraft und Kampf, bevorzugt aber intelligent und elegant – so wie ein allseits gebildeter Fußballer eben. (Und trotzdem komme ich nicht umhin, wenigstens leise durch die Zähne zu sprechen: „Aber ein Streber ist er doch!") Und Stefan Reuter kann – ich hätte es vorher nicht geglaubt – nicht nur schnell an der Torauslinie entlanglaufen, sondern, Sensation!, flanken und den Ball von der Strafraummitte aus gleichermaßen an die Latte oder ins Tor schießen. Einsnull zur Pause.

Grundsympathisch ist der Pessimismus der Dortmunder Fans: Nach dem Einseins durch Nerlinger kurz nach dem Wiederanpfiff sieht man Köpfe in Resignation sich senken und hört es murmeln, daß „es ja sowieso wieder nichts wird" und daß man „sich jetzt doch wieder ne Packung einfährt" usw., literweise wird Angstschweiß vergossen, und der einzige Durchbruch, an den man zu glauben wagt, ist der des eigenen Magens. Hier ist nichts von der schnöselhaften, von oben nach unter klassenkämpferischen „We are the Champions!"-Prahlerei, die die Bayern-Fans, vor allem solche, die sich, z.B. vom Sauerland aus, ihres Erfolgs wegen an die Bayern anflanschen, in allen Stadien so verächtlich macht, weil sie sich chronisch für die Numero-uno-Sorte Fan halten, für Senatorklasse quasi.

Gut im Stadion ist, daß man keinen *ran*-Mann erdulden muß; für diese Gnade zweier unbehelligter Ohren und eines unbeleidigten Verstandes nimmt man

114

auch die fehlende Zeitlupenwiederholung in Kauf, die einem gezeigt hätte, daß der Elfmeter für Dortmund in der 41. Minute ein Geschenk des wankelmütigen, wenn nicht wankelmotorigen Schiedsrichters Steinborn war; dafür verweigert er in der 62. den fälligen Strafstoß, als Hamann im Strafraum Möllers Beine wegzieht. Kein Fall also diesmal für das Flachblatt *kicker*, das Möllers theatralisches Talent einst so kommentierte: „Eine Schwalbe macht noch keinen Sammer." Überhaupt hat der *kicker* große Verdienste im Kalauerwesen erworben; bisheriger Höhe- und Tiefpunkt zugleich war die Schlagzeile: „Mehmet, was scholl das?"

Der große Aphoristiker Scholl („Hängt die Grünen, solange es noch Bäume gibt" und „Ich würde niemals einen Blinden an eine Litfaßsäule führen und sagen: ,Da geht's nach Hause'") ist in der zweiten Halbzeit genauso schwach wie in der ersten Andreas Herzog, der für Scholl den Platz verlassen muß. Als Sportler ist Herzog aber ohnehin schon seit dem 7. Mai 1995 nicht mehr existent, jedenfalls nicht für mich; damals noch in Bremer Diensten, ließ sich Otto Rehhagels Vasall fallen, als ihn Julio Cesar nur mit der Hand berührte, wofür Cesar die rote Karte bekam; allein deshalb schon war es befriedigend, daß 1995 Dortmund Meister wurde und nicht Bremen.

Ähnlich wie im Mai seine Bremer suchen auch Rehhagels Münchner Spieler ein halbes Jahr später ihr Heil in großer Härte: Strunz, Ziege und Kostadinov sehen zu Recht gelb, und auch andere Bayern haben das Rasieren von der Sense auf gelernt. Und plötzlich, bei allem Ekel vor Massenaufmärschen, bei allem Mißtrauen gegenüber Gemeinschaftsgefühlen, sogenannten *Gruppenidentitäten* bzw. *kollektiven Zusammenhängen,* hört man sich im Pulk „Schieber! Schieber! Karte!" rufen. (Was ich sonst noch so gerufen habe, werde ich Ihnen ganz bestimmt nicht verraten.) Später, nach dem Dreieins für Dortmund, gleitet man in eine Art sanften Hooliganismus über, tanzt westfälisch Lambada und singt an die Adresse der Münchner: „Ihr könnt nach Hause gehn, ihr könnt, ihr könnt nach Hauuuse gehn!"

Was man dann auch selbst tut und dabei mit Herrn Eckenga herumsimpelt, der jetzt auf einmal alles schon vorher gewußt und prophezeit hat: „Zwei Tore Unterschied – hab' ich's gesagt oder nicht?!" Man schwelgt noch einmal in den schönen Siegtoren von Sosa und Zorc, freut sich, daß die Bayern auch nur mit Wildwasser kochen, kauft, weil man auch im Taumel des Glücks die Verdammten dieser Erde nicht vergessen soll, für den leidenden Freiburg-Fan Dietrich zur Nedden einen Dortmund-Freiburg-Freundschaftsschal und weiß, daß man, so oder so, an diesem 1. Oktober den deutschen Fußballmeister der Saison 1995/96 gesehen hat, der, ebenfalls so oder so, allerdings eine ganze Klasse schlechter spielt als eine richtig gute Mannschaft wie z.B. Ajax Amsterdam, aber heute ist das egal. Es ist schön, ein Hooligan zu sein.

Bio-bibliographische Angaben
zu den Gastbeiträgen

Claudia Aldenhoven, geboren 1964, promovierte über die „Reinigung und Sequenzierung einer alkalischen Phosphatase aus *Halobacterium salinarium*". Sie lebt in Berlin und arbeitet als freie Journalistin im Bereich Wissenschaft und unter besonderer Berücksichtigung des Alltags.

Franz Dobler, geboren 1959, lebt in Augsburg. Veröffentlichte u.a. bei Nautilus: *Bierherz* (1994) und *Sprung aus den Wolken* (1996). Herausgabe der CD-Serie *Perlen deutschsprachiger Popmusik* (Trikont), Mitglied der DJ-Gruppe *Trash-Klub* und *Get Country Rhythm*. Arbeitet für Rundfunk und Printmedien. Zuletzt erschienen: *Nachmittag eines Reporters*, belleville, München 1998.

Fritz Eckenga, geboren 1955, ist Autor, Komiker, Musiker und wohnt in Dortmund. Brach mit 25 seine Fußballkarriere ab und ist in dem ziemlich berühmten Ensemble *N8chtschicht* aufgewachsen. Autor, Darsteller von Theater- und Bühnenprogrammen, Tonträger- und Hörfunkproduktionen. Arbeitet regelmäßig für die *taz*-Wahrheit, für den WDR 2 mit dem *Baumarktprofi-Kommentar* und für den SWF 3 mit der Bundesligakolumne *Mein Freund ist aus Leder*. Buchveröffentlichungen: *Kucken, ob's tropft*, Edition Tiamat, Berlin 1997. *Ich muß es ja wissen*, Edition Tiamat, Berlin, Herbst 1998. Aktuelles Bühnenprogramm: *N8chtschicht, Club N8cht*

Dietrich zur Nedden, geboren 1961 in Hannover, lebt als freier Autor, eine Hälfte der *Fitzoblongshow* und Teilzeitbuchhändler in Hannover, nachdem er unter anderem in der ereignisreichen Saison 93/94 als Schnittstellenmanager beim SC Freiburg tätig war.

Inhalt